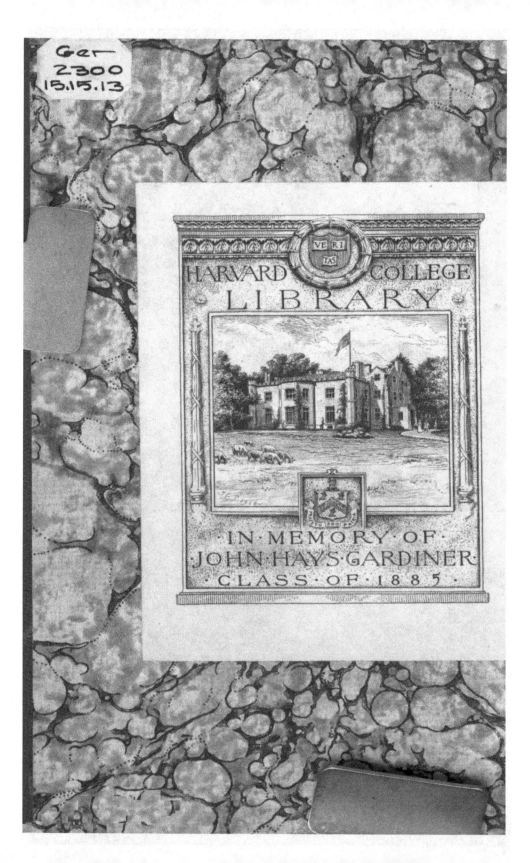

HARDPRESS.NET
HOME OF HARD-TO-FIND BOOKS

Histoire De L'invasion Allemande Dans Le Pas-De-Calais
by Adolphe De Cardevacque

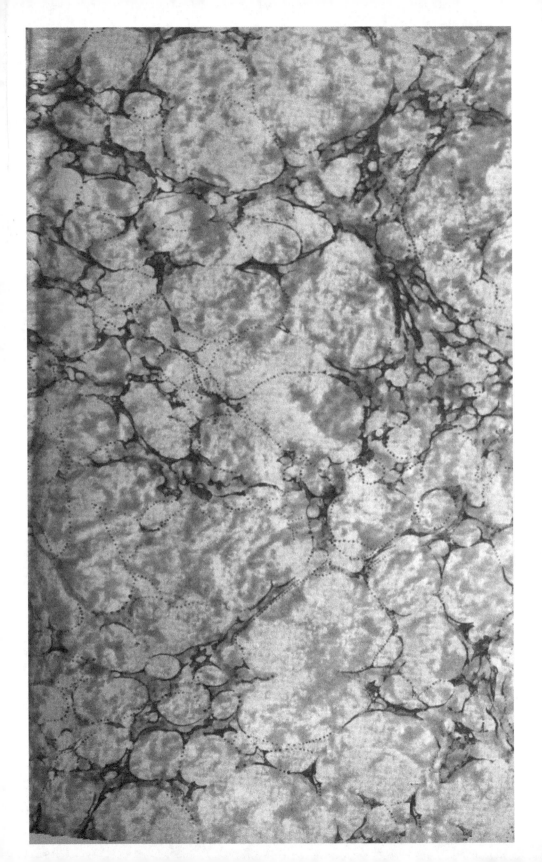

HISTOIRE

DE

L'INVASION ALLEMANDE

DANS LE PAS-DE-CALAIS

SUIVIE

ne Notice historique sur les Bataillons et les Batteries d'artillerie
de la Garde nationale mobile et sur les Légions de la Garde
nationale mobilisée de ce département,

PAR

Adolphe de CARDEVACQUE

ARRAS

IMPRIMERIE DE SÈDE ET Cⁱᵉ, RUE DU VENT-DE-BISE, 16

— 1872 —

INVASION ALLEMANDE

DANS LE PAS-DE-CALAIS.

HISTOIRE

DE

L'INVASION ALLEMANDE

DANS LE PAS-DE-CALAIS

SUIVIE

D'une Notice historique sur les Bataillons et les Batteries d'artillerie
de la Garde nationale mobile et sur les Légions de la Garde
nationale mobilisée de ce département,

PAR

Adolphe de CARDEVACQUE

ARRAS

IMPRIMERIE DE SÈDE ET Cie, RUE DU VENT-DE-BISE, 16

— 1872 —

Nous avons cru intéressant et utile pour l'avenir de réunir dans cette brochure les documents épars concernant l'invasion allemande dans le Pas-de-Calais, que la publicité éphémère des journaux ne saurait efficacement sauver de l'oubli.

Nous reproduirons les proclamations répandues dans notre contrée, en y ajoutant quelques articles écrits au lendemain des événements et encore sous l'impression qu'ils avaient causée. Nous jugerons le moins possible les hommes et les choses, en nous renfermant dans les faits de guerre; nous ne faisons pas un livre politique. Du reste, notre estime et notre sympathie sont acquises à tous ceux qui ont eu une responsabilité quelconque au milieu de ces tristes événements. Quelques-uns peut être ont été au-dessous de leur mission, mais il faut convenir que la tâche était grande et d'un poids lourd à porter. Sans doute nous oublierons bien des traits de courage et de dévouement; mais, bien mieux que la publicité, l'estime de leurs concitoyens et le sentiment du devoir accompli, en récompenseront les auteurs.

Ajoutons que pour rendre notre travail aussi exact et complet que possible, nous avons puisé nos renseignements à la meilleure source, sur le théâtre même de la lutte, en nous adressant à MM. les Maires, Desservants et Instituteurs des communes envahies. Nous les remercions de leur puissant et bienveillant concours et de l'empressement avec lequel ils nous ont fourni toutes les particularités et les moindres détails concernant les événements qui ont pu se produire dans leurs communes, pendant l'occupation ennemie. Nous relaterons du reste pour toutes ces localités les faits qui concernent chacune d'elles particulièrement.

Nous consacrerons un chapitre aux bataillons de mobiles et de mobilisés du département. Si tous n'ont pas affronté la mort sur le champ de bataille, tous ont fait leur devoir, et tous ont apporté leur concours dévoué à la défense de notre malheureuse Patrie.

Quant aux impôts, contributions, réquisitions et autres vexations, nous avons consulté les procès-verbaux déposés dans les bureaux de la Préfecture, comme nous présentant la statistique la moins incomplète. Puisse notre travail aider l'historien qui, plus tard, lorsque le temps sera venu de raconter cette guerre désastreuse, rassemblant tous les documents publiés dans les départements envahis, en présentera la synthèse plus lumineuse.

PREMIÈRE PARTIE.

CHAPITRE Ier.

LE DÉPARTEMENT AVANT L'INVASION.

DÉCLARATION DE LA GUERRE.

JUILLET-AOUT.

(1870.)

Avant de commencer le récit des premières excursions des uhlans prussiens dans le Pas-de-Calais, nous envisagerons l'opinion publique dans nos contrées au sujet de cette guerre si légèrement entreprise, et nous passerons en revue tous les préparatifs de défense que la majeure partie du département n'eut heureusement pas l'occasion d'employer.

Le premier document que nous trouvons est un article de M. A. Frémeaux, dans le *Propagateur du Nord et du Pas-de-Calais* : (1).

« Tout le monde voulait la paix ; le riche et le pauvre, l'agri-
» culteur et le commerçant, l'industriel et le travailleur, le ren-
» tier et l'artisan, le propriétaire et le fermier. Le parti conser-
» vateur voulait la paix, le parti libéral voulait la paix, les partis
» démocratiques et les partis dynastiques voulaient la paix.

» Le gouvernement personnel apparaissait comme un étran-
» ger capable de rompre soudainement les liens de la concorde
» universelle, il s'opéra une révolution complète et le système

---

(1) Le *Propagateur du Nord et du Pas-de-Calais*, 18 et 19 juillet 1870.

» parlementaire, arborant les principes les plus pacifiques, fut
» avec le consentement du Souverain.

» Le ministère composé des hommes les plus dévoués aux
» progrès paisibles de l'humanité , MM. E. Ollivier, Daru,
» Buffet, Segris, de Talhouët, Louvet, Chevandier de Val-
» drôme, affirmèrent énergiquement la paix, comme son but
» principal et son premier programme.

» Eh bien ! malgré ces volontés dirigeantes, malgré cette en-
» tente générale, malgré ces efforts universels, nous nous pré-
» parions en ce moment à la guerre, à la guerre la plus redou-
» table peut-être des temps modernes.

» Oh ! oui l'humanité s'agite et Dieu la mène. Puisqu'il en
» est ainsi, et que nos présomptions comme nos désirs ne sont
» rien, attachons-nous avec dévouement, avec énergie au seul
» objectif qui se présente aujourd'hui en face de nous : le salut
» et le triomphe de la France. »

. . . .

Nous lisons à la même époque dans le journal l'*Ordre* :

« La guerre est déclarée.

» Nous regrettons que le gouvernement ait été contraint d'en
» venir à cette terrible extrémité. Mais dès que l'honneur de la
» France est engagé, nous ferons taire nos regrets, et nous for-
» merons chaque jour les vœux les plus ardents pour que la
» victoire reste fidèle à nos drapeaux comme autrefois dans nos
» défilés de l'Argonne, à Iéna et à Friedland. Nous dirons au
» gouvernement, puisque vous avez cru devoir tirer l'épée de la
» France, ne la laissez pas briser dans vos mains. La France
» n'accepterait pas une humiliation semblable. Demandez-nous
» sans parcimonie ce qu'il vous faut d'hommes et d'argent pour
« aller châtier l'orgueil de la Prusse, nous vous le donnerons,
» et puisque la Prusse ose braver la France, vengeons-nous de
» son audace et des ridicules prétentions qu'elle affiche depuis
» son facile triomphe de 1866. » (1)

. . . .

(1) L'*Ordre*, numéros des 17 et 18 juillet 1870.

Le *Mémorial Artésien*, journal de Saint-Omer, s'exprimait en ces termes :

« La France, à bout de patience et de désintéressement, tire
» l'épée pour la cause du droit et de la justice.

» La guerre est déclarée.

» M. Bismark l'a voulue ; — c'est lui qui a provoqué, hier par
» une intrigue, aujourd'hui par une offense, la guerre écartée
» depuis quatre ans par notre générosité et notre bienveillance.

» Eh bien ! qu'il soit fait comme il le veut.

» La guerre !...

» La guerre nationale approuvée par tous ; la guerre rapide,
» énergique, salutaire.

» La France n'a jamais été défiée en vain, et si nous respec-
» tons la fierté d'autrui, nous exigeons que la nôtre soit respec-
» tée. »

. . . .

La communication faite aux Chambres fut publiée à Arras, le 17 juillet au soir, par M. le Commissaire central, à la lueur des torches et au milieu d'une foule émue, et qui accueillait par des cris patriotiques la déclaration de guerre faite par le gouvernement.

Dans la soirée elle continua de parcourir la ville en chantant la *Marseillaise*, le *Chant des Girondins* et le *Chant du Départ*. On sentait dans toute cette jeunesse une sorte d'électricité guerrière et communicative ; elle s'arrêta en se formant en rangs, vers une heure du matin, devant l'hôtel de la subdivision, où une nouvelle et très-sympathique ovation fut faite au général ; elle se porta ensuite à la Préfecture et alla chez le colonel, commandant le 33e de ligne, dont on annonçait le départ, et que toute la population se proposait d'escorter à la gare.

Ainsi le tempérament calme, froid, mais résolu de notre population, sait, à ses heures, trouver toute la chaleur des enthousiasmes méridionaux, lorsqu'il est sous l'empire de vives et généreuses émotions.

Le 21 juillet, le départ du 33e de ligne attira une foule considérable sur le parcours que le régiment devait suivre pour se rendre à la gare.

Plus de 4,000 personnes stationnèrent devant le chemin de fer jusqu'au moment où les soldats montèrent en voiture.

L'élan et l'enthousiasme se répandirent dans tout le département. Le *Mémorial artésien* nous donne ainsi le récit du départ des troupes de la garnison de Saint-Omer :

« Les quatre compagnies du 64ᵉ régiment de ligne et le 1ᵉʳ ba-
» taillon de chasseurs à pied, ont quitté notre ville, pour se
» rendre dans l'Est.

» Le départ de nos soldats a donné lieu à des manifestations
» patriotiques auxquelles toute la population a voulu prendre
» part.

» Des souscriptions ont été ouvertes, grâce à l'initiative des
» jeunes gens, et nos braves soldats ont pu être pourvus, avant
» leur départ, d'une ample provision de pipes et de tabac, qui
» leur a été offerte au nom de la population.

» La musique communale et des sapeurs-pompiers, s'est ren-
» due à la caserne de l'Esplanade pour conduire jusqu'à la gare
» le 1ᵉʳ bataillon de chasseurs. Une foule immense était éche-
» lonnée depuis l'Esplanade jusqu'à la gare, et le bataillon a
» traversé les rues au milieu des acclamations les plus enthou-
» siastes (1).

Les conseils d'arrondissement alors en session, envoyèrent tous leur adresse à l'Empereur.

Devançant l'invitation du Ministre des cultes, Mgr l'évêque d'Arras adressa à ses curés la circulaire suivante :

« Monsieur le Curé,

» Des manifestations patriotiques se produisent de toutes
» parts en faveur de notre armée, appelée en ce moment à dé-
» fendre sur les champs de bataille l'honneur et les intérêts de
» la France. Nous ne saurions être insensibles à ces élans qu'ins-
» pire le noble amour de la patrie ; mais il est dans l'ordre de la

(1) *Mémorial artésien.* — 23 juillet 1870.

» foi, une manifestation plus élevée, à laquelle nous devons
» avant tout notre concours le plus empressé, c'est celle de la
» prière publique montant vers celui qui s'appelle le Dieu des
» armées. La Sainte-Église a introduit dans sa liturgie des sup-
» plications spéciales pour le temps de la guerre. Afin de nous
» conformer à son esprit et de répondre aussi aux vœux de nos
» populations religieuses, nous venons vous inviter à l'accom-
» plissement de ce grand devoir de la prière. »

. . . .

Après avoir indiqué les prières qui devront être récitées pendant la durée de la guerre, il termine ainsi :

« Daigne Notre-Seigneur, qui s'appelle aussi le Prince de la
» paix, exaucer nos ardentes supplications, et, par une éclatante
» victoire accordée à notre drapeau, faire succéder aux horreurs
» inévitables de la guerre, les consolantes prospérités d'une paix
» glorieuse pour la France..... »

Aux élans de patriotisme se joignirent ceux de la charité. Il
s'agissait non-seulement d'alléger les calamités que la guerre
traîne fatalement à sa suite, mais encore d'augmenter la force
morale de nos soldats, en leur prouvant que tout le pays était
avec eux et suivait des yeux le drapeau national.

Le département ne voulut pas se laisser vaincre dans cette
lutte généreuse où l'humanité, la charité, l'amour de la France
mêlent leurs nobles inspirations. Partout s'organisent des souscriptions, partout affluent des dons volontaires, partout on de-
vance le paiement des contributions ; partout on facilite la tâche
du gouvernement, partout on lui vient volontairement en
aide.

Le Préfet, M. Paillard, provoqua une réunion en vue de la
formation d'un Comité chargé de recueillir les souscriptions et
de recevoir les dons en nature, destinés au soulagement des
victimes de la guerre.

Le Conseil municipal d'Arras, entraîné par l'exemple, établit
un second Comité destiné à provoquer et à centraliser les offrandes et souscriptions en leur faveur.

Des listes de souscription furent présentées à domicile par MM. les membres du Comité, et les fonds recueillis furent centralisés entre les mains de M. Curnier, trésorier-général. De plus, il fut fait du produit des souscriptions et des dons et offrandes deux parts égales : une part fut adressée par les soins de M. le trésorier-général à la Caisse des offrandes nationales, administrée par la Caisse des dépôts et consignations, pour être distribuée avec les secours venus des autres parties de la France aux militaires blessés, à leurs veuves et orphelins ; l'autre moitié fut réservée au soulagement particulier des souffrances et infortunes locales par les soins du Comité même.

Le Comité ne crut pas restreindre son action à la ville d'Arras ; à cet effet, une lettre-circulaire fut adressée à MM. les Maires de l'arrondissement, pour leur faire connaître l'existence du Comité et les inviter à s'y rattacher, en adhérant aux statuts. Les listes des souscripteurs furent publiées dans les journaux de la localité, ainsi que dans le *Journal officiel.*

Partout la presse française avait pris l'initiative de souscription en faveur de nos armées et des victimes de la guerre. Les journaux le *Courrier du Pas-de-Calais* et le *Mémorial Artésien* ne manquèrent pas à ce devoir, et de nombreux et généreux souscripteurs répondirent à leur appel.

Des souscriptions patriotiques s'ouvrirent à Saint-Omer, Bapaume, Saint-Pol, Carvin, etc.

La campagne ne se laissa pas devancer par les villes. A Vitry, deux hommes de cœur, MM. Lefebvre, receveur des domaines et Leroux, clerc de notaire, prirent l'initiative d'une souscription locale qui fut couverte des plus généreuses offrandes.

Ce bon exemple fut imité. Le public ne resta pas sourd à tant de généreux appels ; des secours importants furent recueillis dans toutes les communes (1).

----

(1) **Total des offrandes** nationales de la guerre, Préfecture 187,145 fr. 26 c.

Les Sociétés chorales et philarmoniques organisèrent des concerts ; les élèves abandonnèrent leurs prix ; les sourds-muets et les jeunes aveugles de l'Etablissement d'Arras, voulant coopérer selon leur pouvoir à l'œuvre des blessés de notre armée, firent en leur faveur l'abandon de l'importance des prix qui devaient leur être distribués. De plus, les jeunes aveugles donnèrent, le 4 août un concert, pendant lequel une quête fut faite pour la même œuvre.

Les artistes et les amateurs d'Arras, dans un but patriotique, organisèrent dans le département une loterie composée exclusivement d'œuvres d'art et destinée à venir en aide aux veuves, orphelins et ascendants des soldats du Pas-de-Calais morts au champ d'honneur.

Les instructions données par M. le Ministre de l'Intérieur, en vue de l'organisation d'ambulances, reçurent partout une prompte exécution. M. le Préfet du Pas-de-Calais adressa, l'un des premiers, une remarquable circulaire sur ce sujet à Messieurs les Maires du département :

« Arras, le 27 juillet 1870.

» Messieurs,

» La guerre est commencée. L'avant-garde de la France est à
» la frontière, et déjà, dans ce duel des deux peuples ennemis,
» le premier sang a coulé.

» Nos cœurs suivent sur le champ de bataille ceux qui, l'Empereur à leur tête, vont vaincre ou mourir pour la patrie.

» Déjà, de tous côtés, des souscriptions s'organisent pour
» venir au secours de nos soldats blessés et malades ; les offrandes affluent; des comités d'assistance patriotique fonc-

Total des souscriptions recueillies par le *Courrier du Pas-de-Calais*, 57,613 fr.

Total des souscriptions recueillies par le *Mémorial Artésien*, 11,494 fr, 92 c.

» .tionnent dans toutes nos grandes villes et vont se mettre en
» rapport avec les communes de leur arrondissement.

» Dès à présent une carrière est ouverte à leur activité. De
» sinistres souvenirs ont démontré les dangers des grandes ag-
» glomérations de malades : plus on disséminera les blessés,
» plus on les répartira sur un espace étendu, plus on multipliera
» pour eux les chances de salut.

» En même temps que le gouvernement de l'Empereur s'ef-
» force d'organiser la victoire, sa patriotique sollicitude s'est
» préoccupée, pour combattre la maladie, des moyens de réali-
» ser les pensées qui lui ont été soumises par les hommes de la
» science.

» Le Ministre de l'Intérieur a réclamé le concours des Préfets
» pour qu'ils eussent à provoquer immédiatement, dans les lo-
» calités voisines de la frontière, ou qui s'y rattachent par la
» voie ferrée, la formation de dépôts provisoires, sur lesquels
» seraient évacués les malades et les blessés. Les bâtiments
» communaux, les écoles municipales, que l'époque des va-
» cances va rendre libres, les maisons particulières, toujours si
» hospitalières pour ceux qui souffrent, s'ouvriront avec em-
» pressement pour les enfants de la France.

» Le dévouement de nos concitoyens se chargera d'entretenir
» ces ambulances civiques, et les héroïques victimes de la guerre
» renaîtront plus vite à la santé, en se voyant entourées des
» soins que leur donneront les hommes de bonne volonté, les
» religieuses, les instituteurs, les dames qui, de tous côtés,
» s'enrôlent sous la bannière des comités.

» Au premier appel que je leur ai adressé, les hospices d'Aire,
» d'Ardres, Arras, Auxi-le-Château, Bapaume, Béthune, Bou-
» logne, Calais, Carvin, Hesdin, Lens, Lillers, Montreuil, Saint-
» Omer, Saint-Pierre-lez-Calais et Saint-Pol, ont mis à la dis-
» position du Ministre de la guerre les locaux qu'ils peuvent
» utiliser. Le vénérable évêque de ce diocèse, dont le cœur n'a
» jamais séparé la Patrie de la Religion, tient prêtes les salles
» de Saint-Vaast et de ses Séminaires; les villes d'Arras, Bou-

» logne et Saint-Omer transforment en annexes des hôpitaux
» une partie de leurs bâtiments publics ; des ambulances parti-
» culières commencent à se constituer dans les couvents et les
» maisons particulières.

» Je compte sur vous, Messieurs, pour étendre dans toutes
» nos communes ce généreux mouvement. Dès la réception de
» ma circulaire, vous voudrez bien grouper autour de vous les
» citoyens, les ministres du culte, les dames bienfaisantes,
» dont le concours est acquis à cette œuvre patriotique.

» Après les dons en argent dont vous avez pris l'initiative, il
» faut que les offrandes en nature, mettent en quelques jours
» nos hôpitaux provisoires en état de recevoir ceux qui seront
» tombés au champ d'honneur. Renouvelez les efforts de 1850;
» que le linge, les draps, les matelas, les couvertures, traver-
» sins et sommiers, tout ce qui est nécessaire pour l'installation
» des lits des blessés, soient rassemblés par vos soins.

» Dans les communes où ces hôpitaux pourront être créés,
» désignez, de concert avec les comités dont vous serez entou-
» rés, les locaux qui pourront être affectés à ce service Que les
» lits soient installés, que les médicaments, le linge et tous les
» objets nécessaires soient préparés et réunis.

» A Saint-Omer, la mairie s'occupe de réunir les lits, la li-
» terie, le matériel indispensable. Elle emploie à cet usage la
» plus grande partie des fonds de la souscription ouverte par
» ses soins. C'est un exemple qui mérite d être suivi et encou-
» ragé.

» Dans les autres communes, je prie instamment MM. les
» maires de me faire immédiatement connaître les résultats de
» la collecte en nature opérée par leurs soins. Je leur indique-
» rai sans délai les points sur lesquels devront être dirigés les
» objets qu'ils auront recueillis et le mode de transport.

» A chaque ambulance seront attachés, un médecin, des
» sœurs hospitalières, des infirmiers ou des infirmières pris
» dans le sein de la population et prêts à se rendre à leur poste
» au premier signal.

» Vous me ferez connaître, sans aucun délai, les noms de ces
» volontaires de la charité.

» Je dois, d'après les instructions ministérielles, adresser
» dans les huit jours au Major-général de l'armée, l'état com-
» plet des hôpitaux de notre département, avec l'indication du
» nombre de lits attribués à chacun d'eux, en distinguant en lits
» de soldats et d'officiers.

» Vous voudrez bien, Messieurs, me rendre compte, le 1er
» août prochain, de tous les détails de l'organisation que vous
» aurez arrêtée.

» Une fois les hôpitaux constitués, j'ai l'ordre de tenir l'in-
» tendance militaire exactement informée du nombre des lits
» disponibles, et de lui transmettre, deux fois par semaine, un
» tableau indiquant par commune, tant pour les officiers que
» pour les soldats, le nombre des lits créés, lits occupés et de
» ceux qui seraient devenus vacants.

» Il y aura donc nécessité, Messieurs, d'organiser entre nous
» une correspondance quotidienne, jour par-jour, des mouve-
» ments qui se produiront.

» M. le docteur Oulmont, que j'accrédite auprès de vous, a été
» chargé de l'installation et de la surveillance de ce service spé-
» cial. Je vous prie de lui faciliter l'accomplissement de sa mis-
» sion.

» Recevez, Messieurs, l'assurance de ma considération la plus
distinguée.

» *Le Préfet du Pas-de-Calais,*

« Alp. PAILLARD. »

Beaucoup de villes et un grand nombre de dévouements particuliers avaient devancé les invitations du gouvernement :

A Arras, l'évêque met à la disposition de l'autorité militaire
38 lits à l'évêché, 250 au grand séminaire, 100 au petit.

Le préfet offre 6 lits pour officiers.

La ville organise une ambulance de 80 lits dans les bâtiments des Dominicains, et une autre de 55 dans les bâtiments de St-Vaast.

L'établissement des sourds-muets offre, de son côté 200 lits.

A Boulogne, la ville prépare un hôpital de 130 lits dans les bâtiments des anciennes casernes.

A St-Omer, 170 lits fournis par des particuliers ou achetés sur le produit de la souscription sont installés à l'hôpital général ; 100 blessés pourront également être reçus à Saint-Bertin.

La conférence de Saint-Vincent-de-Paul d'Arras offre aussi à l'autorité militaire les vastes salles de son patronage de la jeunesse.

C'est donc dans nos hospices, dans nos maisons religieuses, dans nos écoles tranformées en ambulances que seront évacués les blessés, dès qu'ils pourront supporter le transport, et que leur guérison, leur convalescence, seront entourées des soins pieux et des saintes affections inspirées surtout par la charité chrétienne.

M. l'Intendant général Régnier et M. le docteur Lustreman, chargés par S. Exc. le Ministre de la guerre d'organiser dans les départements du Nord, le service des ambulances et hôpitaux provisoires, ayant passé à Arras la journée du 31 juillet, furent frappés de l'élan avec lequel nos concitoyens répondaient à l'appel du gouvernement et des ressources que présentait le département du Pas-de-Calais pour le soulagement des blessés. Dans son entrevue avec le Préfet et le Maire d'Arras, M. Régnier insista sur la nécessité de rassembler le plus promptement possible les objets de literie nécessaires pour utiliser les emplacements offerts avec tant d'empressement par les villes et les établissements religieux et hospitaliers.

Plus tard, un Comité sectionnaire départemental de secours aux blessés des armées de terre et de mer, jouissant de toutes les immunités résultant de la convention de Genève, fut institué à Arras, il se composait de :

MM. Ernest DEUSY, Maire de la ville d'Arras, Président ;

   MARIN, chanoine, supérieur du Petit-Séminaire, Vice-Président ;

Paul de CLERCK, avocat, Trésorier ;
Octave PETIT (1), propriétaire, Secrétaire.

Ce Comité avait pour mission de statuer sur les demandes d'affiliation qui lui étaient adressées. Il délivrait les brassards et les cartes conférant aux ayant-droit les immunités dont il jouissait lui-même. Il ouvrait et recueillait des souscriptions en argent, linge, vêtements et tous autres objets en nature pouvant servir directement ou indirectement aux blessés. Il centralisait les produits de toutes les souscriptions particulières et publiques faites dans le même but. Il recevait et examinait les offres de concours actif et personnel pour le service des ambulances. Il s'enquiérait des personnes charitables disposées à recevoir des blessés chez elle. Il attendait à leur arrivée, les blessés apportés par le chemin de fer ou par tout autre moyen de transport, leur faisait donner immédiatement les premiers soins et les dirigeait ensuite, de concert avec l'Administration militaire, sur les hospices ou les établissements créés par l'Administration, le patriotisme des populations ou la charité privée.

Rendons aussi hommage à l'empressement des dames d'Arras. Les femmes des principaux fonctionnaires, appelées à donner l'exemple, s'organisèrent en Comité, suivies sur le terrain de la charité par toute une armée de volontaires qui combattaient à leur façon et selon les aptitudes de leur sexe.

Plusieurs dames d'Heuchin qui s'étaient employées à recueil-lir du linge pour les ambulances, expédièrent à Arras une grande caisse pleine de bandelettes, de compresses, etc. Ces objets furent mis à la disposition du Comité des dames d'Arras.

La ville de Lens ne resta pas en arrière, et les pieuses filles de la charité qui dirigent l'école de cette ville, manifestèrent leur

---

(1) M. Octave Petit, adjoint au maire d'Arras, vient de recevoir la croix de Chevalier de l'Ordre de Léopold, en récompense des services qu'il a rendus aux diverses ambulances établies à Arras pendant la guerre.

dévouement en remettant entre les mains du Conseil municipal une somme de 250 fr., fruit de leurs pieuses économies.

C'est à ce moment, où tous, même les plus prudents et les plus réservés ouvraient leur cœur à l'espérance, à ce moment, où il semblait que le succès devait couronner tant d'efforts réunis, qu'arrivaient de tristes nouvelles. La prétendue victoire de Saarrebruck eut son triste lendemain dans la victoire de Wissembourg. Les imaginations avaient beau se griser ; la défaite et la mort du général Douai, la prise de Wissembourg, la déroute de Reischoffen furent le prologue du drame sanglant et lugubre qui eut pour dénouement la ruine et le démembrement de notre pauvre France.

Le scrutin était ouvert pour les élections municipales ; dans ce deuil général, les électeurs ne se sentent pas le courage d'aller voter, les abstentions sont nombreuses, la pensée est ailleurs ; elle suit nos soldats qui accomplissent leur retraite au-delà des Vosges. Le moment est décisif, on comprend qu'il faut se mettre en mesure pour ne pas être surpris.

Ayant été consulté par quelques Maires sur les moyens de défense à adopter dans les communes rurales, le Préfet, M. Paillard, dans sa réponse, « tout en espérant que nos héroïques
» soldats qui couvrent de leurs poitrines les provinces du Nord
» sauront faire payer cher à l'étranger la surprise de nos premiers
» revers, ajoute :

» Nos places fortes sont mises en état de défense : si l'étranger
» apparaissait, c'est dans leurs murs que tous les hommes de
» cœur se donneront rendez-vous. Les pères ont appris aux en-
» fants de l'Artois comment on défend ses remparts. C'est là
» qu'aux termes de la loi du 12 août 1870, auront lieu les pre-
» mières distributions d'armes.

» Dans les campagnes, ce qui importe le plus, c'est d'orga-
» niser un service d'éclaireurs qui pendant que la garde natio-
» nale veille sur la sûreté des chemins de fer, battront le pays,
» se concerteront avec la gendarmerie et les autorités locales, et
» surveilleront les mouvements de l'ennemi, protégeront les

2

» localités isolées, avertiront la force régulière et repousseron
» les maraudeurs. Que les chasseurs, les tireurs expérimentés
» prennent leurs fusils et s'organisent par cantons en compa-
» gnies de francs-tireurs : il y a là une ressource immense, la
» plus utile pour une défense efficace du territoire et du foyer.

» Je suis disposé à accueillir toutes les demandes qui me se-
» ront adressées en ce sens et à donner aux citoyens qui me les
» auront fait parvenir, les instructions propres à faciliter leur
» organisation. Dès que je le pourrai, je mettrai à la disposition
» des francs-tireurs des armes et des munitions. »

De son côté, le Maire d'Arras cherche à ranimer le courage
de ses concitoyens par ces quelques lignes pleines de sentiments patriotiques :

« Nos armées ont éprouvé de douloureux revers : ces pre-
» miers échecs peuvent être promptement réparés. Il ne faut
» pour cela que l'union intime et toute puissante des forces
» vives de la France.

» La confiance de nos soldats n'est pas ébranlée, que la nôtre
» se relève pour la prompte organisation de tous les moyens de
» défense. »

Sur ces entrefaites, arrive la convocation de la garde nationale mobile : tous les gardes nationaux mobiles des classes 1868-
1867-1866-1865, appartenant aux 1er, 2e et 3e corps d'armée, à
l'exception de ceux qni sont employés dans les lignes télégraphiques, qui résident en Algérie ou servent dans les zouaves
pontificaux, sont convoqués et vont au chef-lieu du département. (1).

L'ardeur guerrière de nos jeunes gens s'était bien vite montrée. Partout on organise la défense du pays. Ceux qui ne peuvent
pas aller immédiatement à la frontière, se préparent à fournir
des renforts, si besoin était.

M. le marquis d'Havrincourt se rappelant qu'il avait porté

(1) Voir le chapitre consacré aux bataillons et aux batteries de la
garde mobile du Pas-de-Calais.

l'épaulette dans sa jeunesse, fit alors un chaleureux appel aux habitants du canton de Bertincourt.

On s'occupa dans toute la région du Nord, d'organiser dans chaque bataillon de gardes mobiles, une compagnie d'hommes choisis parmi les plus déterminés qui furent chargés d'un service spécial de la plus grande importance, et armés du chassepot, si redoutable dans les mains d'hommes exercés. Une de ces compagnies d'élites fut formée à Saint-Omer.

On songea ensuite à reconstituer la garde nationale sédentaire.

Par son arrêté du 7 août, M. le Préfet du Pas-de-Calais, ordonna la création du corps d'artillerie de la garde nationale dans les places de guerre du département, c'est-à-dire à Arras, Calais, Saint-Omer, Boulogne et Aire. En vertu du décret organique du 11 juin 1852, une commission de recensement fut nommée pour procéder à la formation d'une compagnie d'artillerie de 250 hommes à Arras, et le contingent de la compagnie de pompiers fut mis au complet. En attendant la prochaine formation d'un bataillon de gardes nationaux, des registres furent ouverts à la mairie où tous les hommes valides de 30 à 40 ans furent priés de s'inscrire.

L'appel que le Maire d'Arras fit à ses concitoyens fut entendu (10 août 1871). Les registres ouverts à la mairie se couvrirent de signatures et les Commissions de recensement poursuivirent rapidement leurs travaux.

A Boulogne-sur-Mer, la garde nationale, était passée en revue le 18 septembre. Les deux bataillons furent rangés tout le long du boulevard, sur deux lignes parallèles, les compagnies placées suivant leur ordre numérique ; les deux batteries d'artillerie avaient pris position dans la rue de la Paix, ainsi que les sapeurs-pompiers. M. Henry, maire de Boulogne, a ensuite procédé à la reconnaissance du colonel de la légion, M. de Cappot.

Nous ne saurions omettre ici la part active que prit l'usine de Marquise dans les préparatifs de la défense nationale. En effet,

une grande partie de son personnel fut employé, dès le commencement de la guerre, à la fabrication des obus

Bientôt on annonça l'arrivée à Arras d'un premier convoi de
blessés. Pendant toute la journée du 14 août et pendant la nuit,
la population s'était portée en masse à la gare pour recevoir ces
blessés et leur témoigner le vif intérêt que lui inspirait leur position. Sans attendre les réquisitions de l'autorité et par un mouvement spontané et généreux, les possesseurs de voitures avaient,
dès deux heures de l'après-midi, envoyé leurs équipages pour
recevoir les blessés sur des matelas. Mais les conducteurs durent
se retirer sur l'avis que le train spécial n'arriverait que dans la
nuit.

Dès dix heures du soir plus de cent voitures s'étaient de nouveaux réunies aux abords de la gare, où les mesures nécessaires
avaient été prises pour prévenir l'encombrement et assurer la
circulation. Des rafraîchissements, des potages, du vin vieux, etc.,
offerts par une communauté religieuse, réconfortèrent les malades, promptement débarqués et installés sur les voitures qui
les transportèrent à l'Hôpital, à Saint-Vaast et aux Sourds-
Muets. On avait plus de voitures qu'il n'en aurait fallu pour
transporter mille blessés. Ils n'étaient que 260.

Un second convoi de 300 victimes arriva et fut, comme le premier, réparti entre les trois hospices organisés à cet effet. Ces
braves soldats purent apprécier par l'attitude de la population,
échelonnée sur leur passage, le sympthique accueil que leur faisait notre ville.

CHAPITRE II.

PROCLAMATION DE LA RÉPUBLIQUE.

PRÉPARATIFS DE DÉFENSE DANS LE DÉPARTEMENT.

(SEPTEMBRE et OCTOBRE).

1870.

» L'Empire a péri dans le désastre de Sedan. Une révolution
» vient de mettre le pouvoir entre les mains de tous les dépu-
» tés de la Seine, à l'exception de M. Thiers. Ce gouvernement
» provisoire s'est intitulé lui-même *gouvernement de la Dé-*
» *fense nationale*. Il a pardessus tout une mission : celle de
» chasser l'étranger, en défendant jusqu'à la dernière goutte
» de son sang Paris, devenu le rempart de la France.

» La première condition de tout gouvernement de défense
» nationale est d'avoir, avec la responsabilité d'actes suprêmes,
» toute la liberté qu'ils comportent. Le salut de la patrie est
» notre unique préoccupation à l'heure actuelle. Il veut l'union
» de tous les citoyens dans la lutte héroïque imposée à la
» France.

» Qu'on fasse donc taire les sentiments personnels, les opi-
» nions politiques. Qu'on ne voie pas qui gouverne, mais comment on gouverne, et puisse la Providence réserver aux dé-

» putés de Paris l'honneur et la gloire de relever la fortune de
» la France. »

Tel était le langage tenu par le *Courrier du Pas-de-Calais* le
lendemain de la proclamation de la République.

M. Paillard, Préfet du Pas-de-Calais, avait dès le matin pré-
paré son départ. Il ne manqua à aucune des obligations que lui
imposait l'organisation de la défense nationale, et en restant
avec dignité à son poste, il avait voulu en remplir les devoirs
jusqu'au dernier moment. Il remit, le 5 octobre, le service à
son successeur, M. Lenglet.

Le nouveau Préfet lance bientôt la proclamation suivante :

« RÉPUBLIQUE FRANÇAISE.

» Habitants du Pas-de-Calais,

» Le gouvernement de la Défense nationale a fait un appel à
» mon dévouement et m'a offert l'administration du départe-
» ment du Pas-de-Calais. J'ai accepté sans hésitation. Refuser
» eut été une faiblesse, parce qu'il s'agissait de dangers à courir.

» La République a été proclamée à Paris sans qu'une goutte
» de sang ait été répandue, sans qu'une violence ait été com-
» mise.

» Le nouveau gouvernement a malheureusement à subir le
» triste héritage du régime impérial, c'est-à dire la dilapidation
» des finances, les plus belles et les plus héroïques armées de la
» France détruites par l'ineptie et l'imprudence, la France en-
» vahie, son existence même mise en question.

» La population parisienne a pensé que la République seule
» pouvait rendre à la France la virilité et l'énergie nécessaires
» pour repousser l'ennemi et délivrer le sol de la patrie.

» Habitants du Pas-de-Calais, vous ratifierez les actes de la
» population parisienne.

» On a dit que la République, c'était le bouleversement et la
» violence, on vous a trompés.

» La République, c'est la fraternité, le droit de chacun res-
» pecté, la justice, en un mot l'ordre moral.

» Quant à l'ordre matériel, qui donc songerait à le troubler ?

» Je compte sur le concours de tous les bons citoyens, de tous
» les honnêtes gens, sans exception, comme ils peuvent comp-
» ter sur mon patriotisme et mon énergie.

» *Le Préfet du Pas-de-Calais,*

» LENGLET. »

Un décret de M Crémieux prescrit la dissolution des Conseils municipaux qui sont remplacés par une Commission municipale chargée pendant quatre jours de présider le scrutin
d'où sortiront de nouveaux édiles.

La Commission municipale exécutive d'Arras, nommée par
simple arrêté préfectoral, publie la proclamation suivante :

» RÉPUBLIQUE FRANÇAISE.

» HABITANTS D'ARRAS,

» Le Préfet du Pas-de-Calais nous confie l'administration
» municipale de cette ville. En répondant à son appel patrioti-
» tique nous ne pouvons nous dissimuler combien nos fonctions
» seront difficiles à remplir. Pour en alléger le fardeau, nous
» comptons sur le concours de tous nos concitoyens unis dans
» un même sentiment ; l'amour de la France.

» Notre bien unique sera de veiller sans relâche à la défense
» du pays et au maintien de l'ordre.

» Comptez sur nous.

Arras, le 6 septembre 1870.

» *Les membres de la Commission municipal,*

» E. DEUSY.
» Elie LEDIEU.
» Paul PÉRIN. »

La défense s'organise de concert avec le Préfet, le Général, le Comité du génie et la Commission municipale. Le premier acte est une circulaire émanant de la 3e division militaire et prescrivant les dispositions à prendre pour le cas où l'approche de l'ennemi serait signalée :

« Dans les circonstances graves où nous nous trouvons, le » Général de division, commandant l'état de siége, rappelle que » les places-fortes, quel que soit l'état de leur armement, doi- » vent, dans le cas où elles seraient attaquées, se défendre jus- » qu'à la dernière cartouche et le dernier biscuit.

» Tous les commandants de place doivent rester sourds à des » propositions de capitulation, et faire arrêter, pour être tra- » duite devant un conseil de guerre, toute personne qui con- » seillerait un pareil acte de faiblesse.

» Le Général de division sait qu'il peut compter sur l'énergie, » la vigueur et l'esprit de patriotisme des populations.

» Le Général de division rappelle encore à MM. les comman- » dants de place que leur autorité, quant aux dispositions à » prendre pour l'abattage des arbres, la démolition des habita- » tions dans la zône de défense, les inondations générales, etc., » ne commence que lorsque la ville est investie ou près de l'être, » jusques-là, l'autorité supérieure seule, a le droit de prescrire » des mesures extrêmes lorsqu'elle en sent la nécessité.

» Dans les villes ouvertes et dans les communes rurales où la » défense est presque impossible, les habitants devront faire le » vide sur les pas de l'ennemi, c'est-à-dire faire disparaître, » enfouir, cacher ou déposer dans les places-fortes voisines, » toutes les denrées alimentaires qui pourraient devenir la proie » de l'ennemi.

» Enfin, les habitants des campagnes devront être, pour ainsi » dire, les sentinelles vigilantes qui préviendront de l'approche » de l'ennemi; ils auront, de plus, à exercer leur surveil- » lance sur les maraudeurs, ces ennemis d'un autre genre qui » profitent des malheurs publics pour dévaster les propriétés et

» rançonner les habitants. Il faut leur courir sus et les arrêter
» pour les faire traduire devant les conseils de guerre.

» Que tous les Français, unis dans l'unique but de sauver la
» patrie, oublient leurs diversions : il n'y a plus de partis poli-
» tiques devant le danger, qu'ils soient tous frères pour résister
» à l'ennemi et le chasser de notre territoire.

» Lille, le 8 septembre 1870.

> » *Le Général, commandant la 3ᵉ division militaire*
> » *et l'état de siége,*

> » FRIRION. »

Aussitôt le Comité de défense de la place d'Arras adressa
aux membres de la Commission municipale exécutive de cette
ville, la lettre suivante :

« Messieurs,

« J'ai l'honneur de vous informer que le Comité de défense
» de la place a décidé que la porte Randon serait murée. Ce tra-
» vail commence aujourd'hui, et par suite, la communication
» de cette porte avec l'extérieur se trouve interrompue.

» Veuillez en prévenir la population et l'administration des
» postes afin qu'elle change la direction de ses courriers. »

» Cette Commission a, en outre, décidé que les magasins de
» bois et de charbons qui sont établis autour de la ville, seraient
» enlevés ou tout au moins étendus sur le sol, de manière à ne
» pas dépasser la hauteur de 80 centimètres ; les baraques en
» bois établis près de ces magasins et celles affectées à tout autre
» service, qui se trouvent dans la zône de servitude de la place
» devront également disparaître dans le plus bref délai, afin de
» ne pas entraver la défense de la place.

> » *Le général commandant la subdivision, et le dépar-*
> » *tement du Pas de-Calais, en état de siége,*

> » M. DE LA LANDE. »

Par ordre de M. le Général commandant supérieur, en date du 13 septembre courant, les propriétaires des terrains situés dans les premières zônes et servitudes défensives de la place, en avant des fronts des portes Ronville et des Soupirs, furent invités à faire, dans un délai de 48 heures, disparaître ou étaler, sur une hauteur de 50 centimètres au maximum, les dépôts de bois, de charbon et autres matériaux formant des couverts contre la place ; ils durent également faire démolir leurs constructions et enlever les haies et les arbres croissant sur leurs terrains, conformément aux réglements et aux conditions souscrites dans leurs actes de soumissions déposés au bureau du génie.

A partir de huit heures et demie du soir, les ponts-levis des portes Beaudimont, d'Amiens, des Soupirs, Ronville et Méaulens furent levés et les barrières avancées furent fermées à la même heure. A six heures du matin les ponts devaient être baissés et les barrières ouvertes. La plus grande vigilance fut recommandée aux sentinelles et aux employés de l'octroi, à toute heure du jour, et principalement le matin et le soir.

La Commission municipale exécutive d'Arras, pour donner satisfaction à l'opinion publique manifestée par de nombreuses demandes et permettre aux populations suburbaines de se mettre, autant que possible, à l'abri, prit l'arrêté suivant :

« Art. 1er. — L'approche de l'ennemi, à moins de 12 kilomètres des murs de la ville d'Arras, sera signalée par le gros bourdon, alternant avec le guet.

» Art. 2. — Les sonneurs de chaque paroisse devront, aussitôt qu'ils entendront le gros bourdon, se rendre à leurs clochers respectifs pour y sonner les cloches à la volée par intervalles et aussi longtemps que le gros bourdon et le guet se feront entendre.

» Art. 3. — A partir du moment ou le guet sera entendu, nul ne pourra pénétrer en ville ou y rester, s'il n'est muni d'un passeport ou d'un laissez-passer, émané de la mairie de la commune et revêtu du cachet de la municipalité.

» Art. 4. — Des laissez-passer seront délivrés gratuitement à partir de ce jour pour les habitants d'Arras.

» Art. 5. — Le laissez-passer est personnel, tout individu porteur d'un laissez-passer ou d'un passeport qui ne lui appartiendrait pas, sera appréhendé et remis entre les mains de l'autorité militaire.

De plus, elle s'occupa de l'approvisionnement de la ville. Déjà l'ancien Maire, M. Plichon, avait publié un avis à ce sujet.

AVIS.

« Le Maire d'Arras invite ses concitoyens à parer à l'approvisionnement de chacune de leurs maisons en légumes frais et secs et tous autres vivres de conserve, viande salée, etc., pour une durée de 40 à 50 jours.

» Quant aux viandes fraîches, il y sera pourvu par les approvisionnements de la boucherie et par l'envoi d'animaux qui nous sont offerts par les cultivateurs.

» Les charcutiers sont également invités à augmenter leurs provisions et conserver des viandes de porcs.

» L'approvisionnement en farine pour le même laps de temps est assuré pour les boulangers et le commerce de la meunerie.

» Cette mesure d'urgence a pour objet de parer bien moins à un siège de la ville qui est tout à fait improbable, qu'à des incursions possibles de quelques bandes de maraudeurs ennemis, dont la présence pourrait entraver les approvisionnements quotidiens de la ville.

» Arras, le 6 septembre 1871.

» H. PLICHON. »

La Commission municipale exécutive prévint les cultivateurs, marchands de bestiaux et bouchers, qu'à partir du vendredi 9 septembre, elle mettait à leur disposition les écuries du quartier de cavalerie, pouvant contenir 300 bêtes à cornes.

Cette impulsion fut suivie dans les autres places fortes du département.

L'armement de la ville de Saint-Omer fut poussé avec activité. Des palissades furent établies sur divers points des fortifications avancées et des pièces de canon à longue portée furent placées aux endroits les plus importants.

A la même époque, la municipalité de Montreuil fit exécuter tous les travaux nécessaires pour mettre la ville à l'abri d'un coup de main. Elle avait constitué, même avant la circulaire de M. le Préfet, dans le sein du Conseil, un Comité de défense et un Comité d'approvisionnement. Elle effectua en quelques jours l'organisation et l'armement de la garde nationale sédentaire, sans cesser de réclamer des cartouches et de provoquer par des exercices fréquents la prompte instruction dés gardes nationaux.

M. Lenglet, préfet du département, fit alors un appel aux gardes nationaux sédentaires des villes ouvertes et des campagnes :

« GARDES NATIONAUX,

» La distribution des armes se fait ; celles des munitions va commencer, il faut vous organiser pour la lutte.

» Dans les places fortes, la direction appartient à l'autorité militaire ; mais dans les villes ouvertes et les campagnes, il n'existe aucun lien entre les gardes nationaux sédentaires des diverses communes. Il faut créer ce lien et faire ainsi concourir à la défense nationale toutes les forces vives du pays. Tel est le but de l'arrêté que je viens de prendre.

» Le bataillon actif ou bataillon de guerre va se composer des hommes désignés par les chefs ; mais des volontaires peuvent s'y faire incorporer.

» Ces volontaires sont nombreux. Je sais à quel degré vous êtes animés de l'amour de la patrie et de la haine de l'étranger.

» Un gouvernement qui n'avait en vue que ses intérêts dynastiques, nous a plongés dans l'abîme, tâchons d'en sortir par notre courage et notre énergie. Paris se prépare à une défense formidable ; les populations du Midi, de l'Est, de l'Ouest, montrent un élan et un enthousiasme indescriptibles.

» Je sais que les braves populations du Pas-de -Calais ne se laisseront pas dépasser eu patriotisme.

» Allons, à l'œuvre ! Aidons-nous, le ciel nous aidera.

> » *Le Préfet du Pas-de-Calais*,
>
> » E. LENGLET. »

Le Comice agricole du canton de Croisilles, dans une réunion à laquelle il avait convoqué un grand nombre de citoyens, délibéra sur la conduite à tenir en présence des circonstances graves où nous nous trouvions. Cette réunion émit le vœu que dans tous les départements, notamment dans ceux exposés aux réquisitions de l'ennemi, la résistance serait organisée. Le Comice pria M. le Préfet de porter sa demande à la connaissance des départements voisins, afin que la résistance organisée dans l'Oise, dans la Somme, dans l'Aisne, dans le Pas-de-Calais, dans le Nord, devint véritablement efficace. Différents membres discutèrent l'organisation de la résistance.

L'argent est le nerf de la guerre, aussi le Préfet, considérant que la patrie était en danger, et qu'il importait de fournir aux habitants du Pas-de-Calais les moyens de concourir à la défense nationale, prit l'arrêté suivant :

Article 1er.— Le Conseil général du département du Pas-de-Calais est convoqué en session extraordinaire à l'effet de voter un emprunt destiné à armer, équiper et solder tous les hommes valides du département qui seront appelés à un service actif.

Article 2.— Le Conseil se réunira à la Préfecture, dans la salle ordinaire de ses séances, le samedi 1er octobre, à deux heures de l'après-midi.

Arras, le 29 septembre 1870.

Le 1er octobre 1870, le Conseil général du Pas-de-Calais fut donc réuni extraordinairement à l'effet de pourvoir aux besoins de la défense nationale, résultant du décret du 29 septembre précédent, qui ordonnait la mobilisation des hommes de 21 à 40 ans. 39 membres étaient présents ; après une courte allocution du

président Martel, le Préfet, déclarant qu'il ferait tout ce qui était en son pouvoir pour entretenir l'union et la concorde dans le pays, donna ensuite lecture de son rapport dans lequel il proposait au Conseil de « voter, en principe, au profit de la dé-
» fense nationale, une somme de cinq millions, destinée à ar-
» mer, équiper et solder tous les gardes nationaux du départe-
» ment qui seront appelés à un service actif. Trois millions se-
» raient immédiatement réalisés ainsi qu'il suit :

» 1o Affectation aux dépenses de guerre de la somme de
» 934,607 fr. 72 c. provenant de l'imposition extraordinaire des-
» tinée au chemin d'Arras à Etaples;
» 2° Emprunt d'une somme de 2,100,000 fr. par souscription
» publique.
» Pour les deux millions restants, si la durée de la crise que
    nous traversons en nécessitait la réalisation, le Conseil géné-
» nou...   ~ouveau réuni afin de déterminer le mode de
» ral serait de no...   ~es ressources qui devraient y faire
» souscription et de créer ...
» face (1).

Le Conseil se réunit de nouveau à six heures, et, sur un rapport conforme présenté au nom de la Commission par M. Adam, vota les propositions faites par M. le Préfet.

A Boulogne-sur-Mer, le Conseil municipal, dans sa séance du 27 septembre 1870, vota un emprunt de 400,0 0 fr. pour être appliqué tant aux besoins de la défense nationale qu'au soulagement des misères locales résultant de la guerre.

Le Conseil municipal de Saint-Omer vota, le 7 octobre 1870 un emprunt de 200,000 fr. dans le même but.

Cependant les événements marchent et les Prussiens arrivent devant la ville de Saint-Quentin, illustre par sa défense, qui sera placée dans l'histoire de la guerre à côté de celle de Châteaudun.

(1) Voir le procès-verb al de la ses-ion extraordinaire du Conseil général du Pas-de-Calais du 1er octobre 1870.

Le 20 octobre la préfecture du Pas-de-Calais communique l'arrêté suivant :

« Nous, Commissaire général dans les départements du Nord et du Pas-de-Calais et de la Somme,

» Attendu que la présence de l'ennemi à St-Quentin rend obligatoire les mesures défensives les plus rigoureuses, aux abords des places d'Arras, de Douai et de Bouchain, et que ces mesures sont jugées nécessaires par M. le général commandant la division ;

» Vu l'urgence ;

» En vertu des pouvoirs qui nous sont dévolus ;

» ARRÊTONS :

» Art. 1er. — Les inondations défensives des places d'Arras, de Douai et de Bouchain, sont rendues immédiatement exécutoires.

» Art. 2. — Il sera fait place nette sur l'étendue des zônes de servitude défensive des mêmes places dans la limite et dans les délais qui seront fixés par l'autorité militaire

» Art. 3.—M. le général commandant la division, et MM. les préfets du Nord et du Pas-de-Calais sont chargés de l'exécution du présent arrêté.

» Fait à Lille, le 18 octobre 1870.

» *La Commissaire général,*

» TESTELIN. »

De plus, par arrêté du général de Chargère, commandant la subdivision, en date du même jour, le département du Pas-de-Calais et la place d'Arras sont déclarés en état de guerre, et le décret du 14 octobre sur la défense des départements, est rendu exécutoire dans tout son entier.

Cet arrêté fut transmis par M. le Préfet à MM. les Maires du département pour être immédiatement affiché par leurs soins.

Bientôt le bruit sinistre de la capitulation de Metz se répandit en ville, arrivant de Belgique. On ne pouvait croire à un nouveau désastre de cette importance ; tous les jours on attendait le démenti d'une aussi fatale nouvelle. Malheureusement il n'était que trop certain, et le gouvernement de Tours vint affirmer la reddition de Bazaine et de son armée, après d'héroïques efforts que le manque de vivres et de munitions ne leur permit pas de continuer. L'avant-garde des troupes allemandes, qui de Metz se rendent dans le Nord de la France, est signalée. Le plan du général Manteuffel ne paraît pas clair. De quel côté dirigera-t-il sa marche ? Ira-t-il sur Amiens ou sur la Normandie ? Va-t-il bombarder une à une les places du Nord ? Telle est la terrible question que chacun se pose.

Le 21 octobre la ville de Boulogne était dans la plus grande agitation. Dès 7 heures du soir, le bruit se répandit dans la ville qu'une dépêche venait d'être reçue à la sous-préfecture, annonçant l'arrivée prochaine, à Amiens, d'un corps d'armée allemande. Le rappel fut aussitôt battu et les compagnies de gardes nationaux se dirigèrent sur l'hôtel-de-ville où elles furent rassemblées. Là un appel chaleureux fut fait au courage de nos concitoyens. Un grand nombre de volontaires y répondirent. Puis toute la garde nationale sédentaire déposa ses armes dans les locaux de la mairie ; elles y restèrent à la disposition des gardes mobilisés qui devaient le lendemain en être nantis.

Tandis que ces faits s'accomplissaient, arrivaient successivement de nouvelles dépêches dont la dernière retarda le départ de ceux qui devaient se rendre an chef-lieu de la Somme. A deux heures du matin, la ville avait repris son aspect accoutumé (1).

Le lendemain le Maire de Boulogne recevait la lettre suivante :

« Amiens, 22 octobre 1870.

» Mon cher Collègue,

» J'ai bien regretté la fausse alerte que nous vous avons donnée

(1) La *France du Nord*, 23 octobre 1870.

» hier, et qui n'a eu aucun résultat. Des renseignements cer-
» tains et vrais nous faisaient savoir que 2,000 Prussiens
» étaient à Breteuil avec un service de pioches et pelles et avec
» 40 voitures d'ambulances. L'autorité militaire en avait conclu
» qu'une attaque était probable et fait battre le rappel. C'est
» dans ces circonstances que M. le Préfet vous avait adressé la
» dépêche télégraphique, au reçu de laquelle la Garde natio-
» nale de Boulogne s'est patriotiquement assemblée pour ve-
» nir à notre secours.

» Aujourd'hui j'ai attendu toute la journée des nouvelles ;
» nous devons attendre et ne pas déranger prématurément
» votre Garde nationale. L'appel qui vous a été fait hier, vous
» prouve le prix qu'Amiens attache à vos offres de service. Con-
» tinuons à compter les uns sur les autres et soyons prêts à tout
» évènement.

» Votre bien dévoué,

» Maire d'Amiens. »

Ici commence le rôle que joua si valeureusement l'armée du
Nord dans nos contrées.

CHAPITRE III.

L'ARMÉE DU NORD, -- SA FORMATION, -- SON EFFECTIF.

CRÉATION DE LA GARDE NATIONALE MOBILISÉE, — CONTINUATION
DES PRÉPARATIFS DE DÉFENSE.

Dès le 28 septembre 1870, le *Propagateur* du Nord et du Pas-de-Calais, publiait sous ce titre : *L'Armée du Nord*, un appel destiné à mettre la région du Nord à l'abri de l'invasion :

» L'armée du Nord va-t-elle enfin se former ! Les représen-
» tants du Gouvernement de la défense nationale dans la con-
» trée du Nord-Ouest, vont-ils s'occuper efficacement de dé-
» fendre et la France et le Nord ! Va-t-on laisser plus longtemps
» inactives, ou sans puissance par manque de cohésion, les
» forces vives de nos villes et de nos campagnes ?

» Voilà ce que chacun se demande depuis quelques jours ;
» l'on attend, l'on espère ; rien ne se fait Et cependant l'enne-
» mi a enveloppé Paris ; de nouveaux corps d'armée Prussiens
» ont traversé le Rhin ! L'Allemagne jette en France tout ce qui
» peut porter le fusil. Il faut qu'enfin le peuple français se lève :

» il faut que la province montre qu'elle sait agir et se battre
» sans que les ordres viennent de Paris ; il faut que les dépar-
» tements du Nord se défendent par eux-mêmes et défendent
» la France. Il est nécessaire de former dans nos contrées une
» armée de 100,000 hommes ; il est facile de le faire.

» Durant le siége de Paris, les trois départements du Nord de
» la France, le Nord, le Pas-de-Calais et la Somme, vont former
» une région à part, isolée de tous le reste de la France. Déjà la
» capitale est investie de tous les côtés par les corps d'armée en-
» nemie, et bientôt sans doute la Normandie sera bientôt enva-
» hie ou du moins les uhlans couperont la ligne de Rouen à
» Amiens, la seule voie qui nous mette en rapport avec Tours
» et les délégués du gouvernement ; alors nous serons complète-
» ment isolés : pas de communication, pas de secours possibles ;
» d'ailleurs les armées de la Loire et de Lyon auront assez à
» faire sans venir nous protéger dans le Nord-Ouest.

» Il faut que nous formions nous-même une armée capable
» de nous défendre et de défendre la France.

» Sachant l'état d'isolement dans lequel nous nous trouve-
» rons, les ennemis concevront sans doute la pensée d'envoyer
» des divisions ou du moins des escadrons de uhlans dans nos
» riches et fertiles contrées ; ils voudront empêcher l'organisa-
» tion d'une armée qui pourrait, le cas échéant, se réunir aux
» troupes de Bazaine, ou les inquiéter pendant le siége de Paris.
» Si nous n'organisons point des forces régulières capables de
» résister, si nous n'avons que quelques régiments de mobiles
» dans nos places fortes, que feront nos villes ouvertes, nos
» grandes cités manufacturières, nos riches villages et nos cam-
» pagnes !

» Comme Nancy et Epernay, elles seront réduites à recevoir
» l'ennemi, à lui payer des contributions énormes, à lui fournir
» des hommes, du blé, des chevaux, des chariots dont il se ser-
» vira pour assiéger la capitale ; et quand les Prussiens revien-
» dront une seconde fois, ils seront plus exigeants encore. Et la
» Picardie, l'Artois et la Flandre seront aussi malheureux que

» l'Alsace et la Lorraine. Prévenons de tels désastres, une telle
» honte, en organisant une armée du Nord. S'il faut faire des
» sacrifices d'hommes et d'argent, n'est-il pas mieux de les
» faire au profit de nos contrées, pour leur éviter les horreurs
» de l'invasion, plutôt que d'être forcé de le faire au profit de
» l'armée prussienne. »

.   .   .   .   , ...

Cet appel ne resta pas sans écho. Bientôt les quatre départements du Nord, de la Somme, de l'Aisne et du Pas-de-Calais,
s'entendirent pour une action commune, et unirent leurs forces
pour résister à l'ennemi. Le département du Nord vota 15 millions pour la défense régionale, le département du Pas-de-Calais, 5 millions, le département de la Somme, 2 millions.

Mais n'anticipons pas sur les évènements.

Le 12 octobre, le gouvernement recevait une dépêche ainsi
conçue :

                « Montdidier (Somme), 8 heures du soir.

» Arrivés après accident en forêt, Epineux, ballon dégonflé,
» nous avons pu échapper aux tirailleurs prussiens et grâce au
» Maire d'Epineux venus ici, d'où nous partons dans une heure
» pour Amiens, d'où voie ferrée jusqu'au Mans et à Tours. Les
» lignes prussiennes s'arrêtent à Clermont, Compiègne et Bre-
» teuil, dans l'Oise ; pas de Prussiens dans la Somme. De toutes
» parts on se lève en masse ; le gouvernement de la défense na-
» tionale est partout acclamé. »

C'était M. Gambetta, Ministre de l'Intérieur, qui était parti
de Paris en ballon pour activer l'organisation de la défense dans
les départements. Son premier soin en arrivant à Amiens fut
d'appeler auprès de lui M. Testelin, commissaire délégué du
gouvernement pour l'Aisne, le Nord, le Pas-de-Calais et la
Somme, ainsi que les Préfets de ces départements. M. Testelin
fut chargé d'organiser la défense nationale dans le Nord, en
utilisant les ressources militaires qui pouvaient se trouver dans

ces contrées. A cet effet, MM. les généraux qui commandaient a 3e division militaire, durent prendre toutes les mesures nécessaires et recourir à tous les moyens d'action propres à organiser les troupes capables d'entrer en campagne et d'arrêter les excursions des uhlans qui venaient rançonner le pays à des distances très-éloignées du gros de l'armée ennemie.

Ces efforts restèrent longtemps inutiles On ne pouvait que défendre les places dont une grande partie du matériel d'armement avait été envoyé à Paris. On se bornait à habiller et à armer les gardes mobiles dont les cadres mêmes laissaient entièrement à désirer. Enfin les dépôts de troupes de ligne établis dans la région envoyèrent chacun dans le centre de la France des détachements qui devaient être versés dans différents corps d'armée. Il n'existait qu'une seule batterie d'artillerie à Lille, et entièrement hors d'état d'être utilisée. Quant à la cavalerie, elle était représentée par le dépôt du 7e dragons, pouvant à peine fournir quelques cavaliers d'escorte. (1)

Très-embarrassé pour sortir d'une pareille situation, M. Testelin eut recours au colonel du génie Farre, directeur des fortifications à Lille. Dès le 15 octobre, ce dernier était élevé au grade de général de brigade et adjoint à la délégation de la défense nationale. Le comité se mit immédiatement à l'œuvre. En quelques jours on avait recueilli les éléments d'organisation des forces dont on pouvait disposer, et les anciens militaires furent appelés à constituer les cadres. Un recensement exact et consciencieux du matériel de guerre renfermé dans les places fortes, permit au général Farre de se rendre compte des ressources dont il pouvait disposer ; bientôt on se mit à créer des batteries de campagne. Ce travail pénible et présentant des difficultés très-grandes et de tous genres, commençait cependant à donner

(1) Nous avons emprunté ces documents, ainsi que la plupart de ceux qui nous ont aidé à la rédaction de cette partie de notre travail, à la notice du général Faidherbe sur la campagne de l'armée du Nord en 1870-1871.

quelques résultats, lorsque le 22 octobre le général Bourbaki fut appelé au commandement supérieur de la région du Nord. Sa nomination amena quelque confiance dans notre pays, dont les habitants étaient profondément découragés par les revers successifs de nos armées.

A peine arrivé à Lille, le général Bourbaki lança la proclamation suivante :

« Citoyens, Gardes nationaux, Soldats et
» Gardes mobiles,

» J'ai été appelé par le Ministre de la guerre au commande-
» ment militaire de la région du Nord.

» La tâche qui m'incombe est bien grande, et je la trouverais
» au-dessus de toutes mes forces si je n'étais soutenu par les
» sentiments de patriotisme qui vous animent.

» Tous mes efforts tendent à créer un corps d'armée mobile
» qui, pouvu d'un matériel de guerre, puisse tenir la campagne
» et se porter au secours des places fortes, que je me hâte de
» mettre en bon état de défense. Pour moi, qui ai loyalement
» offert mon épée au gouvernement de la défense nationale, mes
» efforts et ma vie appartiennent à l'œuvre commune qu'il pour-
» suit avec vous, et vous me verrez au moment du danger à la
» tête des troupes qui seront incessamment organisées.

» Pour remplir cette tâche difficile et faire payer cher à notre
» implacable ennemi chaque pas qu'il fera sur notre territoire,
» il faut que la concorde et la confiance règnent au milieu de
» nous, et que nos cœurs ne soient animés que du désir de sau-
» ver et de venger notre malheureuse France.

» Vous pouvez compter sur le plus énergique concours et le
» dévouement le plus absolu de ma part, comme je compte sur
» votre courage et sur votre patriotisme.

» Lille, 29 octobre 1870.

» BOURBAKI. »

Deux jours après la publication de cet ordre du jour, le 31 octobre, la garde nationale d'Arras fut convoquée pour la reconnaissance de ses chefs et passée en revue par le préfet.

Le général Bourbaki continua la travail d'organisation qui avait été entrepris, et il résolut de constituer un corps d'armée, dont le général Farre fut nommé chef d'état-major général.

La plus plus grande activité fut imprimée aux travaux de la direction d'artillerie de Douai, qui tout en fabriquant les munitions de campagne, dût approvisionner les places fortes.

Le décret du 3 novembre 1870 vint mettre de nouvelles dépenses à la charge du département, en ordonnant la fourniture de batteries de campagne en nombre proportionnel au chiffre de sa population (une batterie par 100,000 âmes).

C'était pour le Pas-de-Calais, qui était appelé à la formation de sept batteries, une charge de 300,000 fr. environ (1).

Grâce à cette activité fiévreuse et dévorante d'organisation, la 1re division du 22e corps d'armée était entièrement composée le 6 novembre, au moyen des régiments de marche dont les cadres étaient remplis par des officiers évadés de Sedan et de Metz, et tous pleins d'énergie et d'ardeur. Les deux brigades comprenaient chacune 7 bataillons, formant un effectif de 5,500 hommes. Le colonel Lecointe échappé de Metz, reçut le commandement de la 1re brigade, et le lieutenant-colonel du génie Rittier fut désigné pour commander la seconde.

L'artillerie fut placée sous les ordres du commandant Charon, évadé de Sedan. Comme elle ne comprenait encore que 3 batteries de 4 en formation, et une batterie de 12, on créa immédiatement deux nouvelles batteries avec pièces de ce dernier ca-

(1) Achats de chevaux, 74 042 fr.; — achats de harnais, 30,640 fr. 60 c.; — acquisition de canons, 63,215 fr. 40 c.; — acquisition d'une mitrailleuse, 2,350 fr.; — acquisition d'avant-trains, de caissons, etc., 32,618 fr 50 c.; — achat d'armes (révolvers), 2,800 fr.; — achat de munitions, 72,925 fr. 82 c.; — habillement et équipement, 11,643 fr. 10 c.; — frais de vente de chevaux, 6,847 fr. 56 c.; — dépenses diverses, 3,535 fr. 68 c. — Total : 300,618 fr. 66 c.

flibre, desservies par des marins choisis dans les bataillons de usilliers de la marine qui venaient d'arriver à Lille, et traînées par de forts chevaux, en général de race boulonnaise. La cavalerie manquait, la région ne renfermant que quatre dépôts de dragons fort peu considérables. On les réunit à Lille en un seul dépôt de *Dragons du Nord*. Ce corps placé sous les ordres du capitaine de Cabannes, nommé major, devint, sur la désignation du Ministre, le 7e dragons. A l'aide d'achats de chevaux et de la rentrée de cavaliers échappés de Metz, on forma bientôt deux escadrons auxquels on en joignit deux de gendarmerie de la légion, qui furent promptement mobilisés et mis en état de prendre la campagne.

MM. les intendants Richard et Montaudon assurèrent l'habillement, la subsistance, le logement, le couchage, l'équipement et le campement avec une énergie et une activité telles que la 1re division était prête à marcher et la 2e dans un état très avancée de formation, au 15 novembre.

Le rappel du général Bourbaki, envoyé à Nevers, faillit entraver toute cette organisation. Le brave commandant d'Afrique qui avait toute la confiance de ses soldats et qui était doué de l'habileté nécessaire pour tirer parti de leur ardeur, dut quitter le commandement supérieur du 22e corps d'armée le 19 novembre. Le gouvernement de la défense nationale jugea que ses précédents politiques devaient être nuisibles à l'action du général ; quelques manifestations hostiles des populations le confirmèrent dans cette prévention, et Bourbaki quoiqu'ayant abandonné ses sympathies privées, pour prêter loyalement son concours à la patrie en danger, et au moment où il allait rendre de nouveaux services, dut remettre le commandement intérimaire au général Farre en vertu des ordres du ministre. Le lieutenant-colonel Loysel et tous les officiers du corps d'état-major le suivirent.

Le général Farre resté seul, trouva heureusement dans le lieutenant-colonel du génie de Villenoisy, échappé de Metz, et dans d'autres officiers de cette arme, un puissant concours dans cette partie difficile.

Le colonel Lecointe, promu général, poussait sans relâche l'œuvre entreprise. Pendant que l'intendance organisait les services administratifs, les autorités civiles firent des réquisitions pour la formation d'un convoi de vivres et l'attelage des voitures du parc du génie. Des marchés importants furent passés pour l'habillement et l'équipement, de manière à pourvoir largement aux besoins de la campagne qu'on allait entreprendre.

Par décret rendu à Tours, le 29 septembre 1870, la délégation du gouvernement de la défense nationale avait soumis à la mobilisation tous les Français de 21 à 40 ans, célibataires et veufs sans enfants qui n'appartenaient pas déjà à la garde nationale mobile ou à l'armée. Un nouveau décret du 7 novembre, ainsi conçu, vint compléter l'organisation de la garde nationale mobilisée.

« Art. 1er. — Les citoyens mobilisés par le décret du 29 septembre de la présente année formeront un premier ban dans lequel sont compris ceux qui ont été, à titre de soutien de famille, exemptés par les conseils de révision.

» Art. 2. — Les citoyens mobilisés par le décret du 2 novembre de la présente année formeront un second ban qui se subdivise en trois autres : le premier, comprenant les hommes de 21 à 30 ans ; le second, de 30 à 35 ans ; le troisième, de 35 à 40 ans.

» Art. 3. — Les bans organisés par le présent décret seront successivement appelés et mis à la disposition du ministre de la guerre dans l'ordre qu'il fixera ultérieurement.

» Art 4. — Le conseil de révision, composé au chef-lieu de chaque arrondissement, du Sous-Préfet, d'un lieutenant de gendarmerie et d'un membre du Conseil municipal, statuera souverainement à mesure des appels successifs sur les réclamations formées pour infirmités, après avoir pris l'avis d'un médecin étranger à l'arrondissement, et entendu le médecin de l'appelé, si l'appelé le réclame.

» Art. 5. — Il n'est rien innové en ce qui concerne les administrations financières, civiles, de l'instruction publique, des cours et tribunaux, les établissements publics, employés au services de l'Etat qui restent réglés comme ils le sont par la disposition antérieure au décret du 2 novembre.

» Art. 6. — Il sera fait pour la marine le contingent réglé par le Ministre de la guerre, des hommes ayant servi dans la marine et munis de brevets de spécialité.

» Art. 7. — Le Ministre de l'intérieur et de la guerre est chargé de l'exécution du présent décret, lequel aura lieu immédiatement après qu'il aura été publié conformément à l'ordonnance du 18 janvier 1817. »

Le département du Pas-de-Calais ne se ressentit nullement des tristes événements qui s'accomplirent alors à Paris, et qui mirent en péril. pendant près de 24 heures les membres du Gouvernement de la Défense nationale.

Le Préfet lança à cette occasion la proclamation suivante :

» Arras, 7 novembre 1870.

» Habitants du Pas-de-Calais,

» Je vous ai annoncé hier qu'à la suite de la honteuse capitulation de Metz et de l'annonce des propositions d'armistice apportées à Paris par M. Thiers, une vive émotion s'était manifestée dans la population parisienne.

» J'apprends aujourd'hui, par voie officielle, que l'Hôtel-de-Ville de Paris a été envahi par des factieux, que le Gouvernement de la Défense nationale a été leur prisonnier pendant plusieurs heures, et qu'un Comité de salut public a été proclamé.

» Le Gouvernement aurait pu mettre promptement fin à tous ces désordres, en faisant appel à la force ; mais il a voulu éviter une collision en présence de l'ennemi et éviter aussi une effusion de sang.

» A la nouvells de ce qui se passait à l'Hôtel-de-Ville, la garde nationale, l'armée et la garde mobile sont accourues, et les insurgés ont disparu ou ont été désarmés sans essayer aucune résistance.

» D'immenses acclamations ont accueilli le gouvernement délivré.

» Des mesures énergiques ont été prises : Flourens et les autres chefs de volontaires qui avaient participé au mouvement, ont été révoqués et incarcérés, et le gouvernement a déclaré que si le pouvoir lui était conservé par le vote de la population, il était déterminé à l'exercer dans toute sa plénitude et, au besoin, dans toute sa rigueur.

» Paris tout entier a été appelé à voter le 3 novembre sur la question suivante :

» *La population de Paris maintient-elle, oui ou non, les pouvoirs du gouvernement de la défense nationale ?*

» Je reçois à l'instant le résultat complet du vote :

» 442,000 voix ont répondu Oui ! 49,000 voix ont répondu NON.

» Cette infime minorité de 49,000 voix se composait nécessairement des exaltés de bonne foi, des fauteurs de désordre quand même, et des partisans obstinés du Bonarpartisme.

» Ce résultat n'est-il pas de nature à rassurer les plus craintifs ? Il est évident que l'ordre social et l'ordre matériel ne peuvent plus courir aucun danger, que la prospérité du pays prendrait un nouvel essort sous l'égide d'un gouvernement libre et respecté, si l'on parvenait à se débarrasser de l'invasion.

» Les puissances neutres ont proposé un armistice. Le gouvernement a accepté cette proposition et en a posé les bases dans les termes suivants :

« Durée de l'armistice, vingt-cinq jours ; le ravitaillement
» de Paris pendant cette période ; le droit de voter pour les
» élections de l'Assemblée nationale ouvert aux citoyens de tous
» les départements français. »

» Habitants du Pas-de-Calais,

» Ne nous laissons pas énerver par ces espérances de paix qui peuvent encore cacher un piége ! La prudence et le patriotisme nous conseillent de nous préparer vigoureusement à la résistance.

» Continuons donc nos efforts et serrons nos rangs au cri de :

» Vive la République !

» Arras, le 5 novembre 1870.

» *Le Préfet du Pas-de-Calais.*

» LENGLET. »

Cependant l,emprunt départemental était loin d'avoir procuré les résultats désirables. M. Lenglet crut devoir réchauffer le zèle des habitants, et le 4 novembre il adressait la circulaire suivante à tous les Maires du département :

« Monsieur le Maire,

» Vous savez que l'emprunt départemental de 2,100,000 fr. destiné anx besoins de la défense nationale, n'a point été couvert par les soumissions cachetées.

» Ce mode de souscription, étranger aux aux habitudes de notre pays, n'a point été compris du public.

» J'ai dû avoir recours au second mode de souscription indiqué aussi par le Conseil général, c'est-à-dire la souscription publique. Cette souscription a été ouverte hier, 3 novembre.

» La souscription est ouverte chez le trésorier-payeur général, les receveurs particuliers et les percepteurs.

» On peut souscrire pour cent francs, cinq cents francs et mille francs..

» Je viens faire appel. Monsieur le Maire, à votre patriotisme, pour vous prier d'engager vos administrés et surtout les plus fortunés d'entre eux, à souscrire à l'emprunt dont il s'agit.

» Faites leur comprendre qu'en souscrivant, ils ne font pas seulement un acte de bon citoyen, mais qu'ils sauvegardent leurs propres intérêts et ceux des communes.

» Leurs propres intérêts, car le département est un débiteur très-solvable et l'emprunt dont il s'agit, offre des avantages qui sont incontestables :

» 1° L'emprunt est remboursable en espèces métalliques et jamais le souscripteur ne sera tenu de recevoir en paiement du papier monnaie, pas même de billets de banque ;

» 2° L'intérêt est de 6 p. %, payable semestriellement ;

» 3° La jouissance est du 1ᵉʳ octobre 1870, et par suite de l'échelonnement des termes de paiement, le souscripteur recevra une bonification de 1 p. %. L'intérêt deviendra par conséquent équivalent à 7 p. % pour la 1ʳᵉ année.

» Il existe, Monsieur le Maire, une dernière considération qui doit stimuler votre zèle : si l'emprunt départemental n'était pas couvert, les communes devraient, d'après le décret, pourvoir elles-mêmes, par une imposition extraordinaire, à tous les besoins de la défense. Il importe de leur éviter cette charge qui, pour un certain nombre d'entre elles, pourrait paraître assez lourde dans les circonstances actuelles.

» Je vous serai reconnaissant. Monsieur le Maire, de vouloir bien faire valoir, dans l'intérêt public, toutes les considérations qui précèdent.

» Veuillez agréer, Monsieur le Maire, l'assurance de ma considération la plus distinguée.

» *Le Préfet du Pas de-Calais.*

» E. LENGLET.

» Habitants du Pas-de-Calais,

» Afin de stimuler davantage encore l'élan des souscriptions à cet emprunt patriotique, j'ai décidé que les noms des souscripteurs seraient livrés à la publicité.

» Arras, le 7 novembre 1870.

» *Le Préfet du Pas-de-Calais,*

» E. LENGLET. »

L'organisation de la garde nationale mobilisée fut alors poussée avec une grande activité dans le département, les communes furent appelées à concourir à l'habillement et à l'équipement du 1er ban. (1).

Le Préfet du Pas-de-Calais, s'adressa en ces termes à MM. les Maires du département :

« Arras, le 15 novembre 1870.

» Messieurs,

» Dans quelques jours, la Préfecture sera en mesure de faire délivrer aux célibataires et veufs sans enfants, mobilisés par le décret du 29 septembre dernier, la plus grande partie des effets d'habillement et d'équipement qui leur sont nécessaires.

» Vous savez que les dépenses d'habillement, d'équipement et de solde seront, aux termes du décret du 22 octobre, à la charge du département et des communes. Dans la fixation du contingent qui sera assigné aux communes, il sera tenu compte des dépenses qu'elles auraient déjà faites en faveur des mobilisés. J'ai donc pensé qu'il y aurait avantage, au point de vue de l'économie comme sous le rapport de la célérité qui est essentielle dans les circonstances présentes, de laisser aux communes le soin de pourvoir leurs mobilisés de certains effets d'équipement, tels que chaussures, chemises, caleçons et chaussettes en laines.

» Je vous prie d'adopter immédiatement les dispositions nécessaires pour fournir ces effets à ceux des mobilisés de vos communes respectives qui seraient hors d'état de se les procurer

(1) Contingent du budget départemental dans la dépense d'habillement, d'équipement, d'armement et de solde (décret du 22 octobre et circulaire ministérielle du 7 novembre 1870), 1,200,000 fr. ; — achat extraordinaire d'armes, 78,505 fr 97 ; — achat de munitions, 28,504 fr. 27 ; — acquisition de chevaux pour les éclaireurs, 15,885 fr. — acquisition de harnais pour chevaux des éclaireurs, 4,510 fr. 75. — Total : 1,327,405 fr. 99.

eux-mêmes. Quant aux hommes dont la position est assez aisée pour qu'ils puissent faire usage des effets de ce genre qu'ils possèdent actuellement, je ne doute pas qu'ils ne consentent à dégrever le budget de frais d'acquisition qu'ils auraient, d'ailleurs, à supporter sous une autre forme, puisque les contributions ou taxes qu'ils auront à acquitter, s'en trouveraient augmentées.

» Je vous enverrai incessamment, un état sur lequel vous aurez à consigner l'importance des sacrifices faits par vos communes, par suite de l'appel que j'ai l'honneur de vous adresser.

» Vous voudrez bien remplir immédiatement cet état et le transmettre, sans aucun retard, avec vos observations, à la Sous-Préfecture de votre arrondissement.

» Agréez, Messieurs, l'assurance de ma considération très-distinguée.

> *Le Préfet du Pas-de Calais,*
» E. LENGLET. »

Le 20 novembre, M. Pauly, officier retraité, ancien capitaine de sapeurs-conducteurs du génie, fut appelé au commandement supérieur des gardes nationales mobilisées du Pas-de-Calais : le 22, il leur adressait l'ordre du jour suivant :

« Officiers et gardes nationaux mobilisés du Pas-de-Calais,

» Le gouvernement de la défense nationale m'appelle à l'honneur de vous commander en chef.

» Je n'avais pas sollicité ce poste, j'ai même hésité quelque temps à l'accepter, non par une vaine crainte du danger et de la responsabilité qu'il entraîne, mais uniquement troublé par le sentiment de mon insuffisance devant une si lourde tâche.

» Le danger de la patrie doit faire cesser les scrupules et les hésitations ; nous devons tous apporter au pays le tribut de nos forces, de notre courage et de notre énergie.

» C'est un poste de luttes et de périls qui m'est offert, je dois 'accepter.

» Les Prussiens nous étreignent de tous les côtés ; vous ne les connaissez jusqn'ici que par le recit des actes de cruauté et de barbarie qu'ils commettent sur tous les points de la France; mais demain, peut-être, ils seront à nos portes, il importe que nous soyons prêts à les recevoir comme ils le méritent, c'est-à-dire au bout de nos baïonnettes.

» Gardes nationaux mobilisés du Pas-de-Calais, vous pouvez compter, pour la bonne organisation de la défense commune, sur mon concours actif, ardent et devoué, comme je crois pouvoir compter sans restriction sur le vôtre.

» N'ayons tous qu'une même pensée, un seul but, une préoccupation incessante et obstinée, l'extermination des envahisseurs qui souillent notre territoire.

» Beaucoup d'entre vous croient que des armées ne peuvent s'improviser en quelque temps, et que l'éducatiou militaire demande de longs mois d'exercices et de manœuvres; que ceux-là se détrompent ; le patriotisme, le zèle et l'amour de la patrie suppléent à bien des choses. Voyez plutôt cette héroïque armée de Paris qui tient en échec, loin des murs de notre capitale, une armée formidable. Voyez aussi cette autre armée de la Loire, dont le début a été une victoire sur l'oppresseur. Ne semble-t-il pas que ces deux armées sont en quelque sorte sorties de terre en quelques instants.

» Il dépend de votre bonne volonté, de votre constance, de votre abnégation, de votre énergie et de votre respect pour la discipline, sans laquelle il n'y a pas d'armée possible, que l'on puisse citer un jour avec orgueil les soldats de l'armée du Nord

» Vive la France !

» Vive la République !

» Arras, le 22 novembre 1870.

> *Le commandant supérieur de la brigade mobilisée du Pas-de-Calais,*

» PAULY. »

Le *Moniteur* du 27 publia un long décret relatif à la formation de plusieurs camps, notamment à Saint-Omer, dont voici les principales dispositions :

« Art. 1er. — Il sera immédiatement créé des camps pour l'instruction et la concentration des gardes nationaux mobilisés, appelés sous les drapeaux, en vertu du décret du 2 novembre 1870 ;

» Seront également admis dans ces camps, les gardes nationaux mobiles, actuellement dans les dépôts, les corps francs en formation, ainsi que les contingents de l'armée régulière présents aux dépôts, au fur et à mesure des ordres du ministre de la guerre.

» Art 2. — Ces camps seront établis dans les environs des villes et recevront les contingents de toute catégorie des départements environnants, en conformité de la nomenclature ci-après :

» *Saint-Omer.* — (Camp d'Helfaut) Nord, Pas-de-Calais, Somme, Seine-Inférieure, Oise, Aisne, Ardennes, Marne, Meuse, Moselle.

» Art. 3.—Chacun des camps sus-énoncés, devra être en état de contenir 60,000 hommes au moins.

» Les camps de Saint-Omer, Cherbourg, La Rochelle et du Pas-des-Lanciers qui, à raison de leur situation géographique auprès de la mer, offrent des facilités exceptionnelles de ravitaillement et de communications, seront en état de recevoir chacun 250,0 0 hommes. Ces camps porteront le nom de *camps stratégiques,* pour les distinguer des autres, nommés simplement *camps d'instruction,* et recevront de solides fortifications pouvant être munies d'artillerie.

» Art. 8. — L'appel des mobilisés et autres contingents désignés à l'article 1er, aura lieu à partir du 1er décembre prochain, savoir : Les mobilisés du premier ban entre le 1er et 10 décembre, et les mobilisés des autres bans entre le 20 et 30 décembre.

» Les hommes seront acheminés au camp dans l'état d'équi-

4

pement et d'armement où ils se trouveront. Cet équipement et cet armement seront complétés d'office par les soins du Ministre de la Guerre et aux frais des départements respectifs. A partir de ce moment, l'entretien et la solde des troupes restent exclusivement à la charge de l'Etat.

Toutes les autres dispositions ont trait aux détails d'organisation.

Déjà l'Administration des Domaines avait annoncé l'ajournement de la vente du camp d'Helfaut, annoncée pour le 7 novembre, et un poste militaire protégeait les baraquements depuis cette époque.

M. Jeannerod, général de division, fut appelé au commandement supérieur du camp d'instruction de Saint-Omer.

Enfin, le Préfet du Pas-de-Calais, vu les décrets des 29 septembre, 11 et 22 octobre 1870, arrêta :

» Article 1er. — Les gardes nationales mobilisables du département du Pas-de-Calais, comprenant les célibataires et veufs sans enfants de 21 à 40 ans et les gardes mobiles de la classe de 1870, sont mobilisées à partir de ce jour et mises à la disposition de M. le commandant superieur.

» Leur entrée en solde datera du jour de leur rassemblement au chef-lieu de l'arrondissement.

» Article 2. — M. le Commandant supérieur, MM. les Sous-Préfets et Maires du département sont chargés d'assurer, chacun en ce qui le concerne, l'exécution du présent arrêté.

» Arras, le 28 novembre 1870. »

La délégation de la défense nationale avait obtenu du Ministre de la Marine cinquante pièces de gros calibre pour ajouter à l'armement des places. L'arrivée à Arras de ces canons à longue portée, modifia d'une manière sensible les résolutions prises par le Comité de défense, pour le cas où l'ennemi tenterait d'investir ou d'assiéger la ville.

A la suite des dernières délibérations du Comité, il fut décidé :

« Que des ouvrages de fortifications de campagne, destinés à recevoir du canon, seraient élevés sur cinq points désignés par le Comité et situés :

» Le premier en avant de la citadelle, entre Dainville et Achicourt ;

» Le deuxième au *Moulin de pierres*, près la route de Bucquoy :

» Le troisième en avant de Saint-Sauveur ;

» Le quatrième en avant de Sainte-Catherine ;

» Le cinquième au faubourg Baudimont.

» Le service militaire s'est chargé de faire exécuter les ouvrages du *Moulin de pierres* et de Baudimont. Ceux de Saint-Sauveur et de Sainte-Catherine seront exécutés par le service des ponts-et-chaussées avec le concours des travailleurs civils volontaires. L'ouvrage entre Dainville et Achicourt est confié aux agents-voyers, qui auront également besoin de l'aide des travailleurs volontaires.

» Les habitants d'Arras et des communes suburbaines applaudiront à une mesure qui permettra de tenir l'ennemi à distance et qui aura pour effet de nous soustraire aux désastres du bombardement. Ils auront tous à cœur de concourir, dans la mesure de leurs forces, à cette œuvre de salut commun.

» A Lille, des milliers de travailleurs volontaires ont répondu à l'appel qui leur a été adressé par l'administration. Le préfet du Pas-de-Calais sait que ses concitoyens ne le cèdent à personne en patriotisme ; il est donc convaincu que mardi, à huit heures du matin, et les jours suivans, les gardes nationaux sédentaires de la ville et de la banlieue se rendront en foule à son appel. »

Fortifications d'Arras. — Constructions d'ouvrages avancés.

Le PRÉFET du Pas-de-Calais,

Vu le décret du 15 octobre 1870 ;

Vu la réquisition, en date de ce jour, par laquelle M. le général commandant supérieur du département du Pas-de-Calais en état de guerre, ordonne aux communes d'Achicourt, Agny, Anzin-Saint-Aubin, Dainville, Sainte-Catherine, Saint-Laurent-Blangy et Saint-Nicolas de fournir chaque jour un nombre déterminé d'ouvriers civils armés de leurs outils, pour travailler aux ouvrages de défense extérieure ;

ARRÊTE :

Art. 1er. — Les communes ci-dessus désignées sont tenues d'envoyer chaque jour, de huit heures du matin à quatre heures du soir, sur les chantiers des fortifications extérieures ci-après indiquées, un nombre de travailleurs proportionnel à leur population, savoir :

A la lunette de Dainville.

Achicourt.	170 hommes.
Agny	130 —
Dainville	127 —

A la lunette de Sainte-Catherine.

Anzin-Saint-Aubin. . .	75 hommes.
Sainte-Catherine . . .	88 —

A la lunette de Saint-Laurent.

Saint-Laurent-Blangy. .	180 hommes.
Saint-Nicolas	130 —

Art. 2. — Au reçu du présent arrêté, MM. les Maires désigneront tous les hommes valides de leurs communes qui sont appelés à fournir *quotidiennement* le contingent assigné à la commune. Chacun de ces hommes recevra, s'il le demande, un prix de journée fixé à 1 franc, qui sera avancé par la commune et remboursé par le département.

» MM. les Maires préviendront leurs administrés que tous les hommes ainsi désignés qui manqueraient au travail, *seront punis militairement* par assimilation aux ouvriers du génie.

» Le garde-champêtre accompagnera les travailleurs, et remettra au chef d'atelier la liste des hommes requis pour la journée.

» Les travailleurs seront munis d'un louchet et, autant que possible, d'une brouette. MM. les Maires procureront, par voie de réquisition au besoin, ces instruments de travail aux ouvriers qui en seraient dépourvus.

» Art 3. — Le présent arrêté sera exécutoire à partir du 4 décembre au matin.

• Arras, le 2 décembre 1870.

> *Le Préfet du Pas-de-Calais,*
> • E. LENGLET. »

En outre, dans le but de faire concourir les communes et les divers quartiers de la ville aux travaux qui les intéressaient le plus directement, le Préfet du Pas-de-Calais arrêta les dispositions suivantes :

« Les travailleurs libres devront se grouper ainsi qu'il suit :

» 1° En avant de la citadelle, entre Dainville et Achicourt : Les gardes nationaux de ces deux communes, ceux des 4e et 6e compagnies du bataillon d'Arras et les sapeurs-pompiers de cette ville ;

» 2° A l'ouvrage du haut de Sainte-Catherine : Les gardes nationaux de Saint-Nicolas et de Sainte-Catherine, ceux de la 3e compagnie du bataillon d'Arras et la batterie d'artillerie sédentaire ;

» 3° A l'ouvrage de Saint-Sauveur : Les gardes nationaux de Saint-Laurent-Blangy et ceux des 1re, 2e, 5e et 7e compagnies du bataillon d'Arras ;

» Le temps presse ! Déjà, du haut de nos murailles, on a entendu la voix du canon qui gronde aux confins de l'arrondissement. Il faut donc se hâter ; il faut que tous ceux qui ont à cœur de contribuer à la défense commune soient fidèles au rendez-vous d'honneur qui leur est assigné pour mardi 29 novembre, à huit heures du matin.

» Que tous se lèvent comme un seul homme pour suppléer par le nombre aux délais qui nous manquent ! Que tous ceux qui possèdent un instrument de travail l'apportent avec eux ;

les autres volontaires trouveront sur les chantiers le matériel dont l'Administration aura pu se pourvoir. Pas de défections ! pas d'excuses ! Ceux à qui leur âge, leur santé ou leurs occupations ne permettent pas de manier la pelle ou la pioche, trouveront facilement un remplaçant dans cette partie de la population qui n'est pas la moins patriote, mais qui a le devoir de s'inquiéter du pain quotidien. »

Les travaux de défense de la ville d'Arras furent poussés avec la plus grande activité; l'Administration préfectorale, la Commission municipale et la presse elle-même firent de pressants appels au dévoûment et au patriotisme de tous les habitants. Nous lisions vers cette époque dans le *Courrier du Pas-de-Calais* un article qui trouve tout naturellement sa place au milieu de ces lignes :

Travaux défensifs.

« L'Administration préfectorale a eu raison de penser qu'elle trouverait le plus patriotique empressement de la part des habitants d'Arras, pour aider à la construction des travaux défensifs projetés, et dont nous nous abstenons, de peur de fournir des indications à l'ennemi, d'indiquer la nature et la situation.

» Mais si cet appel s'adresse, par sa nature, à tous les citoyens, il semble n'avoir été précisé et réglementé qu'en ce qui concerne les gardes nationaux.

» Or, précisément parce que beaucoup d'autres habitants sont affranchis des devoirs, des fatigues et probablement des dangers qui incomberont à la milice communale, il semble naturel de ne pas limiter à celle-ci les sacrifices que comportent les travaux dont il s'agit.

» L'Administration possède des rôles indiquant le nom de tous les propriétaires Elle peut, par un avis individuel, mettre chacun en demeure soit de fournir son travail personnel, soit de payer une contribution calculée sur le nombre des journées qui seront imposées à chaque habitant, pour les travaux dont il s'agit.

» Nous sommes persuadés que tout le monde mettra le même empressement unanime que les diverses compagnies de la Garde nationale, à payer de sa personne ou de sa bourse.

» Et si nous admettons ce choix, c'est parce que bien des gens fourniront, en se faisant substituer, une somme de travail de beaucoup supérieure à celle que leur permettraient leurs forces ou la maladresse inévitable à des ouvriers improvisés.

» L'acquit de taxes volontaires, qui pourraient même être supérieures au tarif habituel des journées de prestations aurait, d'ailleurs, un double avantage.

» Il permettrait d'affranchir partiellement de la patriotique corvée, dont ils revendiquent cependant l'honneur, quelques pauvres ouvriers qui donnent un temps souvent nécessaire aux besoins les plus impérieux de leurs familles. Il faciliterait aussi à beaucoup d'hommes sans travail, le moyen de gagner des journées convenables, et que diverses industries, frappées par les événements, ne leur fournissent plus.

» Enfin, il donnerait aux personnes exemptées par leurs fonctions du service de la garde nationale, l'occasion de se mettre à la tête d'une manifestation, où leur patriotisme doit revendiquer la première place et les plus grands sacrifices.

» Nous ne pouvons donc, en applaudissant aux efforts qui sont faits pour en assurer l'exécution, qu'engager tout le monde à rivaliser de zèle et de dévouement pour les travaux dont il s'agit.

> G. DE SÈDE. »

Enfin, le 18 décembre, le général commandant le département du Pas-de-Calais en état de guerre, porta à la connaissance des troupes placées sous ses ordres la lettre suivante qu'il venait de recevoir du général en chef :

« Mon cher général,

» Je reçois des plaintes fondées sur le défaut d'instruction des troupes d'Arras, dont tous les moments sont pris pour les travaux des fortifications commencées autour de la ville. Sans en discuter l'utilité, je pense que ces travaux ne doivent pas être exécutés au détriment de l'armée active, ligne ou mobile qui est notre principal élément de défense. On peut utiliser les hommes instruits, dans leurs moments perdus ; voilà tout.

» Si la ville tient à être entourée de forts, il faut y faire travailler la garde nationale par corvées. en autorisant l'exonération de ce service à un prix déterminé, deux francs par exemple, qui serviraient à payer des ouvriers civils remplaçant les exonérés.

» Je tiens beaucoup à ce que le 33e, où je prescris à la date de ce jour la formation d'un nouveau bataillon de marche, ne se présente pas au feu dans de moins bonnes conditions que les autres régiments de l'armée.

» Recevez, mon cher général, l'expression de mes sentiments bien dévoués.

> » *Le général de division, commandant le 22e corps d'armée,*

> » Pour le général et par son ordre :

> > > *Le lieutenant-colonel, sous-chef d'état-major,*

> > > > » Signé : DE VILLENOISY. »

En conséquence, les corps de la garnison cesseront, à dater de ce jour et jusqu'à nouvel ordre, de travailler aux fortifications, et MM. les chefs de corps devront tenir la main à ce que les troupes soient conduites à l'exercice deux fois par jour et très-régulièrement

Tous MM. les officiers qui n'exercent pas de fonctions spéciales devront y assister, et il ne sera accordé de permissions sous aucune espèce de prétexte.

Le général s'assurera par lui-même de la stricte exécution de cet ordre.

Arras, le 18 décembre 1870.

DE CHARGÈRE.

Cette invitation fut bientôt suivie d'un nouvel arrêté de la commission municipale exécutive d'Arras :

Avis très-important aux habitants de la ville d'Arras.

« Les travaux de défense intéressent tous les habitants de la ville d'Arras sans exception, hommes, veuves ou filles ; il est urgent de les faire exécuter.

» Ceux de nos concitoyens qui ne peuvent participer matériellement à l'exécution de ces travaux, doivent contribuer à leur paiement dans la proportion des propriétés mobilières et immobilières qu'ils ont à sauvegarder,

» Dans ces conditions et avant de recourir à la voie rigoureuse des réquisitions, ce qui aura lieu dès vendredi matin, si cet avis n'est pas entendu, nous invitons les propriétaires et locataires dont la valeur locative servant de base à la contribution mobilière est supérieure à 25 fr , à fournir, dans le délai de trois jours, le nombre de journées proportionné à la valeur locative des immeubles dont ils sont propriétaires ou locataires, et ce conformément au tableau ci-après :

» Pour une valeur locative de 25 à 50 fr., 2 journées ;

Pour une de	50 à 100 f.	4 journées ;
—	100 à 150	7 —
—	150 à 200	10 —
—	200 à 250	18 —
—	250 à 300	20 —
—	300 à 400	25 —
—	400 à 500	40 —
Au-dessus de 500		50 —

» (La valeur locative imposable représente le 5e de la valeur locative réelle.)

» Les personnes qui ne pourraient fournir soit par elles-mêmes, soit par leurs ouvriers, le nombre de journées qui leur est assigné par le tableau ci-dessus, devront en verser le prix, à raison de 1 fr. 50 par journée, entre les mains du receveur municipal, en dedans trois jours.

» Les personnes qui ne sont imposées que pour une valeur locative de 25 fr. (valeur réelle 125 fr.), ainsi que les gardes nationaux qui sont imposés pour une valeur locative inférieure à 60 f. (valeur réelle 300 fr.), seront dispensés de cette répartition, sauf à eux à exécuter rigoureusement les travaux en nature dans les proportions ci-dessus établies.

» Les dons volontaires versés jusqu'à ce jour seront imputés sur la part à payer par chacun à partir de ce jour. Tous les ouvriers et autres habitants requis sans exception, qui vivent ou qui font vivre leur famille du produit de leur travail, seront payés à raison de 1 fr 50, à partir de demain mardi 6 courant.

» *Les Membres de la Commission municipale exécutive,*

» E. Deusy et E. Ledieu. »

Un grand nombre de propriétaires se réunirent pour la formation d'une Société contre les dégâts d'un bombardement. Un Comité provisoire ayant été constitué, une somme de trois millions fut immédiatement souscrite.

La [Commission municipale exécutive continua à prendre toutes les mesures possibles pour parer aux accidents et aux malheurs que le siège de la ville auraient pu causer :

Considérant qu'il était urgent de prendre des mesures pour éviter les accidents qui pourraient résulter de l'explosion des fûts d'alcool, huiles et essences de pétrole ;

Les détenteurs d'alcool et de pétrole en fûts furent tenus de les enterrer immédiatement.

La Commission municipale exécutive invita pour la troisième fois les habitants à se procurer pour 40 à 50 jours des approvisionnements de vivres, de combustibles, tels que farines, riz, légumes secs, viandes et poissons salés, sels, huiles, bougies, bois et charbons.

A partir de ce jour, les cartes d'identité et les permis de séjour furent rigoureusement exigés.

La ville de Saint-Omer imita le chef-lieu du département dans ses préparatifs de défense ; nous en avons la preuve dans le *Mémorial Artésien* du 11 novembre 1871.

Mairie de Saint-Omer.

TRAVAUX DE DÉFENSE DE LA PLACE DE SAINT-OMER.

» Le Maire de Saint-Omer informe ses concitoyens que le
» génie militaire fera commencer demain les travaux prépara-
» toires des inondations de la place En conséquence, les in-
» téressés qui croiraient devoir réclamer des indemnités pour
» dommages causés aux terrains submersibles, compris entre le
» canal de Neuffossé et les levées du chemin de fer, pourront se
» présenter chaque jour et même le dimanche à deux heures
» après-midi, au bureau du génie, pour y faire leurs déclara-
» tions.

« Le Maire de la ville de Saint-Omer informe les ouvriers ter-
» rassiers de la ville et des faubourgs, que suivant l'avis que
» lui en a donné M. le commandant du génie, par sa lettre du
» 9 novembre 1870, ils trouveront chez M. Leclercq, entrepre-
» neur des travaux du génie, du travail de terrassement pendant
» un mois à peu près, à dater de ce jour, pour la mise en état de
» défense de Saint-Omer.

» Il les invite à se présenter, à cet effet, chez M. Leclercq.
» Hôtel-de-Ville, le 9 novembre 1870.

» *Le maire de Saint Omer,*
» ED. LEFEBVRE DU PREY. »

Le voisinage de l'Angleterre avait engagé un certain nombre
d'habitants de Boulogne à se réfugier chez nos voisins d'Outre-
Mer. Le Maire de cette ville, dans le but d'arrêter cette fuite pré-
judiciable à la défense du pays, lança la proclamation suivante :

» Attendu que dans la situation où la patrie se trouve aujour-
jurd'hui placée, le devoir de tout citoyen est de rester au poste
où la loi l'appelle ;

» Qu'oublieux de ce devoir, que les circonstances rendent
chaque jour de plus en plus étroit pour tous, des habitants de
Boulogne se sont soustraits, par la fuite ou par le séjour prolongé
et non justifié à l'étranger, aux obligations qu'impose aux Français la défense du sol national et l'indépendance du pays ;

» Donne avis qu'à l'expiration des huit jours qui suivront la publication du présent avis, les noms des habitants qui continueront ainsi à se dérober par la fuite aux obligations auxquelles ils sont assujettis par les lois relatives au service militaire, à la garde nationale mobile, mobilisée, ou sédentaire, seront affichés d'une manière permanente à la porte de l'Hôtel-de-Ville.

» Cette mesure ne pourra, en aucun cas, atténuer les condamnations que ces habitants auraient encourues par application des dispositions pénales résultant de l'état de siége.

» Le présent avis sera affiché et publié dans tous les quartiers de la ville.

» En l'Hôtel-de-Ville, le 25 novembre 1870. »

CHAPITRE IV.

BATAILLES DE VILLERS-BRETONNEUX ET DE PONT-DE-NOYELLES.
— INVASION DES PRUSSIENS DANS LE PAS-DE-CALAIS.

Nous avons laissé l'armée du Nord à peu près en état d'agir. La 1re division, composée des brigades général Lecointe et colonel Derroja, étaient prêtes à entrer en campagne, lorsqu'Amiens fut menacé par l'armée allemande, commandée par le général Manteuffel. Le gouvernement de Bordeaux ne voulut pas laisser prendre cette ville importante, sans essayer de la défendre. En conséquence, une 3e brigade fut formée à la hâte et placée sous le commandement du colonel du Bessol. Le 24 novembre la concentration de ces troupes put s'effectuer.

La 2e brigade de la 2e division était en formation sous la direction du colonel Ritier. Elle fournit un bataillon de chasseurs et deux autres bataillons, à peine organisés, pour garder les passages de la Somme, entre Péronne et Corbie.

Ce petit corps d'armée comprenait, en outre, deux escadrons de dragons, deux escadrons de gendarmes, sept batteries d'artillerie, dont quatre batteries de 4, et trois de 12, et une compagnie du génie avec un petit parc. L'ensemble de ces troupes réunies formait un effectif de 17,500 hommes qui, réunis avec 8,000 hommes de la garnison d'Amiens, sous les ordres du général

Paulze d'Ivoy, formait un total d'environ 25,000 combattants. Après plusieurs combats partiels et heureux pour nos troupes, l'action générale s'engagea le 27 autour d'Amiens, à Boves, Gentelles, Cachi, Saleux et Villers-Bretonneux; mais assaillies par des forces considérables et bien pourvues d'artillerie, nos troupes durent se replier sur Corbie et sur Amiens.

La lutte devait recommencer le 28, et les renforts demandés à Arras allaient être expédiés, lorsque l'avis arriva que l'armée du Nord battait en retraite sur cette dernière ville. Le mouvement commença vers cinq heures et demie à Amiens comme à Corbie, en quatre colonnes ; la première, sous les ordres du général Lecointe, se dirigea vers Doullens : la deuxième, conduite par le général Paulze d'Ivoy, suivit la route de Pas. Le général Farre se dirigea directement vers le Nord avec la 3e, tandis que la 4e suivait la route, suivant le chemin de fer par Albert et Achiet.

Cette retraite paraît, comme la bataille elle-même, avoir été livrée à l'initiative individuelle.

Les corps se dirigèrent par des voies diverses, souvent fractionnés, rarement avec tout leur effectif. Là encore l'esprit d'ensemble et la direction ne furent pas suffisamment accusés.

Le 29 novembre, l'armée du Nord arrivait à Arras et dans les environs. Épuisées de fatigue à la suite des combats qu'elles avaient eu à soutenir et après une marche longue et pénible qu'elles venaient d'opérer, nos troupes, à cause de leur nombre et de la difficulté des distributions trouvaient péniblement un gîte souvent éloigné du point de leur arrivée. Heureusement que beaucoup de nos concitoyens ont cherché à adoucir, autant que possible, leur embarras et leurs souffrances.

La ville d'Arras logea ou fit loger, environ 15,000 hommes ; à dix heures du soir, tous avaient un abri. Les établissements publics, le collége notamment, avaient ouverts leurs portes à 400 soldats. Les orphéonistes, qui ne reculent jamais quand il s'agit de faire acte de patriotisme, reçurent 100 hommes dans leur salle, et leur firent l'accueil le plus empressé.

Les Prussiens n'inquiétèrent pas sérieusement notre armée dans la retraite qui venait de s'accomplir, bien qu'on ait affirmé qu'ils avaient poursuivi certaines troupes jusqu'à mi-chemin de Doullens.

Cette première défaite de nos troupes fut annoncée dans nos contrées par cette proclamation du général commandant la subdivision :

« Aux habitants du Pas-de-Calais,
» Aux gardes nationales,
» Et à l'armée,

» Victorieuse dans plusieurs combats livrés autour d'Amiens le 26, notamment à Gentelles, Boves et Villers-Bretonneux, l'armée du Nord a dû céder le 27, après une lutte acharnée, devant des forces quadruples. — Elle a opéré sa retraite en bon ordre sur Doullens et Arras, abandonnant ainsi à l'ennemi les positions et la ville d'Amiens qu'elle ne pouvait plus défendre, malgré son énergie et sa tenacité.

« Habitants du Pas-de-Calais,

» Rien n'est encore désespéré, mais votre beau département est directement menacé ; levez-vous donc tous en masse pour protéger et défendre vos foyers. Le salut est aujourd'hui plus que jamais dans vos mains et dans celles de l'armée ; vos places fortes se defendront jusqu'à la dernière extrémité.

» Debout donc pour un effort immense ! Montrez à la France républicaine que nos revers n'ont point amoli vos courages ! Aidez-moi à chasser l'étranger !

» Arras, le 29 novembre 1870.

> *Le général commandant supérieur*
> *du département du Pas-de-Calais en*
> *état de guerre,*

> CHARGÈRE. »

L'ennemi marchera-t-il sur Arras ? Telle fût l'appréhension générale.

Les mouvements signalés sur Albert n'étaient que l'indice d'une occupation ayant pour but le ravitaillement de l'armée ennemie. Le service du chemin de fer ne dépassa plus la gare d'Achiet ; du reste, l'autorité militaire déploya une grande vigilance dans nos environs et prît toutes les mesures que commandaient les intérêts de la défense : elle transmit immédiatement les dépêches suivantes sur tous les points du département :

» Arras, 28 novembre, 2 h. 22, soir.

Général à Commandant de place Calais, Sous Préfet Boulogne, Commandant place Saint-Omer, Commandant place Aire, Commandant armes Hesdin, Sous-Préfet Montreuil.

» L'armée est en retraite sur Doullens.

» Arrêtez tout mouvement de troupes sur Amiens et Albert. Les gardes nationales mobilisées ne seront pas dirigées sur ces points.

—

Général à Sous Préfets, Boulogne, Montreuil, Saint Pol, Commandant d'armes Boulogne, Garde artillerie Montreuil et Maire, et Sous-Préfet Doullens.

» Organisez la défense le mieux que vous pourrez.

» Faites battre le pays le plus loin possible dans le sud.

» Rendez-moi compte des moindres événements ayant trait à l'armée et faites bonne garde.

Le salut de la défense est plus que jamais entre les mains du pays.

» Entraînez les populations par tous les moyens possibles.

» Que tout le monde se lève ! »

Nous avons retrouvé dans une lettre écrite au moment de la retraite de Villers-Bretonneux des détails très-précis, très-intéressants et entièrement inédits au sujet de l'occupation subie par les communes de notre département voisines de la Somme, à la suite de la bataille d'Amiens :

» Bucquoy, le 5 décembre 1870.

» Je vais essayer de coordonner un peu les faits qui se sont produits dans notre rayon d'information depuis quelques jours

» Les 24, 25 et 26 novembre, nous avons entendu le bruit du canon. Le 27 au soir, la nouvelle de la bataille de Villers-Bretonneux nous arrivait, mais nous en ignorions les résultats. Le 28, les mots de retraite, de débâcle, commencèrent à circuler dès le matin. Vers dix heures, un peloton du 4ᵉ dragon arriva à Bucquoy ; hommes et chevaux paraissaient exténués ; des soins leur furent donnés. A deux heures, le 4ᵉ dragons passait, ralliant son peloton et se dirigeant vers Arras.

» A quatre heures, un billet crayonné à la hâte par un lieutenant-colonel d'infanterie, priait le Maire de Bucquoy de préparer des logements pour 600 hommes

» Une heure après, paraissaient le général Farre, son état-major et des détachements des 65ᵉ, 75ᵉ, 91ᵉ de ligne, 20ᵉ bataillon de chasseurs à pied, ainsi que des mobiles. Il fut pourvu au logement de ces troupes, et des grand'gardes furent établies aux abords du village pour éviter une surprise en cas de poursuite.

» Les soldats, plus explicites que leurs chefs, donnèrent alors quelques détails sur la bataille de la veille où, paraît-il, nous avons eu l'avantage, tant que l'artillerie n'eut pas épuisé ses munitions, c'est-à-dire jusque vers quatre heures. Bien qu'à ce moment notre centre eût faibli, les aîles tenaient toujours, et personne ne paraissait croire à la nécessité d'une retraite. On s'attendait à reprendre l'action lundi matin ; mais dans la nuit, à la suite d'un conseil de guerre, ordre fut donné de se replier sur Arras, et le mouvement de recul commença sur toute la ligne Pendant deux jours, nos soldats se replièrent, puisque c'est le mot consacré, et ce fut un pénible spectacle que cette retraite où l'ordre ne présidait pas toujours.

» Dès mardi matin, nous nous attendions à voir les Prussiens qu'on nous disait errants près de nos colonnes.

5

» Nous apprenions en ce moment le désarmement de la garde nationale d'Albert, qui ne pouvait songer à tenir tête à l'ennemi. Ordre fut donc donné de rapporter les armes à la Mairie de Bucquoy et de les réintégrer à Arras, dans les magasins de l'artil-tillerie, ce qui fut fait.

» La journée s'écoula ainsi. Vers le soir, un bataillon de gardes nationaux mobilisés de la Somme vint loger à Bucquoy, se rendant à Péronne.

» Le mercredi nous apprenons que des uhlans ont été à Albert s'enquérir des moyens de loger 1,000 hommes ; il en vint 3,000 le jeudi et 500 chevaux. Ce même jour, des cavaliers prussiens viennent éclairer le pays et s'approchent jusque sur les hauteurs qui dominent Puisieux et Miraumont. La panique s'empare des habitants des communes du voisinage, ils fuient l'ennemi, en semant l'effroi partout où ils passent.

» Le vendredi une colonne forte d'environ 1,000 hommes d'infanterie, 250 cavaliers et 2 pièces de canon quitte Albert, remontant vers le Nord en cotoyant la voie ferrée à Beaucourt (près Miraumont) ; le gros de la colonne s'arrête, la cavalerie grimpe les coteaux avoisinant, des postes d'infanterie sont établis sur tous les chemins conduisant au village, un cordon de sentinelles l'entoure, les pièces sont mises en batterie en face du château de M. Proyart, et enfin des pionniers minent l'une des deux arches d'un pont du chemin de fer. Pendant ce travail, qui demande plusieurs heures, le cabaret de M. Morel est mis à sac, M. Proyart fournit à dîner à l'état-major et un malheureux cabaretier nommé Livier est tué à bout portant, pour avoir voulu regagner son domicile malgré la consigne prussienne, qui défendait à tous d'entrer à Beaucourt ou d'en sortir.

» A trois heures, la mine était prête, l'explosion eut lieu et l'arche attaquée fut mise hors de service. J'ai hier examiné les effets de cette explosion, ils sont curieux. Les deux parapets en maçonnerie se sont soulevés en larges tranches homogènes et sont retombés de chaque côté du pont ; l'arche est fendue en quatre morceaux et, quoiqu'une partie se soit quelque peu affaissée, le ceintre n'est pas détruit, il n'est qu'ébranlé fortement ainsi que le couronnement de la pile dont les fondations sont intactes. L'explosion a été considérable, sa force de projection étonnante, et nul doute que si le travail de mine eût été mieux fait, les deux arches ne présenteraient plus qu'un monceau de ruines. Un rail a été projeté à plus de 50 mètres de distance, une bille a laissé des traces de son passage en cassant les branches d'un peuplier à près de 20 mètres de hauteur, elle est venu s'implanter à peu près entièrement dans le sol ; — des rails retombés presque verticalement sont entrés si profondément en terre qu'à peine un petit bout en sort-il pour en indiquer la position ; le ballast planté au loin a laissé béant un trou en entonnoir dont l'orifice présente une section de 2 mètres carrés.

» Après cette destruction, on rappelle les postes et les éclaireurs qui, toute la journée, ont battu la campagne sur les territoires de Grandcourt, Beaucourt, Puisieux, Miraumont, Achiet, Pys, Irles et Grévillers ; puis la colonne retourne coucher à Albert, après avoir toutefois pris les armes des chasseurs de Beaucourt sauf celles de M. Proyart, dont on s'est contenté d'enlever les batteries.

» J'ai poussé hier une pointe jusqu'à Albert, d'où les Prussiens sont partis samedi matin, alors qu'on s'attendait à les voir aller détruire le village de Cléry, près Péronne, où les francs-tireurs leur ont tué 3 hommes et 3 chevaux.

» Albert est fort triste, ses habitants sont encore sous l'impression de l'occupation, et Dieu sait ce qu'ils en racontent. Cette occupation n'a duré que deux jours, et les réquisitions en rations s'élèvent à 12,000 fr., sans compter les vols de denrées, d'armes, de flanelle, de chevaux, de bijoux, etc. — Les débits de tabac ont été pillés. — Là comme à Beaucourt, toutes les armes de chasse ont dû être remises, celles sans valeur ont été brulées, celles de luxe sont devenues la propriété des officiers prussiens.

» Il n'est pas d'expression pour qualifier la conduite abjecte de ces barbares. Ils ont sali de leurs déjections infectes tous les appartements où ils sont entrés et les objets de couchage qui leur ont servi. La gare d'Albert, si propre d'ordinaire, paraissait une succursale du dépotoir de Bondy.

» Les Prussiens paraissent avoir reçu de mauvaises nouvelles à Albert, car leur départ s'est effectué précipitamment et sans accompagnement de leurs chants ordinaires . . . . »

Dès le 2 décembre, des bruits calomnieux et invraisemblables s'étaient répandus à Arras, tendant à faire croire que la capitulation de cette ville était un fait accompli. On s'empressa de les démentir par les proclamations suivantes :

« Habitants d'Arras,

» Des misérables calomniateurs, indignes du nom de Français, n'ont pas craint de répandre dans la ville de coupables bruits ; ils ont osé dire que quelques membres du Conseil de Défense étaient en désaccord, et qu'il en existait parmi eux, qui étaient d'avis de rendre la Place sans la défendre.

» Ils ont ajouté que la Commission municipale exécutive avait capitulé d'avance et vendu la ville à l'ennemi.

» J'affirme d'abord, sur mon honneur de soldat, que le Conseil est unanime pour défendre la place jusqu'à la dernière extrémité ; en second lieu, j'ai une confiance illimitée dans le patriotisme de la Commission municipale exécutive d'Arras ; elle sait aussi que je marche d'accord avec elle.

» En d'autres circonstances, je mépriserais profondément les mauvais citoyens qui ne craignent pas de colporter ces coupables bruits, mais le moment est suprême, et je déclare ici que je les livrerai sans pitié à la justice des cours martiales !

» Avis aux lâches !

> *Le Général commandant supérieur du département du Pas-de-Calais, en état de guerre,*

» DE CHARGÈRE.

» Arras, le 2 décembre 1870. »

« Chers concitoyens,

Des misérables n'ont pas craint de répandre et de propager le bruit que la Commission municipale exécutive avait capitulé et rendu la ville à l'énnemi.

» Nous tenons à protester contre cette infâme calomnie, qui nous fait frémir d'indignation, et à proclamer que la municipalité n'est rien et que le Comité de défense est tout en ce qui concerne la défense de la ville et le mouvement des troupes.

» Que, comme M. le Préfet, nous avons été soigneusement écartés du Comité de défense et devons rester complètement étrangers à ses délibérations.

» Chers concitoyens,

» Travaillez avec plus d'ardeur que jamais aux ouvrages qui doivent protéger notre chère cité et la convertir en un véritable camp retranché.

» Comptez sur nous ; nous prouverons que votre honneur est en bonne main

> *Les Membres de la Commission municipale exécutive,*

• E. Deusy, Elie Ledieu. »

Du reste, le danger semblait s'éloigner. Amiens était évacué par les Prussiens, qui portaient leurs efforts contre la Normandie ; Albert était libre, et le chemin de fer, qui avait suspendu tout service au-delà d'Arras, ne tardait pas à renvoyer des trains dans cette direction.

Le 4 décembre, le sous-préfet de Saint-Pol, dans une dépêche au Secrétaire général constate la disparition de l'ennemi dans son arrondissement.

Par un décret du 18 novembre, la succession du général Bourbaki était échu au général, Faldherbe, récemment promu au grade de divisionnaire, et, dans l'intérêt du service, ou y avait ajouté le commandement de la 3e division militaire, comprenant les départements du Nord, du Pas-de-Calais et de la Somme, ainsi que les territoires voisins non envahis. Il commandait la division de Constantine, lorsqu'il fut rappelé en France par le gouvernement de Bordeaux.

A peine arrivé d'Algérie, il recommence les opérations, le 8 décembre.

A la même époque M. Testelin. commissaire de la défense du Nord de la France, ordonnait la réorganisation des régiments de mobiles qui se trouvaient dans la 3ᵉ division militaire.

GARDE MOBILE. — ÉLECTION DES OFFICIERS.

Attendu les événements qui se sont passés à Amiens le 27 novembre ;

Vu les rapports qui nous ont été adressés et desquels il résulte que certains officiers de la garde mobile n'auraient plus la confiance de leurs soldats ;

Vu l'urgence,

Le Commissaire de la défense, après s'être concerté avec le général commandant la 3ᵉ division militaire et le 22ᵉ corps d'armée,

ARRÊTE :

Art. 1ᵉʳ. — Les régiments de mobiles qui se trouvent dans la 3ᵉ division militaire sont dissous.

Art. 2. — Ces régiments seront immédiatement réorganisés de la manière suivante :

Les lieutenants-colonels et les chefs de bataillons seront nommés directement par le général commandant la division et choisis autant que possible, parmi les officiers de l'armée en activité de service ;

Les officiers de compagnie seront nommés par élection (1).

Art. 3. — Il sera procédé immédiatement aux élections des officiers de compagnie conformément aux instructions qui seront adressées aux chefs de corps.

Art. 4. — L'exécution du présent arrêté est confiée à M. le général commandant la 3ᵉ division.

(1) Les anciens militaires qui ne font point partie de la mobile peuvent se mettre sur les rangs ; leur élection sera reconnue valable.

Fait à Lille le 4 décembre 1870.

Le commissaire de la défense,

Signé : TESTELIN.

Le 22e corps venait d'être ainsi composé :

TROUPES ATTACHÉES AU QUARTIER GÉNÉRAL.

Artillerie. — 1re et 2e batterie montée de 12.

Génie. — 2e compagnie bis du 2e régiment et 2e compagnie de dépôt du 3e régiment. — Parc du génie.

Cavalerie. — 2e escadron de gendarmerie. — 2e escadron de dragons. — 1 peloton de dragons attaché à l'Etat-Major général.

1re DIVISION D'INFANTERIE
(général LECOINTE).

1re *brigade* (colonel DERROJA).

2e bataillon de marche de chasseurs. — 1er et 2e bataillons de marche du 75e.—1er bataillon de marche du 65e.—67e régiment de marche. —5e, 6e et 7e bataillons de mobiles du Pas-de-Calais.

2e *brigade* (colonel MOYNIER).

17e bataillon de marche de chasseurs.— 1er et 2e bataillons de marche du 24e.—1er bataillon de marche du 64e. — 68e régiment de marche. — 46e régiment de mobiles (1er, 2e, 3e bataillons du Nord).

3e batterie bis du 12e (pièces de 8). — 1re batterie bis du 15e (pièces de 4).—2e batterie bis du 15e (pièces de 4).

2e DIVISION D'INFANTERIE)
(général PAULZE D'IVOY).

1re *brigade* (colonel DU BESSOL).

20e bataillon de chasseurs.—1er et 2e bataillons du 43e de ligne —Bataillon d'infanterie de marine. — 69e régiment de marche. — Régiment de mobiles du Gard (2e, 3e et 3e bis bataillons du Gard).—44e régiment de mobiles.

2e *brigade* (colonel THOMAS).

18e régiment de marche de chasseurs.— 1er et 2e bataillons du 91e de ligne.—1er bataillon du 33e de ligne. — Régiment de mobiles de la Somme et de la Marne (4ᵉ bataillon et 4ᵉ bataillon bis de la Somme et 2ᵉ de la Marne).

2ᵉ batterie du 15ᵉ (4). — 3ᵉ batterie bis du 15ᵉ (4). — 3ᵉ batterie bis du 15ᵉ (12).

3ᵉ DIVISION D'INFANTERIE
(amiral MOULAC).

1ʳᵉ *brigade* (capitaine de vaisseau PAYEN).

19ᵉ bataillon de marche de chasseurs. — Régiment de fusiliers marins (3 bataillons). — 48ᵉ régiment de mobiles (7ᵉ, 8ᵉ et 9ᵉ bataillons du Nord).

2ᵉ *brigade* (commandant DE LA GRANGE).

1ᵉʳ bataillon de mobilisés du Pas-de-Calais. — 47ᵉ régiment de mobiles. — (4ᵉ, 5ᵉ et 6ᵉ bataillons du Nord). — 48ᵉ bis régiment de mobiles (10ᵉ, 11ᵉ et 12ᵉ bataillons du Nord.)

Rouen avait été occupé et le Havre était menacé. Le général Faidherbe voulut sauver par une puissante diversion cet important port de commerce. Il laissa au grand quartier-général à Lille, le lieutenant-colonel de Villenoisy avec le lieutenant-colonel Rittier et le lieutenant d'artillerie Queillé pour poursuivre le travail d'organisation et lui expédier au fur et à mesure de leur formation les bataillons, les escadrons et les batteries. Ces troupes comprenaient 30,000 combattants et 60 pièces de canon.

Le 10 décembre la ville de Ham était reprise par les Français, le 12 et le 13 le général Faidherbe alla reconnaître la ville de La Fère, et ne pouvant songer à faire le siége de cette ville, après avoir constaté qu'elle ne pouvait être enlevée de vive force, il résolut le 14 de se diriger vers Amiens en envoyant des partis exécuter des coups de main sur des détachements et des convois ennemis à Chauny, à Roye, etc.

En rapprochant d'Amiens, on apprit d'une manière certaine que le mouvement sur le Hâvre était arrêté, que Dieppe était évacué et que des rassemblements de troupes s'opéraient vers Montdidier et Breteuil. L'armée du Nord allait donc avoir à faire à des forces considérables et supérieures ; aussi le général Faidherbe s'occupa de la renforcer, de lui choisir une bonne position de combat et d'assurer ses approvisionnements. De plus, il appela à l'armée une division de mobilisés et le nombre des canons fut porté à 78, dont 12 pièces de montagne.

Un projet d'organisation de l'armée du Nord en deux corps fut alors soumis au gouvernement qui l'approuva, et la formation du 23e corps d'armée fut décrétée.

Les colonels Derroja et du Bessol furent nommés généraux de brigade pour commander des divisions (1). Les généraux Paulze d'Ivoy et Lecointe furent nommés généraux de division pour commander les 23e et 22e corps d'armée, et le général Farre fut promu au même grade pour remplir les fonctions de major-général de l'armée du Nord, dont le général Faidherbe était nommé commandant en chef. Le lieutenant-colonel Villenoisy fut promu au grade de colonel et adjoint au major-général.

Le 22e corps, général Lecointe, comprenant deux divisions et six batteries, fut établi de Daours à Contay, le long de l'Hallue.

Quant au 23e corps, général Paulze d'Ivoy, la première division, amiral Moulac, renfermant les fusiliers-marins, occupait Corbie et les environs avec trois batteries et les deux batteries de réserve. La 2e division, mobilisés du général Robin, dont les deux brigades étaient commandées par les colonels Brusley et

(1) La commission de révision des grades, présidée par le général Changarnier, a maintenu dans leur grade de général de brigade MM. Derroja et du Bessol qui, lors de la déclaration de guerre, étaient, le premier, lieutenant-colonel au 33e de ligne, en garnison à Arras, — le second, chef de bataillon aux chasseurs à pied de la garde.

Nul n'ignore l'énergie et l'habileté déployées pendant la guerre par les généraux Derroja et du Bessol dans les divers combats livrés par l'armée du Nord, et tous, officiers et soldats, ont proclamé leur vaillance.

Grièvement blessé à la bataille de Saint Quentin, le général du Bessol ne put, comme son camarade, prendre part à la lutte contre la commune, où le général Derroja se montra de nouveau intrépide et habile ; mais l'un et l'autre ont mérité la même distinction, et l'opinion publique ratifie la décision prise par la commission.

Amos, occupait en seconde ligne les villages au sud-ouest d'Albert, gardant la voie ferrée et détachant un régiment à Bray, pour garder le cours de la Somme entre Péronne et Corbie.

Nous ne raconterons ici ni le combat de Quérieux, ni la bataille de Pont-Noyelles, nous nous contenterons de reproduire le rapport officiel du général Faidherbe, en engageant nos lecteurs à se reporter à l'*histoire de la campagne du Nord* qu'a publiée le général en chef :

« L'armée avait pris depuis deux jours ses cantonnements à Corbie et dans les villages espacés le long de la rive gauche d'un petit ruisseau, appelé la Hallue, qui se jette dans la Somme à Daours. Elle avait choisi pour champ de bataille les hauteurs qui en bordent la rive gauche, laissant le soin de traverser le vallon à l'ennemi qui, venant d'Amiens, devait l'aborder en débouchant par la rive droite.

» Le général Faidherbe avait prescrit aux troupes de n'opposer qu'une légère résistance dans les villages, avec quelques tirailleurs, et de se porter de suite sur les positions dominantes en arrière. Cet ordre fut exécuté ponctuellement, et, vers onze heures, les deux armées étaient en présence, séparées par une vallée étroite, mais marécageuse, et se canonnaient par-dessus les maisons, en déployant de chaque côte 70 à 80 bouches à feu. Les tirailleurs ennemis ayant pénétré dans les villages, échangeaient aussi des coups de fusils avec les nôtres.

» Vers trois heures et demie, le feu de l'artillerie se trouvant ralenti de part et d'autre, ordre fut donné sur toute la ligne à notre infanterie de courir sus à l'ennemi, pour le repousser des villages dans les positions en arrière. Cet ordre fut exécuté avec beaucoup de vigueur et d'entrain. A l'extrême gauche, la division Moulac enleva les villages de Daours et de Vecquemont ; la division du Bessol prit ceux de Pont-Noyelles et Querrieux ; la division Robin, des mobilisés du Nord, entra dans le village de Béhancourt ; enfin la division Derroja à la droite, se chargea des villages de Bavelincourt et Préhencourt, poursuivant l'ennemi bien au-delà.

» A cinq heures, le succès était complet partout ; mais la nuit venue, on ne distinguait plus les amis des ennemis, et les Prussiens profitèrent de cette circonstance et de l'indécision qui en résulta pour rentrer sans lutte à Daours, à Querrieux et à Béhancourt. Nos troupes, ayant repris toutes leurs positions de la veille, y passèrent la nuit et y restèrent encore le lendemain jusqu'à deux heures de l'après-midi, pour voir si l'ennemi essayerait de recommencer la lutte, ce qu'il ne fit pas. Quelques coufs de fusil furent seulement échangés de loin. Après avoir ainsi constaté sa victoire, l'armée alla prendre ses cantonnements entre Corbie et Albert.

» Nos jeunes troupes ont beaucoup souffert de la rigueur de la saison et des privations inévitables dans de telles circonstances. Le pain qu'on leur a distribué sur le champ de bataille était gelé, et par suite non mangeable. Les pertes peuvent être évaluées par aperçu à deux cents hommes tués, et à mille ou douze cents blessés, la plupart légèrement. Nous ne connaissons pas celles de l'ennemi, que notre artillerie, parfaitement servie, et le feu très-vif de nos artilleurs, a dû fortement éprouver. Des prisonniers et des blessés sont restés entre nos mains. Quelques jours de repos dans de bons cantonnements vont être accordés à l'armée du Nord. »

Nous avons recueilli d'un témoin oculaire quelques détails sur la bataille de Pont-Noyelles. Les artilleurs de la mobile d'Arras se sont distingués d'une manière toute spéciale en avant du village de Daours ; un instant ils ont remplacé, dans un poste périlleux, une batterie dirigée par des mobiles, et ils se sont acquittés avec succès de la mission qui leur avait été confiée.

Nous citerons encore les mobiles et les francs-tireurs de Boulogne et de Montreuil-sur-Mer.

Une dépêche arrivée à Arras, le 23 décembre au soir, annonça la nouvelle du combat engagé à Querrieux depuis le matin.

Aussitôt, un convoi spécial en destination pour Corbie, à

l'effet de ramener les blessés, partit dans la nuit même. Une ambulance volante du service belge (1), installée au Petit-Séminaire d'Arras, partit en même temps, emportant avec elle des vivres, couvertures et objets de premiers pansements.

Le personnel de cette ambulance revint à midi avec le train spécial des blessés, et une cinquantaine des plus gravement atteints furent par leurs soins installés au Petit-Séminaire, où ils reçurent tous les secours que devait exiger leur triste et douloureuse position.

Le même soir, vers 9 heures, un convoi d'artillerie se présentait pour entrer à la Citadelle, lorsqu'une détonation, semblable à celle d'un canon, ébranla les airs et éteignit subitement le gaz des alentours. ¡Un obus percutant, trop rudement secoué par un cahot subit, venait d'éclater et de faire sauter un caisson. Des cris déchirants s'élevèrent aussitôt dans l'obscurité et l'on relevait deux blessés, dont l'un très-grièvement atteint, pendant qu'un maréchal-de-logis, étendu sans mouvement, avait été tué sur le coup. Le même convoi avait perdu de la sorte, à quelques lieues d'Arras, un autre artilleur tué par une explosion du même genre.

De nombreux espions s'étant répandus dans la région qui s'étend de la ville d'Arras au département de la Somme, le Préfet prit les mesures les plus énergiques pour faire cesser un pareil état de choses. En exécution de l'arrêté du 10 décembre 1870, la Commission municipale exécutive d'Arras publia l'arrêté suivant :

« Art. 1. — Tous les habitants de la ville et des faubourgs qui reçoivent, logent ou retirent chez eux des étrangers, ou qui ont loué ou loueront tout ou partie de leur maison, sont tenus d'en faire dans les 24 heures de la présentation du présent

(1) Le personnel de cette ambulance comprenait 5 médecins belges, 2 médecins français et 2 médecins norwégiens, sous la direction du docteur Smet van Aelsert, de Bruxelles. Ce personnel avait toute l'expérience requise, car il avait activement fonctionné sur les champs de bataille de Sedan, Metz et Strasbourg.

réglement au bureau de police, la déclaration contenant les noms, prénoms, qualités, pays d'origine des dits étrangers, le lieu où ils demeuraient et qu'ils ont quitté pour venir à Arras, les motifs de leur voyage et de leur séjour et la date de leur arrivée.

» Art. 2. — Tous étrangers, tous voyageurs hommes, femmes, filles et enfants venus en cette ville, qui y passent, qui y logent ou qui y sont établis, sont tenus de faire la même déclaration immédiatement et au plus tard dans les trois heures qui suivront la publication du présent arrêté pour ceux qui se trouvent à Arras, et dans les deux heures qui suivront leur arrivée pour les autres Ils seront tenus en outre de se présenter dans les mêmes délais devant les officiers de la municipalité, pour se faire autoriser s'il y échet, à prolonger leur résidence et établissement dans cette ville.

» Art. 3. — Sont soumis à cette obligation tous ouvriers, domestiques, hommes, femmes et filles, quelque métier qu'ils exercent.

» Art. 4. — Aucun étranger ou voyageur ne pourra traverser la ville ou y séjourner s'il n'est porteur d'un *laissez-passer* ou d'un permis de séjour, délivré par les officiers de la municipalité d'Arras.

» Art. 5. — L'entrée de la ville est rigoureusement interdite aux marchands ambulants, aux colporteurs, aux mendiants, bateleurs, chanteurs de rues, vagabonds et gens sans aveu.

» Des *laissez-passer* et des permis de séjour pourront être accordés exceptionnellement aux marchands ambulants domiciliés dans l'arrondissement.

» Art. 6. — Les hôteliers, aubergistes, logeurs, loueurs de maisons et de chambres garnies devront exiger de tout étranger ou voyageur, hommes, femmes, filles, enfants, avant de les recevoir, la remise de leurs papiers et les déposer, contre récépissé, au bureau de police immédiatement, même pendant la nuit.

» Art 7. — Il est interdit aux entrepreneurs de transport,

voituriers, loueurs et conducteurs de voitures publiques, de sortir de la ville sans avoir au préalable fait connaître au bureau de police les noms des voyageurs qu'ils doivent emmener, leur qualité et leur destination.

» Les entrepreneurs de transports, les voituriers, les loueurs et conducteurs de voitures publiques, devront dans l'heure qui suivra leur entrée en ville, faire connaître les noms, qualités et lieux d'origine des voyageurs qu'ils ont transportés, et déposer leurs feuilles d'inscriptions à l'appui de leurs déclarations.

» Aucune voiture, aucun voyageur ne pourra sortir de la ville, pendant la nuit, sans un *laissez-passer spécial* délivré par la municipalité, et qui sera remis au portier consigne.

» Aucune voiture, aucun voyageur, ne pourra entrer dans la ville, pendant la nuit, sans un *laissez-passer* régulier émanant d'une autorité compétente.

» Art. 8. — Le présent arrêté sera et restera affiché dans la salle principale des hôtels, des auberges, des garnis et à la porte des entrepreneurs de transports.

» Art. 9. — Tout contrevenant sera déféré à l'autorité judiciaire et poursuivi conformément aux lois.

» Art. 10. — M. le commissaire central de police est chargé spécialement de l'exécution du présent réglement qui sera exécutoire à partir de ce jour.

» Arras, le 18 décembre 1870.

» E. DEUSY, Elie LEDIEU. »

De plus, par ordre du commandant de place, les portes de la ville, à partir du 29 décembre, furent fermées à cinq heures du soir et ouvertes à huit heures du matin.

La Commission municipale exécutive s'occupait activement de l'approvisionnement d'Arras ; elle engagea :

« 1° Les habitants de la ville d'Arras a faire, pour deux mois au moins, des provisions de vivres, de combustibles, d'huiles à brûler, de bougies, etc.;

» 2° Les boulangers à compléter leurs approvisionnements de farines et de bois;

» 3° Les propriétaires ou locataires à remettre en bon état leurs puits et leurs pompes. »

Désirant alléger autant qu'elle le pouvait les charges du logement militaire, elle fit établir deux baraquements qui purent être occupés à partir du 19 décembre 1870.

Après avoir tenu tête aux Prussiens, nos troupes étaient toujours un peu désorganisées après plusieurs jours de marche et de combat. L'ennemi, appuyé sur Amiens et sa citadelle, pouvait se faire envoyer de Normandie, de Paris surtout, autant de renforts qu'il croirait nécessaire pour nous écraser ; le général en chef crut convenable d'aller chercher des cantonnements plus sûrs sur la rive droite de la Scarpe, entre Arras et Douai, pour donner aux hommes quelques jours de repos bien gagnés, et profiter de toutes les facilités que donnait cette situation pour les ravitaillements de toute nature dont l'armée avait grand besoin.

L'armée ennemie nous suivit dans cette marche ; mais les rapports allemands eurent tort de dire qu'elle nous poursuivit.

L'*Indépendance belge* apprécia en ces termes la retraite de l'armée du Nord :

« Des nouvelles importantes sont arrivées ici, hier soir, après le départ du courrier.

» Faidherbe bat en retraite sur les places du Nord. Il a évacué Arras, qui se défendra elle-même avec ses moyens propres, renforcée de la garnison qu'on lui a laissée. Arras est assez bien fortifiée, pour tenir contre une attaque de vive force, et ses caves, qui ont une antique réputation, lui permettent de braver les obus. Le quartier général est maintenant à Vitry, la seconde station de la ligne de Paris au sud de Douai.

» D'après ce que l'on dit, l'armée du Nord occuperait actuellement la contrée marécageuse qui sépare l'Artois de la Flandre et qu'une catastrophe, remontant déjà à une vingtaine d'années, a rendue fameuse dans les annales des chemins de fer. La position est forte, et je doute que Manteuffel ose l'aborder de front ; il me paraît plutôt diriger sa marche vers le nord-est. On a signalé hier une reconnaissance de cavalerie prussienne qui a poussé jusqu'à Masnières, à deux lieues de Cambrai ; elle n'a fait, il est vrai, qu'un bref séjour dans cette localité, mais cette pointe pourrait bien être un indice des intentions du général allemand.

» On disait que de puissants renforts étaient arrivés à celui-ci dans le but d'avoir immédiatement raison de l'armée du Nord.

» Cependant les opinions sont encore divisées sur les intentions réelles de Manteuffel. Les uns se refusent à croire que cet habile stratégiste se hasarde dans le labyrinthe formé par les forteresses si nombreuses dans le département du Nord, et qu'il s'éloigne autant de Paris dans un moment où un effort suprême de Trochu est devenu imminent.

» D'autres, et je suis un peu de cet avis, pensent que Manteuffel va tenter un coup d'audace pour se débarrasser de l'armée du Nord qui est, dès à présent, une menace permanente pour la réussite de ses opérations.

» Quoi qu'il en soit, c'est la connaissance des forces redoutables dont son adversaire dispose, qui a déterminé Faidherbe à choisir des positions moins découvertes que celles qu'il occupait devant Arras et Albert. Cette tactique prudente est d'un bon général ; malheureusement pour les populations, elle dégarnit forcément le pays, que les Prussiens vont sans aucun doute mettre à contribution avec la rigueur qui leur est habituelle.

La position choisie par le général en chef pour le cantonnement de l'armée était derrière la Scarpe, la droite appuyée à Arras et la gauche à Douai. Les troupes furent établies en première ligne dans les villages de Fampoux, Rœux, Vitry, Brebières, Corbehem, et on mit en deuxième ligne, d'Oppy à Equerchin, la 2e division du 23e corps.

On occupait ainsi une position très-forte et bien appuyée, où l'on aurait pu résister à des forces supérieures, Mais l'ennemi ne vint pas y chercher l'armée du Nord ; il se contenta d'envoyer des coureurs autour d'Arras et jusque sur la route de Lens (1).

Anssitôt après la bataille de Villers-Bretonneux, les uhlans furent aperçus vers les frontières de la Somme. Une forte reconnaissance était faite par leur cavalerie à 7 kilomètres de Pas. Leur marche en avant fut entravée par les tirailleurs volontaires du Nord qui s'emparèrent de trois voitures de vivres et d'un troupeau de moutons destinés à l'ennemi.

Le 13 décembre une cinquantaine de uhlans furent vus dans l'après-midi à Warlencourt et à Lesars, à quelques kilomètres de Bapaume.

Le 15, le Préfet recevait du chef de gare d'Arras la dépêche suivante :

« On me passe de Miraumont que l'affaire de Lesars s'est bornée à de vives fusillades de part et d'autre. Personne de tué. Les mobilisés poursuivent encore les Prussiens vers Albert.. Ils ont manifesté l'intention de couper la ligne près Arras.

» Cette dépêche vient de l'employé qui est au télégraphe à Miraumont »

A la suite d'une excursion dans son arrondissement, le sous-préfet de Saint-Pol télégraphiait au préfet, à Arras :

» Je rentre de Frévent, où ce midi sont venus 80 cuirassiers blancs et six voitures transportant une soixantaine de fantassins ; vers trois heures, ils ont quitté Frévent, après avoir fusillé le nommé Romain et saccagé sa modeste habitation.

» Ils ont emporté le corps du cavalier que Romain a tué hier. Ce cavalier était un jeune officier, et le fils d'une des plus riches familles de Cologne.

» Les Prussiens se sont dirigés ensuite sur Avesnes-le-Comte.

(1) Nous remplirions notre travail de faits souvent douteux si nous voulions relever tous ceux qui furent rapportés à cette époque. Nous consacrerons du reste un chapitre au récit de tous les épisodes, soit de la guerre, soit de l'occupation allemande, qui se sont produits dans toutes les communes envahies.

6

» A Doullens, une vingtaine de cuirassiers blancs ont aujourd'hui traversé la ville en se dirigeant sur Lucheux.

» Ce matin, huit cuirassiers blancs ont parcouru Aubigny, et ont repris la route d'Avesnes-le-Comte.

» A Avesnes-le-Comte, les Prussiens viennent faire journellement des réquisitions. »

Bien que de fortes reconnaissances opérées dans les environs d'Arras aient écarté les coureurs ennemis, les déprédations commises par les Prussiens dans l'arrondissement ne cessèrent point.

Bapaume avait été envahi par un corps prussien fort de dix mille hommes, et commandé par le général Manteuffel. Plusieurs détachements se répandirent dans les petites localités, pillant et rançonnant à tort et à travers.

Le 23ᵉ d'infanterie prussienne se cantonna dans les environs d'Hendecourt-les-Ransart et on signala des contingents importants à Douchy, à Ayettes et à Bucquoy. 1,2 0 Prussiens arrivèrent à Avesnes le 29 septembre et y passèrent la nuit. Dès le petit jour, deux officiers mirent en réquisition une voiture et se firent conduire au pont du Gy. Là ils descendirent et envoyèrent leur conducteur à Arras prendre des nouvelles et leur rapporter ce qu'il aurait vu. Inutile de dire que ce brave homme s'empressa de prévenir nos avant postes et d'y devancer les Prussiens.

La présence à Achicourt d'un escadron de cavalerie prussienne fut signalée ; on assure même que des uhlans, au nombre de sept, s'avancèrent jusques sous les murailles d'Arras.

On comprendra qu'il eût été facile et avec peu de monde, de faire payer cher aux éclaireurs qui se multipliaient autour de notre ville, l'audace de leurs reconnaissances si rapprochées de nos murs. Mais il n'entrait probablement pas dans les vues du général en chef d'autoriser de légères escarmouches, et l'on nous a assuré qu'il s'opposa aux offres de la sortie faites par une compagnie de la garde nationale.

Toutes ces nouvelles jointes au bruit de l'arrivée des

Prussiens au Petit-Bapaume, extrêmité du faubourg Ronville, avait plongé la ville d'Arras dans une inquiétude très-grande. Une fausse alerte prouva que la garde nationale sédentaire était prête au premier signal et qu'on pouvait compter sur son dévoûment et son patriotisme. En effet, la générale était battue le 26 décembre vers six heures du matin, et de six heures et demie à sept heures, toutes les compagnies de la garde sédentaire, bien habillées, bien équipées et bien *éveillées*, se portaient spontanément a leur place respective, indiquée d'avance sur les remparts, et attendaient les ordres de leurs chefs.

Du reste, certains bruits empreints de malveillance furent bientôt comprimés par la proclamation suivante du Préfet du Pas-de-Calais :

« Habitants d'Arras,

» L'ennemi est près de nous, peut-être la ville sera-t-elle investie, attaquée. Je sais que vous envisagez cette possibilité avec la fermeté calme et digne qui distingue les populations du Nord de la France, et que vous êtes décidés à vous défendre jusqu'à la dernière extrémité.

» Cependant, il y a quelques misérables qui, par lâcheté ou par d'autres sentiments, se font les complices de nos ennemis. Je croyais que le langage énergique de M. le général de Chargère et de la Commission municipale exécutive avait mis fin à leurs manœuvres. Je me trompais : depuis plusieurs jours, ils vont, semant le bruit que la ville ne sera pas défendue, qu'elle sera livrée à la première sommation, et ils cherchent à faire pénétrer cette conviction dans les rangs de la garde nationale et de l'armée.

» Il faut que ces misérables sachent qu'ils se rendent coupables non-seulement d'une indigne calomnie contre les autorités chargées de la défense de la place, mais encore d'un crime que la loi punit de MORT.

» J'engage tous les bons citoyens, tous les agents de la force publique à me faire connaître les noms de ceux qui continueraient ces indignes manœuvres, et justice exemplaire sera faite, j'en prends l'engagement,

» Arras, le 28 décembre 1870

» *Le Préfet du Pas-de-Calais,*

» LENGLET. »

Le général Faidherbe s'apprêtait, de son côté, à reprendre l'offensive et informait le Commissaire de la défense nationale de l'état de ses troupes :

Arras, 26 décembre, 7 heures.

Faidherbe à Commissaire de Défense.

La marche de l'armée du Nord d'Albert à ses cantonnements à l'est d'Arras, où elle va prendre quelques jours de repos, s'est faite en bon ordre. Des cavaliers prussiens se sont répandus derrière elle dans la campagne et ont dû ramasser quelques traînards, comme il y en a toujours inévitablement.

Conformément aux ordres du Ministre, on va, par des distributions d'eau-de-vie et de vêtements chauds, prémunir les troupes contre les rigueurs extrêmes de la saison.

L'armée du Nord sera immédiatement prête à reprendre l'offensive.

FAIDHERBE.

Pendant tout le mois de décembre, la ville de Calais reçut des prisonniers prussiens qui furent internés au fort Nieulay. L'extrémité Nord du département fut alors vivement préoccupée de l'inondation par eaux de mer dont elle était menacée pour la défense de la place de Calais. La situation des populations rurales des cantons de Guînes, Ardres et Audruick attira très-sérieusement l'attention de l'autorité administrative, saisie des plus pressantes réclamations de la part des membres de la commission des Wattringues, des maires des communes et des habitants des campagnes si justement alarmés.

Tant de plaintes fondées provoquèrent des conférences spéciales qui eurent lieu à l'Hôtel-de-Ville de Calais, et dans lesquelles on décida l'exécution d'une digue destinée à soustraire le pays à l'invasion des eaux.

CHAPITRE V.

BATAILLE DE BAPAUME.

OCCUPATION DE L'ARMÉE ALLEMANDE DANS LE DÉPARTEMENT.

Après la bataille de Pont-Noyelles, le général Faidherbe s'était porté entre Arras et Douai pour laisser quelques jours de repos à ses troupes et pour attendre, dans les positions de la Scarpe, qu'il comptait utiliser, l'attaque de l'ennemi.

L'ordre du jour qu'il publia, montre que l'armée du Nord n'avait cherché derrière cette rivière qu'une ligne de cantonnement qui lui permit de reprendre haleine.

ORDRE DU JOUR.

« En vous cantonnant près de nos places fortes, je vous ai donné la possibilité de vous réconforter et de vous reposer pendant deux ou trois jours, ce que vous n'auriez pu faire près de la place d'Amiens, occupée par l'armée prussienne. L'ennemi a profité de cela pour dire qu'il nous avait battus et poursuivis. C'est à vous de le punir de ces vanteries quand il se présentera *ou quand nous irons le chercher.*

» Vous êtes débarrassés d'un certain nombre de lâches et de traînards, qui ont abandonné leurs bataillons pour retourner chez eux, ou pour aller livrer leur fusil au premier uhlan qu'ils ont rencontré. Vous n'en êtes que plus forts, en ne les ayant plus parmi vous. Ils seront, du reste, recherchés et punis, suivant toute la rigueur de la loi.

» Tous les chefs de corps devront avoir fait parvenir aujourd'hui avant deux heures à l'état-major général, le chiffre de leur effectif le 23 avant la bataille de Pont-Noyelles, et celui de leur effectif actuel.

» Vitry, le 29 décembre 1870.

» Faidherbe. »

Le séjour de l'armée du Nord sur les bords de la Scarpe fut signalée par un triste évenement.

Dans la nuit du vendredi 30 au samedi 31, le feu dévora le château de Rœux, appartenant au général comte de Vauban. Il était occupé par des mobilisés d'une. brigade en passage. Les efforts des habitants et des soldats ne purent sauver qu'une partie des meubles meublant. Le château et sa bibliothèque furent la proie des flammes.

Malgré les bulletins qui annonçaient, en Prusse, la poursuite des Français battant en retraite, (1) le général de Manteuffel n'osa pas s'aventurer à la suite du général Faidherbe, et se borna à faire éclairer nos positions par d'audacieuses reconnaissances qui vinrent, on le sait, jusque sous nos remparts.

Voyant l'ennemi se tenir sur une réserve aussi excessive, le commandant en chef de l'armée du Nord prit le parti d'aller lui-même à sa rencontre.

Dès le 31 décembre, on mit un terme aux incursions des éclaireurs allemands, en envoyant une forte colonne faire une reconnaissance à l'ouest d'Arras. Le lendemain, toute l'armée

_____

(1) Nous avons pu nous procurer un livre intitulé : *Histoire de la guerre de l'Allemagne contre la France pendant l'année* 1870-1871, par Jules de Wickède. Il est curieux d'y voir de quelle manière les faits y sont rapportés. toujours à l'avantage des Prussiens Ainsi, à la bataille de Pont-Noyelle, le géné al Faidherbe aurait attaqué avec 56,000 hommes les troupes de Manteuffel, dont l'effectif était à peine de 40 000 hommes. De plus, l'armée du Nord aurait été poursuivie par la cavalerie prussienne qui lui aura t fait plusieurs milliers de prisoniers. Or le fait a été démenti par tous les officiers présents aux combats des 22, 23 et 24 décembre 1870.

quittant ses positions, vint s'établir en avant de cette ville, depuis Rivière jusqu'à Tilloy, et le 2. elle se mit en marche par quatre routes parallèles contre les forces ennemies, qui étaient réunies dans la région de Bapaume et de Bucquoy.

La 1ʳᵉ division du 22ᵉ corps d'armée arriva à Bucquoy et à Achiet-le-Petit sans encombre.

La 2ᵉ division avec le général en chef, signala l'ennemi à Ablainzevelle, se porta promptement de ce village vers Achiet-le-Grand, occupé par 2,000 hommes et 3 pièces de canon qui furent délogés après un vif combat, chassés ensuite de Bihucourt et poursuivis jusqu'aux environs de Bapaume. Cette affaire, où l'ennemi éprouva des pertes sensibles et laissa entre nos mains une cinquantaine de prisonniers, dont un officier, nous coûta une centaine de tués ou blessés.

Pendant ce temps, la 1ʳᵉ division du 22ᵉ corps, commandée par le capitaine de vaisseau Payen, qui avait succédé à l'amiral Moulac avec le titre de général de l'armée auxiliaire, avait traversé sans obstacle les villages de Boyelles et d'Ervillers sur la grande route de Bapaume qu'elle devait suivre, et, en sortant d'Ervillers, elle avait été informée que l'ennemi occupait le village de Béhagnies, position très-forte. Les paysans assuraient qu'il était en petit nombre (1). L'avant-garde formée par le 19ᵉ

(1) Des bruits malveillants pour le maire de la commune d'Ervillers avaient circulé, paraît-il, dans 'es rangs de l'armée du Nord. On attribuait à ce magistrat municipal l'odieuse action d'avoir donné aux ennemis des indications de nature à compromettre l'honneur de nos soldats.

Nous sommes heureux de pouvoir démentir absolument le fait, en ce qui regarde M. le maire d'Ervillers; malheureusement, il est certain que des renseignements ont été criminellement fournis à Béhagnies aux officiers allemands, mais par des personnes étrangères à la municipalité.

Quels sont les coupables? Nous l'ignorons, et l'autorité seule pourrait peut-être le découvrir. Quoi qu'il arrive, il est de notre devoir de ne pas laisser peser sur la tête d'un honnête homme une accusation déshonorante qu'il ne mérite pas.

bataillon de chasseurs et une section d'artillerie commença l'attaque. Elle fut repoussée par un feu violent de mousqueterie et d'artillerie.

Toutes les troupes disposées pour soutenir cet engagement prirent part au combat, livré à des troupes plus considérables qu'on ne l'avait cru, et qui dura toute l'après-midi avec une grande violence. Après des efforts énergiques, nos troupes parvinrent à pénétrer dans les premières maisons du village, mais les tentatives pour le tourner par la gauche, n'ayant pu aboutir devant une cavalerie nombreuse, qui ne trouvait pas devant elle une infanterie bien aguerrie, elles ne purent s'y maintenir et, soutenues par le feu des réserves et de l'artillerie, elles revinrent à Ervillers où elles passèrent la nuit sans être inquiétées.

La face du combat eût changé si, conformément aux ordres qu'elle avait reçus, une division de mobilisés, commandée par le général Robin, s'était portée plus tôt en ligne ; elle pénétra cependant dans le village de Mory, où sa présence ne fut pas sans effet utile sur la contenance de l'ennemi.

Après l'occupation d'Achiet-le-Grand et de Bihucourt par le général Faidherbe, la position de Béhagnies et de Sapignies ne fut plus tenable pour l'armée prussienne ; elle abandonna ces villages pendant la nuit et se porta en arrière sur une ligne formée par les communes de Grévillers, Biefvillers, Favreuil et Beugnâtre, couvrant ainsi les abords de Bapaume.

Le 3 janvier, dans la matinée, le général en chef, qui s'y était porté, commença l'attaque vers le centre de la position. Une division, commandée par le général Du Bessol, attaqua le village de Biefvillers, pendant qu'une autre division, sous les ordres du général Derroja, se dirigeait vers Grévillers. De son côté, la division Payen entrait sans coup férir à Béhagnies et Sapignies, se rabattant ensuite sur Favreuil, très-fortement occupé et qu'elle canonnait vivement de deux côtés.

Ces divers villages furent défendus avec une grande opiniâtreté par l'ennemi ; c'est surtout à Biefvillers que la lutte fut le plus acharnée ; les troupes de part et d'autre s'y attaquèrent à la baïonnette ; cette commune ne fut enlevée par les Français qu'après plusieurs retours offensifs et qu'après avoir été tournée vers la gauche par les troupes du général du Bessol, pendant que le général Derroja appuyait l'attaque sur la droite, en enlevant vigoureusement Grévillers.

Biefvillers et la route qui conduit à Avesnes étaient couverts de morts et de blessés Prussiens ; les maisons en étaient remplies et un grand nombre de prisonniers restèrent là entre nos mains.

Nous eûmes à soutenir une lutte terrible d'artillerie contre celle que l'ennemi avait accumulée près de Bapaume sur la route d'Albert Nos batteries parvinrent cependant, non sans pertes, à éteindre le feu de l'ennemi, et toute la ligne s'avança sur Bapaume. Le petit village d'Avesnes avait été enlevé au pas de course par une division ; la tête de colonne d'une autre division se jetait en même temps sur le faubourg, et s'arrêtait à l'entrée de la ville. Là, une vaste esplanade irrégulière, avec des fossés à moitié comblés, remplaçait les anciens remparts de la place, présentant des obstacles sérieux à la marche de l'assiégeant exposé aux feux des murs et des maisons crénelées par l'ennemi. Pour le déloger, il eût fallu détruire avec de l'artillerie cette partie de la ville ; extrémité bien dure lorsqu'il s'agissait d'une ville française, et à laquelle le général en chef ne put se résigner, ne tenant pas essentiellement à la possession de Bapaume.

Pendant ce temps une colonne prussienne débordait notre droite à Tilloy , s'avançant de ce côté sur la route d'Albert Une brigade s'opposa a cette tentative de nous tourner ; le village fut enlevé malgré une vive résistance et on s'y maintint. Sur la gauche, après un combat opiniâtre, le même succès était obtenu par la division Paulze d'Ivoy contre le village de Favreuil.

La division Robin, restée presqu'entièrement en arrière, fut remplacée par deux bataillons de la division Payen, tandis qu'une brigade attaquait de front. Les troupes forcèrent ensemble toutes les barricades, s'emparèrent de toutes les positions, et l'ennemi fut mis en pleine déroute de ce côté. A la nuit tombante on était victorieux sur toute la ligne.

Les villages étaient encombrés de morts et de blessés ; cependant le général en chef y fit passer la nuit à ses troupes, et le lendemain, en considération de leur fatigue et du froid excessivement rigoureux qu'elles avaient à supporter, le général en chef résolut de prendre ses cantonnements à quelques kilomètres en arrière.

Les Prussiens, quoiqu'ils en aient dit, avaient des forces très-comparables aux nôtres ; ils avaient fait venir les troupes qui assiégeaient Péronne, et, jusqu'à la fin de la bataille, ils recevaient des renforts. Ils avaient certainement plus de 20,000 hommes, et, de notre côté, un nombre à peine égal prit une part effective à la bataille.

Pendant la nuit du 3 et le lendemain matin, ils évacuèrent Bapaume, persuadés que nous allions les y attaquer, et ne se sentant pas de force à s'y défendre. En même temps ils envoyèrent deux escadrons de cuirassiers blancs en reconnaissance ; ces deux escadrons ayant eu l'idée d'attaquer l'arrière-garde d'une brigade de la division du Bessol, cette arrière-garde, composée de chasseurs à pied les attendit à cinquante pas, détruisit presque complètement un des deux escadrons et l'autre prit la fuite. Le 4 au soir, assurés que nous nous étions éloignés de deux lieues environ, les Prussiens rentrèrent dans Bapaume.

Quant aux pertes de l'armée du Nord à la bataille de Bapaume elles furent de :

183 tués, dont 9 officiers ;
1,136 blessés, dont 43 officiers ;
800 disparus, dont 3 officiers.

Les pertes ont été particulièrement graves pour la 1re division du 23e corps, le 2 janvier, à l'attaque du village de Béhagnies ; les disparus étaient simplement des déserteurs à l'intérieur, car l'ennemi ne nous fit pas de prisonniers le 23.

C'est à Biefvillers surtout que l'action fut la plus meurtrière. Le sol était tellement gelé qu'il eût été impossible d'ouvrir des tranchées pour y ensevelir nos morts et ceux de l'ennemi. Une carrière couverte dont on avait extrait de la marne existait à l'extrémité du village ; c'est là que le maire obtint l'autorisation de déposer les corps.

Pendant la bataille de Bapaume, M. Lenglet, préfet du Pas-de-Calais, se rendit sur le théâtre de la lutte afin d'en pouvoir rendre un compte exact au gouvernement.

MM. Dutoit et Vatillaux, professeurs au Petit-Séminaire, avaient demandé et obtenu la permission de partir pour assister nos braves soldats sur le champ de bataille ou dans les ambulances. Plusieurs voitures de Prussiens blessés ne tardèrent pas à arriver à Arras, et furent dirigés sur celle du Petit-Séminaire. M. le docteur Smet-Van Aeltert, chirurgien en chef de l'ambulance Anversoise à Arras, adressa au Comité d'Anvers une lettre renfermant des détails assez intéressants pour que nous les reproduisions ici :

« Messieurs.

» La bataille est engagée depuis deux jours d'Ervillers jusqu'à Bapaume.

» La moitié du personnel de notre ambulance a été sur le champ de bataille dans la journée d'hier. J'y suis allé aujourd'hui avec l'autre moitié. Nous fonctionnons jour et nuit pour secourir les malheureux blessés, qui sont nombreux, car le carnage a été terrible, mais à l'aspect des flots de sang que nous voyons couler, notre courage et notre dévouement compriment nos fatigues.

» J'ai fait évacuer sur Valenciennes et Lille 80 blessés de notre ambulance, pour faire place à d'autres malheureux plus gravement atteints, que nous allons recueillir sur le champ de bataille.

» Nous comptons aujourd'hui 150 blessés Français et Prussiens, parmi lesquels 19 atteints d'éclats d'obus, 22 ayant la cuisse traversée par des balles, 6 mêmes blessures aux épaules, 9 aux bras, 17 aux jambes, 9 aux pieds, 3 avec plaies pénétrantes à la poitrine, 2 à l'abdomen, 3 blessés à la face par des balles

dont nous avons fait l'extraction, 1 dont le talon a été complètement enlevé par un boulet. Nous avons pratiqué 11 amputa-
tions et différentes autres opérations, débridements, etc.

» Un jeune marin de 17 ans a les deux avant-bras amputés,
les deux cuisses traversées par une balle, et une troisième blessure grave. Malgré ses horribles blessures son état est satisfai-
sant et nous ne désespérons pas de sauver ce courageux jeune
homme.

» M Cupéru est chargé de vous donner plus de détails, car
j'ai déjà interrompu cette lettre deux fois pour une ligature et
une désarticulation.

» Nous avons très-bien reçu l'argent et les dix-neuf colis,
mais veuillez nous préparer de nouveaux envois. Envoyez-nous
de tout, de l'argent et des objets en nature, surtout beaucoup de
linge, beaucoup de bandes, beaucoup de charpie et d'étoupe gou-
dronnée. Envoyez-nous des chemises, des flanelles, du riz, du
café, du Liebig, des farines de lin et des comestibles. Je n'ose
pas vous demander des douceurs. Mais si quelques personnes
charitables voulaient bien vous donner quelques confitures
et du chocolat, envoyez-lez moi. Il y a des malheureux qui
souffrent tant, qu'on est bien heureux de leur donner une petite
douceur.

» Agréez, etc. »

La presse parisienne, malgré l'investissement de la capitale,
publia quelques souvenirs de la bataille de Bapaume. Nous reproduisons un article tiré du journal le *Gaulois* :

« Le 33e régiment d'infanterie prussienne (fusilliers de la
Prusse occidentale), qui a combattu à Bapaume et avait déjà été
décimé à Pont-Noyelles, a horriblement souffert le 3 janvier.

« Dans la soirée du même jour, raconte le correspondant du
Daily-Telegraph, je rencontrai dans les rues de Bapaume le colo -
nel von Henning, du 34e, et le félicitait de la bravoure de son
régiment.

« — Mon régiment, répondit l'officier prussien, les larmes aux yeux, je n'en ai plus. Tous mes soldats sont morts. Il ne me reste que trois officiers vivants.

« Dix minutes plus tard, les débris de ce régiment, passés à l'état de mythe, étaient encore une fois envoyés au feu contre les villages de Tilloy et d'Avesnes. »

Le récit prussien des rencontres qui eurent lieu les 2 et 3 janvier entre l'armée du Nord et les troupes du général Manteuffel, se fit longtems attendre. Ce n'est que par des dépêches du 5 que la Prusse fut informée des nouveaux succès remportés par elle dans les environs de Bapaume. Il a fallu aux rédacteurs de ces bulletins victorieux deux jours entiers pour composer leur roman. Bien qu'ils y aient mis le temps, ils n'ont pas été plus heureux dans leur compte-rendu que sur le champ de bataille.

Il est assez curieux de rapprocher leurs différentes dépêches, et pour peu que le bon peuple allemand fasse usage à leur endroit de la logique si consciencieusement étudiée dans ses écoles, il s'apercevra, avec quelque surprise, que l'armée *culbutée* et *détruite* d'abord à Villers-Bretonneux, puis *reculbutée* et *redétruite* à Pont-Noyelles, constituait encore des *masses énormes* contre lesquelles se sont heurtés, sous Bapaume, les bataillons de von Gœben, renforcés des détachements du jeune prince Albrecht.

Quant à la retraite sur Arras et sur Douai, elle est de la plus pure fantaisie, et nous avons tous été témoins ici, qu'après avoir couché sur les positions *conquises*, le général Faidherbe a seulement rectifié, le *lendemain* de la bataille, ses positions, ne les reportant que de quelques kilomètres en arrière, afin de ne pas cantonner ses troupes dans des villages ravagés par la guerre.

Nous aurions voulu que les Prussiens n'écrivissent jamais d'autres bulletins et ne remportassent jamais d'autres victoires. La France eut été promptement délivrée.

Au surplus le général Faidherbe a pris soin de démentir officiellement la version prussienne de la bataille de Bapaume.

Voici les observations qu'il adressa à ce sujet au gouvernement de Bordeaux :

« Boisleux, 7 janvier, 10 h. 20 matin.

» Général Faidherbe au Ministre de la Guerre, au Commissaire de la Défense à Lille et au Préfet à Arras

» J'espérais que les Prussiens ne nous contesteraient pas
notre victoire de Bapaume, mais je vois par leurs bulletins que
nous venons d'être anéantis, pour la seconde fois en dix jours,
par l'armée de Manteuffel, commandée aujourd'hui par le prince
Albert.

» En maintenant intégralement, le récit de la bataille tel que
je vous l'ai fait le 4 janvier, je me bornerai, comme après Pont-
Noyelles, à vous signaler les principales inexactitudes maté-
rielles des dépêches prussiennes : elles disent que l'armée du
Nord a battu en retraite pendant la nuit même sur Arras et
Douai.

» L'armée du Nord a couché dans les villages de Grévillers,
Biefvillers, Favreuil, Sapignies, Béhagnies, Bihucourt, Achiet-
le-Grand, etc., qu'elle avait conquis sur les Prussiens et n'est
allée prendre ses cantonnements à deux lieues de là, cantonnements où nous sommes encore, qu'à huit heures du matin, sans
que l'ennemi donnât signe de vie.

» En fait de poursuite de cavalerie, voici l'incident qui a eu
lieu. Le 4, vers neuf heures du matin, deux escadrons de cuirassiers blancs ayant chargé sur l'arrière-garde de chasseurs à
pied d'une de nos colonnes, les chasseurs se formèrent en cercle,
firent feu à cinquante pas et anéantirent presque complètement
un des escadrons, dont hommes et chevaux restèrent sur le sol,
tandis que l'autre s'enfuyait à toute bride : les chasseurs n'eurent
que trois hommes légèrement blessés. L'armée est pleine de
confiance et ne doute plus de sa supériorité sur les Prussiens.

» Vu leurs ambitieux projets en Europe, ils ont besoin de passer
pour invincibles. Les dernières guerres qu'ils ont faites, viennent assez à l'appui de cette prétention. Parmi les quelques re-

vers qu'ils ont éprouvés en France, Coulmiers les touchent mé-
diocrement, parce que les troupes battues à Coulmiers étaient
bavaroises ; mais Bapaume les gêne, parce que le 8ᵉ corps, qui
combattait à Bapaume, est essentiellement prussien

» Le général Von Gœben tient donc beaucoup à prouver qu'à
Bapaume nos jeunes conscrits des régiments de marche de l'armée du Nord n'ont pas infligé d'échec à ses vieux régiments
prussiens.

» Sa thèse, traduite d'un journal militaire prussien, vient
d'être publiée par le ministère de la guerre français, dans le
Moniteur de l'Armée, sous le titre de : « Rectification du général de Gœben sur le livre du général Faidherbe intitulé :
« La Campagne de l'armée du Nord en 1870-71. »

« Cette pièce est assez peu gracieuse pour l'armée française,
car on y trouve par exemple la phrase suivante :

« Là, comme en d'autres circonstances, les Français parlent
de victoire, parce qu'ils ont repoussé nos postes avancés ; cela
n'a rien qui nous surprenne. Ce sont des idées bizarres qui prê-
tent à rire et qui procurent à l'armée une facile consolation. »

» Le directeur du *Moniteur de l'Armée* (et je l'en remercie) a
bien voulu faire remarquer que les assertions du général allemand ne sauraient être admises qu'après un débat contradic-
toire.

» Je viens donc vous prier de vouloir bien prêter la publicité de
votre journal à ma réponse,

» Si j'étais seul en question, je n'eusse pas répondu ; mais il y
a les généraux, les officiers et les soldats que j'avais l'honneur
de commander, qui, par leur bravoure et au prix de leur sang,
ont apporté une petite consolation à la patrie abattue, et je ne
puis leur laisser enlever ni amoindrir la gloire qu'ils ont ac-
quise dans cette circonstance.

» Le général Von Gœben prétend que l'article du *Daily Telegrah,*
que j'ai cité parmi mes pièces justificatives est le résultat d'une
erreur d'un reporter anglais, et qu'il n'a pas fait le rapport officiel que cet article lui attribue.

Voici l'article du *Daily Telegraph* du 9 janvier (1) :

« Le général Gœben, commandant de deux divisions du Nord, publie un rapport officiel sur les engagements du 2 et du 3. Il établit que trop peu de troupes ont pris part à l'action, à cause de la marche trop lente de ses forces, et aussi que les nouveaux régiments paraissent trop faibles. Il demande aux commandants des régiments une liste des officiers qui ont fui pour qu'ils soient immédiatement cassés. »

» Cet article est si clair et si net, il concorde tellement avec les résultats obtenus par nous, avec les renseignements fournis par les populations du pays et le témoignage d'un étranger qui se trouvait parmi les Prussiens, constatant tous que des corps ennemis avaient été vus le 3 au soir et le 4, s'éloignant du champ de bataille en grand désarroi, dans les directions de St Quentin, de Péronne et d'Amiens, que j'ai cru pouvoir donner ce document comme sérieux et exact.

« Mais, du moment que le général Gœben affirme n'avoir pas fait un tel ordre du jour, ce n'est pas moi qui douterai de-la véracité d'un adversaire qui, personnellement, s'est toujours montré loyal et plein de courtoisie, et je déclare m'en rapporter à sa parole.

« Quant à ses appréciations sur la bataille, je ne saurais les accepter. »

J'établirai simplement des faits.

» Le 2 janvier, les Prussiens, avec plus de quatre-vingt pièces

(1)   (By sub marine telegraph).
                From our special correspondent.

                                    « Berlin, 8 january.

» Général Von Goben, commander of two divisions of the Northern
» army, publishes an official report on the engagements of the 2rd
» and 3rd. He states that too few troops came into action from the
» over slow marches of the forces ; and also that the new régiments
» appared to be weaker. He demands from the commanders of régi-
» ments a list of the officiers who fled that they may be instantly
» cashiered. »

de canon, occupaient tout autour de Bapaume les villages de Béhagnies, Achiet-le-Grand, Sapignies, Bihucourt, Mory, Favreuil, Beugnâtre, Grévillers, Biefvillers, Avesnes et Tilloy.

» Dans les journées du 2 et du 3, tous ces villages furent successivement enlevés par les têtes de colonne de l'armée française, après une lutte acharnée, comme cela est raconté dans ma relation. Les Prussiens laissèrent sur le terrain des morts et des blessés en grand nombre.

» Le 5, à la nuit, j'arrêtais mes troupes dans les faubourgs de Bapaume. Il ne se trouvait plus dans cette ville que quelques centaines de Prussiens sans artillerie.

» Si nous étions entrés dans la ville et que les Prussiens eussent voulu se défendre dans les étages des maisons, la ville eût été inévitablement incendiée, ce que je voulus éviter.

» Cette nuit même, pendant que l'armée française couchait dans les villages conquis, les Prussiens évacuaient Bapaume.

» Le matin du 4, l'armée française, pour se refaire, allait chercher des cantonnements à six kilomètres en arrière ; elle n'entrait à Bapaume que deux jours après.

» Maintenant admettons des pertes égales de part et d'autre, environ douze cents hommes tués ou blessés de chaque côté, et l'on avouera que si les Prussiens ont le droit de crier victoire chez eux, nous avons bien le droit d'en dire autant chez nous, sans qu'on vienne nous contredire.

L. FAIDHERBE. »

Une cérémonie religieuse devait consacrer cet anniversaire des combats de Biefvillers et de Bapaume.

« Le 3 janvier 1872, cette ville avait pris un aspect de recueillement et de deuil ; dans l'église, parfaitement décorée pour la circonstance, s'élevait un catafalque d'un aspect simple et sévère : une pensée religieuse et patriotique à la fois réveillait dans tous les cœurs le souvenir de la France mutilée et humiliée, mais vivante encore et grande au milieu de ses malheurs.

Vers dix heures du matin, un train spécial amenait

7

les autorités civiles et militaires ainsi que les nombreux invités de la ville d'Arras et des environs ; Mgr l'évêque, qui devait présider la cérémonie religieuse, les avait précédés dans sa ville natale.

La musique municipale et la fanfare des amateurs attendaient les autorités à la gare; elles se rendirent immédiatement à l'église, escortées par la compagnie des sapeurs-pompiers de Bapaume et un détachement de soldats du génie.

La messe de *Requiem*, pontifiée par Sa Gandeur, assistée de M. Wallon-Capelle, vicaire général, de Mgr Scott, camérier secret de Sa Sainteté et d'un nombreux clergé, fût religieusement interprêtée par les Orphéonistes d'Arras.

A la tête de l'assistance nombreuse, qui remplissait les nefs de l'église devenue trop petite pour la foule empressée, on remarquait M. le comte de Rambuteau, préfet du Pas-de-Calais, le général Théologue, commandant la subdivision, M. le général Derroja, et M. le commandant de marine Payen, acteurs glorieux du drame sanglant de Bapaume.

M. le ministre de la guerre, n'ayant pu se rendre à la cérémonie, s'était fait représenter par M. le chef d'escadron de Beaumont et un officier de son état-major.

A leurs côtés on remarquait, M. Hamille, président du Conseil général, M. le maire de Bapaume, M. Deusy, maire d'Arras, M. le commandant de la gendarmerie, et un grand nombre de notabilités administratives, des ecclésiastiques d'Arras et des environs, des officiers de tous grades de l'armée et de la garde mobile, etc., etc.

Pendant l'offertoire, l'excellente musique du génie interprêta religieusement un morceau d'harmonie funèbre, et le chœur des chanteurs bapaumois exécuta avec ensemble le *Jesu Salvator* après l'élévation.

A l'issue de la messe pontificale, M. le doyen de Bapaume monta en chaire, et en présence de l'assistance profondément recueillie, prononça l'éloge funèbre de ceux qui étaient tombés vaillamment dans le combat.

Nous sommes heureux de reproduire ce discours, plein de foi et de religieux patriotisme.

« Monseigneur,

» Messieurs,

» Après une bataille heureusement livrée aux ennemis de la nation, Judas Machabée fit pieusement ensevelir ceux qui avaient trouvé la mort au champ d'honneur, et demanda qu'on offrît pour eux au Dieu des miséricordes un sacrifice solennel d'expiation.

» Ne dirait-on pas, messieurs, que ce pieux et touchant épisode des hauts faits d'armes de l'homme puissant qui sauvait le peuple d'Israël, reparaît aujourd'hui, sous nos regards édifiés, avec toute l'auréole de ses mémorables circonstances, j'allais dire avec toute la gloire de sa parfaite identité? Ne croiriez-vous pas, en effet, messieurs, en cette funèbre solennité qui nous rassemble, et dans mon récit biblique qui date de vingt siècles, avoir, pour ainsi dire, admiré l'histoire anticipée des faits récents de l'armée du Nord, au point de vue de sa fortune militaire, de sa foi religieuse, de sa charité fraternelle ?

» Il y a un an, l'armée du Nord était sur un champ de bataille, à quelques pas de cette pieuse enceinte. Nos soldats, redevenus semblables à eux-mêmes, sous un commandement ferme et habile, se couronnaient d'un succès.

» Mais à quel prix ne l'ont-ils pas payé ?

» Nous ne vous parlerons, ni des fatigues, ni des périls, ni des privations, qui auraient effrayé, peut-être de vieilles troupes aguerries et qu'ils ont dû subir, quoique novices pour la plupart dans la vie rude des camps. Il nous suffira de vous dire, pour peindre d'un seul trait l'excès de leurs héroïques épreuves, qu'ils se livrèrent aux dangers du combat, ayant tout quitté, ayant fait tous les sacrifices, sans espérance d'aucun profit, pour notre infortunée Patrie. Hélas ! l'illusion n'était pas possible. Paris était trop loin, l'armée du Nord trop petite, tout était perdu, il n'y avait plus que l'honneur à sauver.

» L'honneur du drapeau ! l'honneur de la France à sauver, tout le reste perdu ! C'était l'heure des grandes âmes, c'était plus qu'il en fallait pour que nos magnanimes guerriers, officiers et soldats, se précipitassent à la bataille, plus agiles que les aigles, plus forts que les lions. Et c'est ainsi qu'en se couvrant de gloire, après deux jours de luttes gigantesques, ils arrachèrent à Manteuffel, le favori de Guillaume, les honneurs d'un succès inespéré.

» Ah ! nous avons vu alors se réaliser une des visions d'Ezéchiel : nous avons vu les princes de l'Aquilon, tremblants et confondus dans leurs forces : *Ibi principes Aquilonis paventes, et in fortitudine suâ confusi.*

» Bapaume, si célèbre autrefois dans nos fastes militaires, tu as donc été choisi de nouveau par le Dieu des armées, pour être l'heureux et le plus proche témoin d'un des échecs de l'étranger. Dieu soit béni de t'avoir donné ta part dans le péril, dans le dévouement et dans la charité ! Ah ! que de choses glorieuses tu as faites au sein même de tes désastres et qu'il faudrait dire pour la consolation de tes nobles et illustres sœurs de France !

» Je m'en souviens, et ce souvenir impérissable enchante tous les jours mon cœur de prêtre, de pasteur et de Français : le 4 janvier, c'est-à-dire le lendemain de cette cruelle journée pendant laquelle toute la ville avait été plongée dans un bruit de mort et dans un nuage de feu, les Dames de cette paroisse, ferventes émules de nos admirables religieuses, se réunissaient sous l'inspiration de la religion, en assemblée de charité, pour nous offrir le linge qui devait servir, hélas ! à nos quinze cents blessés et à nos cinq cents morts. Et nous pensions avec un religieux attendrissement aux saintes femmes de l'Evangile, préparant le lendemain du sacrifice sanglant du calvaire, des parfums et des bandelettes, pour le divin Sacrifice, et nous pensions dans nos anxiétés patriotiques à notre pauvre France, blessée, meurtrie, agonisante qui bientôt peut-être aurait besoin d'un linceul. Nous étions abîmés dans ces lugubres réflexions, lorsqu'au même instant (heureuse distraction, je vous bénis,) on nous demandait de tous les points de la ville, des blessés à soigner ; chaque maison, pour ainsi dire, nous suppliait de lui apporter le salut, en la sanctifiant par la présence tutélaire d'un membre souffrant de notre divin Sauveur.

» Et nos soldats avides de nouveaux périls et d'une gloire nouvelle, se disputaient le privilége de devenir pour les besoins suprêmes d'une calamité sans exemple dans cette paroisse, les auxiliaires improvisés de notre unanime, mais insuffisante charité.

» Quels services n'ont-ils pas rendus, ces enfants de la gloire, devenus les hommes de la miséricorde dans nos ambulances ! Quelle récompense inattendue et immédiate ils ont reçue de Dieu, sans préjudice de celle qui leur est réservée dans l'éternité ! Ils ne pensaient qu'au périlleux honneur du dévouement près de leurs camarades mutilés et mourants, et ils gardaient en dépit de l'étranger, la bienheureuse liberté de servir encore la France et de mourir pour elle, s'il le fallait, dans la sainte et glorieuse obscurité d'un hôpital, sur le sol français. *Pro patriâ mori paratos.*

» C'est alors que nous avons renouvelé l'antique alliance de la croix et de l'épée, de la valeur et de la religion, du sacerdoce et de l'armée. Le lieu, le temps, les circonstances, les hommes et les choses, tout en un mot, n'était-il pas propice, pour la consécration nouvelle et publique de cette alliance désormais indissoluble ? Prêtres, religieux, religieuses, magistrats, fonctionnaires, hommes de paix ou de guerre, nous nous trouvions réunis dans un même sentiment de compassion et de sollicitude fraternelle, près de la couche sanglante de nos illustres défenseurs. Nous leur donnions, de concert, les soins spirituels et corporels, que réclamaient pour eux la religion et la patrie reconnaissantes.

» Ai-je besoin de dire que cette charité chrétienne, se faisant toute à tous, se prodiguait sans acception de personne, avec son incomparable et si opportun trésor de sacrifice, aussi bien en faveur de l'étranger qu'en faveur de nos compatriotes. Je défie l'Allemagne d'exprimer à ce sujet la moindre plainte, le plus petit regret. Et ce peu que nous faisions tous pour ces augustes invalides, ils se hâtaient de nous en récompenser au-delà de nos espérances, en nous donnant le spectacle plein de grandeur et d'édification de leur foi, de leur patience et de leur piété ! Il me semble les voir encore ; plusieurs d'entre eux avaient cette heureuse physionomie, que nous retrouvons vivante aujourd'hui devant nous dans ces chrétiennes figures de nos départements du Nord, hélas ! voilées de deuil et noyées de larmes et pour lesquelles nous éprouvons une si fraternelle sympathie.

» Tous, ils portaient au front l'éclat d'une mâle et vigoureuse jeunesse, tempérée par les ombres d'une aimable simplicité et d'une noble modestie. Tous ils manifestaient publiquement, sous les insignes du guerrier, ce haut caractère de chrétien et de Français, qui les rendaient si sacrés à la religion et à la patrie.

» Oui, il me semble les voir, ces chers enfants de Dieu et de la France, si intrépides dans les combats, si doux dans la souffrance, délaissant comme un jouet inutile les lauriers qu'ils venaient de cueillir, et n'aspirant qu'à obtenir, par une sainte mort, les palmes immortelles des cieux. Leurs âmes planaient plus haut que leur temps, dans la pure et sereine région des espérances célestes. Ah ! la gloire d'une pareille mort n'est pas qu'une ombre, Messieurs : c'est le plus haut sommet des plus magnifiques réalités de la vie ; *in istâ gloriâ gloriosi.*

» Consolez-vous donc, parents, amis, en apprenant que vos proches, dignes de vous et de votre amour jusqu'à la fin, sont morts, non pas en incrédules, non pas en lâches, mais en héros français, mais en soldats chrétiens !

» Faut-il s'étonner que leur précoce, mais enviable trépas, soit honoré de tant de regrets et consacré par tant de respect ? Que la religion, témoin de leur valeur et de leur vertu, leur ait fait, en présence même de l'étranger, dans cette église et en terre sainte, de salutaires et pieuses funérailles ? Que cette ville, dépositaire fidèle de leur sang, qui peut-être un jour deviendra, pour la rénovation de la France, une semence féconde de héros chrétiens, ait élevé sur leurs cendres bénies un sépulcre glorieux ? Que la patrie, nouvelle et inconsolable Rachel, ait envoyé, pour la représenter dans ce deuil public, quelques-uns de ses enfants les plus dévoués à ses malheurs, et parmi eux les dignes délégués de celui qui porte avec une si haute intelligence et un si grand cœur la responsabilité glorieuse de notre avenir militaire ? Que ce temple, qui a été blessé d'une blessure matérielle et en même temps sauvé d'une souillure sacrilége, soit rempli de la pompe des réminiscences, de la solennité des hommages, des bénédictions d'un évêque et, pardessus tout, de la majesté de Notre-Seigneur Jésus-Christ, s'offrant, victime immortelle de propitiation, et recevant les suffrages tout puissants de Notre-Dame de Pitié, sa divine mère et notre illustre patronne, pour les vivants et pour les morts ? Faut-il s'étonner de cet immense concours, de prêtres et de fidèles venus de tous côtés, pour témoigner, par leur présence religieuse et patriotique, que l'illustration jetée par nos héroïques défunts sur cette petite ville, rejaillit sur la France entière.

» Oui, chère et infortunée patrie, la bataille de Bapaume a été un rayon de lumière dans ton éclipse sanglante, une goutte de consolation sur tes immenses douleurs, une nouveauté singulière de succès, sous l'affreuse nouveauté de tes innombrables et excessifs revers. C'était peu pour ta gloire, ce n'était rien pour ton salut. Hélas ! le salut pouvait-il, peut-il nous venir d'un bras de chair ? Aveugles humains que nous sommes, nous ne savons même pas ce que nous devons faire pour obtenir un tel bienfait ; *cum ignoramus quid agere debeamus*. Il ne nous reste donc plus qu'à élever nos yeux suppliants vers vous, Dieu de notre salut ; *hoc unum habemus residui ut oculos nostros, dirigamus ad te*. Ainsi soit-il. »

— Après l'absoute solennelle donnée par Monseigneur l'Evêque, le cortége, formé du clergé, des autorités et de la foule nombreuse des assistants, se rendit religieusement à ce cimetière de Bapaume, devenu célèbre par le combat acharné qui s'y livra à pareil jour.

Une croix monumentale en granit, d'une forme à la fois majestueuse et sévère, simplement ornée d'une couronne de marbre blanc, avait été élevée par la ville de Bapaume sur la tombe sous laquelle reposent les corps des héros chrétiens.

S'inspirant de la vue et de la pensée de cette croix « surmontant ce monument funèbre, » Monseigneur Lequette parla en ces termes :

« Nous avons répondu avec empressement à l'invitation qui nous a été faite de prêter notre auguste ministère à cette solennité funèbre. En notre qualité de premier pasteur, nous ne devions pas rester indifférent à cet hommage public, éclatant, décerné à la mémoire des braves guerriers qui, pour la défense de la patrie, ont versé leur sang dans cette partie de notre bien-aimé diocèse. Enfant nous-même de la ville de Bapaume, pouvions-nous ne pas nous associer à ce souvenir donné aux graves événements qui se sont passés, il y a un an, dans son sein, sous ses murs, et qui devaient être suivis pour elle, si la divine Providence ne l'eut protégée, de tant de désolations et de ruines.

» Nous remplissons donc un devoir sacré pour notre cœur d'Evêque et d'enfant de cette chère cité, en inaugurant par les prières et les bénédictions de l'Eglise ce monument, qu'une pensée chrétienne et patriotique a fait élever en l'honneur des glorieuses victimes frappées par la mort dans ces champs qui nous entourent. Ce sera pour les générations futures un témoignage permanent de l'héroïsme de ceux dont les restes reposent en cette terre sainte, et de la reconnaissance de ceux qui en ont recueilli les fruits.

» Nous sommes heureux de voir le signe sacré de la croix surmonter ce monument funèbre. N'en sort-il pas de sublimes enseignements pour ceux qui la contemplent ? Et en effet, quel est le but de ce monument, sinon de perpétuer le souvenir du courageux dévouement avec lequel d'intrépides soldats se sont exposés à la mort, pour l'honneur et la défense de la patrie. Or, la croix est le signe du dévouement porté à sa plus haute puissance. Que rappelle la croix au chrétien qui la regarde avec foi ? Un Dieu qui se sacrifie, s'immole pour l'humanité toute entière ; un Dieu qui verse son sang pour la purifier, pour la réconcilier avec la justice céleste ; un Dieu qui accepte la mort, et la mort la plus cruelle, pour nous arracher à cette mort éternelle à laquelle nous vouait le péché de notre premier père ; et, ce dévouement que le Fils de Dieu a réalisé d'une manière si sublime sur la croix, il le recommande à ceux qu'il appelle à marcher à sa suite : Si quelqu'un veut venir après moi, qu'il fasse abnéga-, tion, sacrifice de lui-même ; qu'il prenne sa croix et qu'il me suive. L'apôtre saint Jean après avoir signalé cet amour incompréhensible d'un Dieu qui se dévoua, se sacrifia, conclut en disant : Et nous aussi nous devons donner notre vie pour nos frères.

» Aussi, depuis que brille dans le monde cette croix portant entre ses bras un Dieu immolé pour nous, quels héroïques dévouements n'a-t-elle pas inspirés ! C'est aux pieds de la croix que le généreux missionnaire puise ce courage avec lequel, bravant tous les dangers, il porte la lumière évangélique à tant de peuples plongés dans les ténèbres de l'idolâtrie. C'est en portant la croix que tant de vierges renonçant aux jouissances terrestres, se consacrent au soulagement des douleurs qui atteignent notre pauvre humanité, ne reculant ni devant les dangers de la contagion, ni devant les sanglantes horreurs des champs de bataille. C'est dans la pensée de la croix que s'anime, se retrempe cet héroïsme militaire qui a toujours fait la gloire des nations chrétiennes. La croix est donc le signe par excellence du dévouement. Aussi, quand la patrie veut récompenser un de ses enfants qui s'est dévoué pour elle, elle place sur sa poitrine comme distinction honorifique le signe auguste de la rédemption. Il était donc convenable que la croix couvrît de son ombre sacré ce monument du courage dans le sacrifice et l immolation.

» Mais, N. T.-C. F., cette croix n'est-elle pas aussi le fondement des espérance dont nous entourons la mémoire de ces généreux guerriers? Leurs corps inanimés reposent sans doute dans cette terre, mais leurs âmes, que sont-elles devenues ? Entrées dans la demeure de l'éternité, qu'auront-elles obtenu en échange de ce sang héroïquement versé? Ah ! ne pouvons-nous pas avoir la pleine confiance que le Dieu qui s'est sacrifié pleinement pour nous, aura associé à sa gloire dans le ciel ceux qui ont été en ce monde les imitateurs de son dévouement ? Du moins, si ces âmes avaient encore quelque dette à payer envers la justice divine, de la croix aussi tirent leur valeur ces prières que nous adressons pour accélérer leur entrée dans le lieu éternel du rafraîchissement, de la lumière et de la paix. Le saint sacrifice de la messe que nous avons célébré, il y a quelques instants, à leur intention, est la continuation du sacrifice de la croix, l'application de ces mérites puissants qu'un Dieu mourant pour nous a acquis au prix de son sang. Ce sacrifice n'est-il pas au-dessus de celui que Judas Machabée faisait offrir dans le temple de Jérusalem en faveur de ses vaillants compagnons d'armes tombés sur le champ de bataille ? Disons-le donc, la croix, c'est le trésor des mérites qui purifient devant Dieu et donnent l'entrée dans son royaume éternel.

» Soyez donc bénis, chers habitants de Bapaume. de la pieuse pensée qui vous a inspiré l'érection de ce monument chrétien. Il sera un nouveau témoignage de l'esprit de foi qui a toujours animé cette chère cité. Conservez donc inviolablement cette foi que vos pères ont possédée, nous nous le rappelons toujours, à un si haut degré. Puisez sans cesse dans cette foi, l'attachement à l'Eglise et à son Chef suprême, le dévouement à la patrie, et cette union qui, de tous les membres d'une cité, ne fait qu'une seule et même famille. »

M. le comte de Rambuteau, Préfet du Pas-de-Calais, prononça ensuite le discours suivant :

« Messieurs,

» Je suis venu ici entouré du bienveillant concours des autorités de notre département, pour nous associer au juste et tou-

chant hommage que vous rendez aux victimes du combat de Bapaume.

» Vous l'avez senti, ce sont les prières de l'Eglise qui doivent
honorer les morts ; ce sont elles aussi qui conviennent le mieux
à ces anniversaires de douleur où la gloire ne brille qu'à travers des larmes. Il faut plaindre ceux qui n'ont que des réjouis-
sances à nous offrir pour célébrer de tels jours ; il leur reste
peut-être encore une patrie, il leur manque un Dieu.

» Je remercie les habitants de Bapaume de s'être unis dans
la généreuse pensée d'élever sur la tombe de nos morts un monument qui consacre leur mémoire. Ils couronnent et complè-
tent ainsi le vœu du Conseil général de perpétuer par une colonne d'une éloquente simplicité le souvenir de notre succès au
lieu même où il s'est décidé.

» Votre ville, du reste, n'a pas plus ménagé ses soins aux
ambulances que son offrande aux sépultures : elle en sera ré-
compensée, en prenant sa place dans l'histoire par ce combat heureux. Je n'oublierai jamais quel tressaillement d'espoir il nous
apporta dans Paris.

» Je comprends que les populations qui nous entourent en
soient fières ; il n'est pas simplement vôtre par le sol, il l'est par
le sang de vos enfants, il l'est aussi par le chef qui les commandait. Je ne partage pas ses opinions politiques, mais je n'hésite
pas à rendre à sa valeur militaire le témoignage que ses ennemis ne lui ont pas refusé.

» Il vous sera précieux d'y associer aussi les deux officiers
qui ont le plus contribué au succès de cette journée et dont la
présence au milieu de nous rehausse l'éclat de cet anniversaire :
le général Derroja et le commandant Payen des fusilliers de
la marine.

» Vos fortes races du Nord, suivant l'exemple de ces marins,
dont le dévonement et le courage resteront partout légendaires,
ont eu cette fois le bonheur de vaincre par elles et pour leurs
foyers.

» Plus tard, lorsque l'histoire enregistrera cette suite inouïe de revers à laquelle ne croiraient pas nos aïeux, et dont, je l'espère, douteront nos petits-enfants, le combat de Bapaume viendra sous sa plume comme une de ces éclaircies passagères, il est vrai, mais auxquelles on aime à s'arrêter.

» Honneur donc aux victimes qui reposent en ces lieux ; ils sont morts pour la patrie, et ils nous lèguent un enseignement, sachons le recueillir. Du fond de leur tombeau, ils peuvent nous dire que si leur mort n'a point suffi à sauver notre mère commune, la France, à nous est le devoir de la relever. Parler de vengeance, c'est la rendre à jamais impossible ; la vouloir, c'est rentrer en nous-mêmes, après avoir étudié nos ennemis ; c'est leur prendre au plus tôt cette admirable loi militaire qui fait de l'armée l'école de toute la nation, aussi bien que ce grand sentiment national inscrit sur le cimier de leurs casques comme au fond de leur cœur.

» Gardons-nous, Messieurs, d'être injustes pour notre malheureuse et magnifique armée, héritière de tout un passé de gloire. Elle n'a pas failli ; mais confions lui bien vite nos enfants ; elle seule peut en faire des hommes.

» Etre un homme, Messieurs, c'est d'abord avoir l'âme assez haute et le corps assez ferme pour endurer les fatigues et affronter la mort ; être un homme, Messieurs, c'est ensuite avoir l'amour de sa nation, je dis l'amour et non la vanité. Nous tous Français, nous avons été vains de notre gloire militaire.

» Tous, nous avons aimé la patrie dans son prestige ; apprenons maintenant, si nous voulons la sauver, à aimer notre mère dans la douleur et l'isolement et, si nous voulons lui rendre son rang en Europe, que notre ambition soit de valoir et non d'avoir.

» Quand nous vaudrons, nous serons.

» Laissons de côté les illusions du passé comme celle de l'avenir et regardons-nous en face.

» Avons-nous compris la leçon que l'ennemi est venu nous donner et qui coûte la vie à ceux qui sont là ! Sommes-nous meilleurs, avons-nous retrouvé dans le malheur ce qu'il rend d'ordinaire : la Réflexion et la Sagesse.

» Que s'il n'en était rien, si nous étions encore les hommes de la veille ou ceux du lendemain, alors, Messieurs, il faudrait, je vous le dis loyalement et bien haut, pleurer ces morts sans la consolation de voir du moins comprise la leçon que leur sang nous a donnée. »

Nous n'avons pas besoin de louer ce langage plein d'énergie, de franchise et de véritable patriotisme. L'émotion de l'assistance, partagée surtout par les officiers présents, montra que cette parole, vraiment française, avait touché les cœurs.

M. le maire de Bapaume, en quelques mots simples et bien sentis, remercia ensuite la nombreuse assistance, dont le religieux patriotisme n'avait pu être arrêté par le mauvais temps.

Plusieurs couronnes d'immortelles furent ensuite déposées sur la tombe de nos braves.

M. Lenglet, préfet du Pas-de-Calais, au moment de la bataille termina la cérémonie en prononçant une courte allocution, dans laquelle il rendit hommage à la valeur de nos soldats, marins, mobiles et mobilisés.

L'évacuation de Bapaume ne fut pas de longue durée ; dès le lendemain de leur départ, les Prussiens étaient remplacés dans cette ville par un nouveau corps de 3 à 4,000 hommes.

Nous avons dit qu'après avoir battu l'ennemi, le 3 janvier, l'armée du Nord avait repris ses cantonnements autour de Boisleux, première station du chemin de fer entre Arras et Amiens. Pendant plusieurs jours aucun engagement sérieux n'eut lieu dans nos environs entre l'armée du général Faidherbe et celle du général de Manteuffel.

Dès qu'elle fut ravitaillée, l'armée du Nord fit un mouvement en avant, dans le but d'aller reconnaître la situation de la ville de Péronne, dont on n'avait point de nouvelles certaines : le 10, elle vint se cantonner autour d'Ervillers. Trente-quatre francs-tireurs. commandés par le capitaine Delaporte prirent dans une ferme 43 uhlans et leurs chevaux après avoir tué leur commandant et blessé quelques hommes. Suivant leur habitude, les Prussiens se vengèrent ensuite impitoyablement sur le village de Monchy-au-Bois qui n'était pour rien dans l'affaire.

Dans la nuit du 10 au 11, la division Derroja surprit et fit prisonnières les grand'gardes prussiennes de Béhagnies et de Sapignies (1). Le 11, la même division entra dàns Bapaume, que les troupes des généraux von Kummer et von Gœben venaient d'évacuer. C'est alors qu'arriva la fatale nouvelle de la capitulation de Péronne qui s'était rendue au général von Barnekow.

Il faut convenir que les correspondants prussiens eurent alors une singulière façon d'écrire l'histoire. Il suffit de lire l'article suivant que publia l'*Echo du Parlement belge*, pour s'en convaincre :

▸ D'après des avis reçus par la *Gazette de Cologne*, on est certain à Lille que les Prussiens n'ont pas battu en retraite dans le Nord. Ils occupent Bapaume et sont tellement nombreux dans le Pas-de-Calais, qu'ils ont sommé Arras de se rendre. On explique la manœuvre du général von Gœben en disant qu'il attend une partie de l'armée de Manteuffel pour tourner Faidherbe ; c'esi pourquoi ce dernier a précipité sa retraite. Il ne reprendra l'offensive que lorsqu'il aura à sa disposition les 30,000 mobilisés qu'on exerce à Lille. La preuve que les Allemands marchent en avant dans le Pas-de-Calais, résulte de ce que les communications par chemin de fer entre Arras et Rœux sont

_____

(1) *Général Faidherbe à Commissaire de la défense et à Major adjoint à Lille et à Préfet à Arras.*

Achiet, le 11 janvier 1871.

Ce matin des reconnaissances de la division Derroja ont enlevé par surprise les grand'gardes prussiennes de Béhagnies et de Sapignies. On a tué ou blessé une trentaine d'hommes, il est resté entre nos mains 59 prisonniers uhlans et fantassins et 12 chevaux ; de notre côté, pas une égratignure.

de nouveau interrompues, et de ce que la Compagnie du Nord a retiré son matériel de la première de ces deux villes. «

Les renseignements transmis à la *Gazette de Cologne* contiennent autant d'inexactitudes qu'elles renferment d'assertions. L'entrée du général Derroja à Bapaume est un fait matériel qui ne saurait être révoqué en doute, et qui prouve combien fut imaginaire la poursuite de l'armée du Nord par les troupes du général von Gœben.

Quant à la sommation adressée à la ville, où nous étions, on ne sauraitinventer une plus plaisante bouffonnerie. Nous ne fûmes, grâce à Dieu, ni assiégés, ni même investis.

CHAPITRE VI.

COMBAT DE VERMAND. -- BATAILLE DE SAINT-QUENTIN.

ARMISTICE. — ÉVACUATION DU DÉPARTEMENT PAR LES TROUPES ALLEMANDES.

Cependant l'armée du Nord continuait sa marche en avant. Le 13 janvier, Faidherbe quittait son quartier-général d'Aves-nes-lez-Bapaume, et le 14, l'avant-garde entrait dans Albert sans coup férir, la première armée allemande se repliant devant elle. Le 15, nos troupes, après avoir établi leurs cantonnements dans les environs d'Albert, poussaient des reconnaissances jus-qu'aux différents passages de la Somme.

Avertis par un télégramme de Bordeaux que l'armée de Pa-ris allait faire un grand et suprême effort, et que le moment d'agir vigoureusement était venu, le général Faidherbe comprit qu'il importait surtout d'attirer sur lui le plus de forces possibles de la capitale. Il crut qu'il arriverait à ce but en se dérobant à l'armée qui était devant lui par quelque marche forcée vers l'est et le sud-est, de manière à arriver rapidement au sud de Saint-Quentin, menaçant ainsi la ligne de La Fère, Chauny, Noyon et Compiègne. Il était sûr d'avoir bientôt affaire à des forces considérables ; mais le moment de se dévouer était venu et il pouvait espérer avoir le temps, lorsqu'il se verrait menacé par des forces supérieures, de se rabattre vers le Nord en les attirant à lui, et d'aller les attendre sous la protection des places fortes de Cambrai, Bouchain, Douai et même Valenciennes, où il pourrait leur tenir tête, quel que fût leur nombre, si elles osaient l'attaquer.

Nous n'entrerons pas ici dans les détails des combats de St-Quentin; nous renverrons nos lecteurs au rapport officiel du général Faidherbe sur cette mémorable bataille, l'une des plus glorieuses et la plus sanglante de la campagne. Nous devrons, du reste, en citer plusieurs épisodes, lorsque nous rapporterons au chapitre des mobilisés la part honorable que la brigade Pauly prit aux diverses opérations de la lutte.

Nous relèverons toutefois ici une de ces erreurs que nous rencontrons à chaque page dans l'ouvrage précité de M. Jules de Wickède et qui nous montrent comment on écrit l'histoire en Allemagne. En effet, il y est dit que le *général Faidherbe se trouvait avec une armée d'environ 60,000 hommes devant la ville de St-Quentin*. Or, il est constant, d'après les renseignements les plus positifs, et émanant de l'état-major même, que l'armée du Nord n'atteignit jamais le chiffre de 40,000 soldats.

La bataille de St-Quentin, défavorable pour l'armée du Nord, ramena les Prussiens dans le Pas-de-Calais, qu'ils avaient pour un moment évacué. Le 22 janvier, la ville d'Arras fut pendant la soirée sous le coup d'une certaine émotion. L'approche de l'ennemi était annoncée, et la marche d'un des régiments de la garnison, prise pour la générale, appelait de toutes parts un certain nombre de gardes nationaux à leur lieu de ralliement.

Heureusement, il s'agissait d'une fausse alerte donnée par un factionnaire. Des reconnaissances vigoureuses furent poussées dans toutes les directions et n'ajoutèrent rien aux renseignements qu'on possédait déjà. Quelques uhlans s'avancèrent jusque dans le voisinage de la ville, faisant d'audacieuses investigations et s'enquérant surtout des corps cantonnés dans les villages voisins ; plusieurs furent tués. On fit courir le bruit qu'une colonne prussienne, forte de 5 à 6,000 hommes, avait été vue à Monchy-le-Preux.

Le dimanche 26, sept à huit cents hommes, appartenant à des corps de cavalerie prussienne, entrèrent à Bapaume. La moitié environ resta dans la ville, le surplus se cantonna dans les villages voisins Une assez grande quantité de canons s'y trouvait réunie : Etait-ce en vue du siége de Cambrai ou de celui d'Arras ? D'un autre côté, le général Van Gœben savait très-bien que, dans sa quatrième bataille, il n'avait pas encore réduit l'armée du Nord à l'impuissance ; en effet, dans un ordre du 21, chargeant les généraux de division Von Kummer, Von Barnekow et Von den Grœben d'observer Cambrai et Arras, il leur indiqua les lignes de retraite vers Amiens et Péronne, dans le cas où ils seraient pressés par l'armée française. (1) Quoi qu'il en fut, l'ennemi était près de nous, et les jours d'épreuve pouvaient arriver avec lui, lorsqu'un armistice de trois semaines fut proclamé le 28 janvier.

Le 29, dans la nuit, un officier prussien se présenta en parlementaire à nos avant-postes. Après l'accomplissement des formalités réglementaires, l'officier fut amené en ville, où il remit un pli cacheté à l'adresse du général Faidherbe. Une estafette fut aussitôt dépêchée vers le commandant en chef. Un capitaine français quitta le matin Arras, porteur d'un pli destiné au chef prussien. Il s'agissait, dans ces négociations, de la délimitation des cantonnements respectifs des deux armées. Les conditions, en ce qui concerne l'armée du Nord, furent débattues par le colonel de Villenoizy avec le général Von Gœben, qui montra du reste, en cette circonstance, la plus

(1) M. Jules de Wickède, dans son histoire précitée, prétend que l'armée du Nord avait été presqu'entièrement anéantie à la bataille de Saint-Quentin. On ne saurait trop réfuter de pareilles erreurs, en présence des documents résultant des informations officielles du quartier général allemand.

grande courtoisie. Voici le texte du traité signé à Amiens :

« Le 31 janvier 1871, entre :

» M. Bumke, chef d'escadron d'état-major, muni des pleins pouvoirs de Son Exc. M. le général de Gœben, commandant en chef la 1ʳᵉ armée allemande ;

» Et :

» M. Cosseron de Villenoizy, colonel, adjoint au major général de l'armée du Nord, muni des pleins pouvoirs de M. le général Faidherbe, commandant en chef de la nouvelle armée, d'autre part ;

» Ont été arrêtées les stipulations suivantes pour l'exécution de la convention conclue à Versailles, le 28 janvier, entre les plénipotentiaires des deux pays :

» Article Iᵉʳ.

» Une difficulté s'étant présentée dans l'interprétation des termes de la convention relative au tracé de la ligne de démarcation dans les départements de l'Aisne et de la Somme, il a été convenu que les troupes des deux parties belligérantes conserveraient provisoirement leurs positions actuelles jusqu'à ce qu'il ait été statué d'une manière définitive par les deux gouvernements. Les points qui ont donné lieu aux observations de l'officier français sont l'occupation d'Abbeville, la possession ou la neutralisation d'une bande de terrain le long de la mer pour communiquer par courriers entre Abbeville et le Havre, et la bande de terrain entre Avesnes et Maubert-Fontaine, qui a toujours été soumise à l'administration française.

» L'officier prussien croit ces deux derniers points tranchés par la convention de Versailles.

» Quoiqu'il en soit, à partir d'aujourd'hui, et si, par suite d'un malentendu quelconque, un engagement avait lieu n'importe où, on s'empresserait des deux côtés d'en arrêter les conséquences par un arrangement amiable.

» Article II.

» Sauf les points en litige, indiqués ci-dessus, la limite du territoire occupé par l'armée française sera celle des département du Pas-de-Calais et du Nord, et les avant-postes des armées belligérantes s'en tiendront éloignés d'environ 10 kilomètres, comme il a été réglé par la convention de Versailles.

» Les avant-postes français ne dépasseront pas les villes ou villages de : Hesdin, Nuncq, Avesnes-le-Comte, Bailleulval, Ayette, Ervillers, Boursies, Marcoing, Masnières, Bertry, Landrecies, Avesnes et Chagen.

» Les villages et postes le long de la frontière belge, notamment ceux de Trelon, de Fourmies et Anor seront occupés par les douaniers et par les brigades de gendarmerie actuellement chargées de la police.

» Les avant-postes allemands ne dépasseront pas les villes ou villages de Bernaville, Jalmer, Hérissart, Albert, Péronne, Roisel, Fontaine, Iron, Etréaupont et Wattignies.

» Entre les avant-postes, un service de police sera fait par les gendarmes, les gardes-champêtres et autres agents de la force publique, pour la recherche des malfaiteurs. Ce service s'arrêtera à la ligne de démarcation.

» Article III.

» L'échange des prisonniers se fera dans le plus bref délai possible à la station d'Achiet, où deux officiers français et allemands se réuniront pour y procéder.

» Ce même point est choisi pour les communications qui deviendront nécessaires entre les états-majors des deux armées.

» Les blessés qui ne seraient pas immédiatement transportables, ne seront plus considérés comme prisonniers, et seront rendus aussitôt que leur état de santé le permettra.

» Article 5.

» Les travaux de rétablissement des lignes de chemins de fer et de leurs télégraphes pourront être entrepris de suite. Jusqu'à ce qu'une décision supérieure soit intervenue pour le régime auquel sera soumise l'exploitation des chemins de fer, l'autorité allemande s'engage à donner toutes les facilités possibles pour le transport des trains de ravitaillement français à Paris.

» Quelle que soit cette décision, le gouvernement français sera autorisé à avoir sur le parcours des lignes, à côté des agents allemands, un certain nombre d'officiers et d'agents français, ayant pour mission de régler la direction des trains et d'aplanir les difficultés qui pourraient surgir..

» Des facilités seront également données sur le territoire occupé par l'armée française pour le transport des trains de ravitaillement destinés aux villes occupées par l'armée allemande.

» En foi de quoi l'instrument a été signé en double expédition par les officiers sus-dénommés.

» Signé : COSSERON DE VILLENOISY,— BUMKE. »

Pour faire suite à ce document, nous croyons devoir publier la dépêche suivante :

« Lille, 1er février, 11 heures 30.

» Le général en chef de l'armée du Nord aux généraux et colonels commandants à Arras, à Abbeville, à Avesnes et à Cambrai.

» D'après la convention faite à Paris, la ligne de démarcation entre les belligérants est la limite du département du Nord et du Pas-de-Calais.

» Les avant-postes doivent se tenir à 10 kilomètres de chaque côté.

» La zône neutre ne peut être parcourue que par la gendarmerie et les agents de police locaux, sans dépasser la ligne de démarcation.

» Les avant-postes français ne dépasseront pas Hesdin, Avesnes-le-Comte, Bailleuval, Ayette, Ervillers, Boursies, Marcoing, Masnières, Bertry, Landrecies, Avesnes et Chagen.

» Les avant-postes allemands ne dépasseront pas les villes et villages de : Bernaville, Talmas, Hérissart, Albert, Péronne, Roisel, Fontaine, Bernonville, Iron, Estrée-au-Pont et Watti-

gnies. La question relative à la ville d'Abbeville et au nord
de l'Aisne n'est pas encore vidée.

» Aucun mouvement de troupes françaises ne doit avoir lieu
de ce côté.

» FAIDHERBE. »

Les troupes ennemies furent ainsi maintenues dans la limite
du département de la Somme ; le Pas-de-Calais fut évacué, et
alors cessèrent les excursions si désastreuses des Prussiens, qui,
trois jours après la signature de l'armistice, c'est-à-dire le 31
janvier, parcouraient encore l'arrondissement d'Arras, cherchant à le rançonner comme par le passé.

On procéda à l'échange de 6 à 700 prisonniers, dont une
trentaine d'officiers, qui étaient entre nos mains.

L'armée du Nord cantonnée, à la suite de la bataille de Saint-
Quentin, autour des villes de Cambrai, Douai, Valenciennes,
Arras et Lille, se réorganisa rapidement ; et, dès le 10 février,
elle eût été susceptible de se présenter en ligne avec un effectif
presque égal à celui qu'elle avait à Saint-Quentin, grâce à l'in-
corporation de quelques milliers de mobilisés et à l'activité déployée par les divers services.

Par ordre du ministre de la guerre, en date du 15 février 1871,
le 22e corps, fort de 18,000 hommes et dix batteries d'artillerie
(deux de 12, deux de 8 et six de 4), furent embarqués à Dunkerque, par les soins du capitaine de vaisseau Périgot, commandant supérieur de la région maritime du Nord, pour aller rejoindre l'armée de Cherbourg.

Cette mesure fut prise par le Gouvernement à la suite du rapport ci-dessous fourni par le général en chef de l'armée du Nord,
en réponse à cette question adressée pendant l'armistice :

« Peut-on continuer la guerre ? »

Le général Faidherbe répondit :

« Les forces militaires des deux départements du Nord et du
Pas-de-Calais se composent :

» 1° D'une armée active (22e et 23e corps), montant en ce moment à 25,000 hommes environ, dont un tiers de troupe, un tiers de mobiles et un tiers de mobilisés, armée qui possède seize bonnes batteries de campagne.

» 2° Des garnisons de quinze places fortes, composées de mobilisés, infanterie et artillerie, au nombre de 25,000 hommes environ.

» Ces quinze places fortes exigeraient, pour faire une bonne défense, 80,000 hommes.

» Si l'on suppose que la guerre recommence après l'armistice, il faut admettre que les Prussiens enverront de 80,000 à 100,000 hommes contre le Nord avec de puissants trains de siège rendus disponibles à Paris. En présence de pareilles forces, l'armée du Nord ne pourra pas tenir la campagne; elle devra se répartir dans les places fortes, dont les garnisons se trouveraient ainsi portées à un chiffre suffisant.

» Il est à croire que les forces prussiennes, pour pousser la guerre plus rapidement, se partageraient alors en deux armées de 40,000 à 50,000 hommes chacune.

» L'une entreprendrait la conquête du groupe des places maritimes de Boulogne, Calais, Gravelines, Saint-Omer, Bergues et Dunkerque, dont la majorité des habitants parle un idiôme germanique ; et l'autre la conquête des places de la partie orientale : Arras, Douai, Lille, Cambrai, Valenciennes, etc., dont la richesse est faite pour tenter l'ennemi.

» Suivant leur système, les Prussiens bombarderaient ces villes, dont les populations voudraient sans doute se rendre, après cinq à six jours d'un bombardement, qui aurait amené l'incendie d'une partie des maisons. Les fabriques, qui sont les bâtiments les plus en vue par leurs dimensions, et qui renferment des machines et des métiers de grande valeur, seraient les premières atteintes.

» En conséquence, la résistance collective de ces villes de l'est des deux départements ne me paraît pas devoir durer beaucoup plus d'un mois, car, en un jour, les Prussiens se porteraient de

l'une à l'autre avec leur matériel, dans un pays de plaines, couvert de voies ferrées et d'excellentes routes.

» Le groupe des villes maritimes, à cause des inondations et
de l'appui qu'elles tirent du voisinage de la mer en notre pouvoir, peut résister plus longtemps, peut-être six semaines.

» Si, au lieu de se rendre après quelques jours de bombardement, les populations, laissant brûler les maisons, consen-
taient à se défendre jusqu'à la dernière extrémité, les Prussiens,
se trouvant obligés, après avoir brûlé les villes, d'en passer par
le siége des fortificationse, je pense, malgré la puissance de leur
artillerie, que le temps de la résistance pourrait être au moins
doublé, et qu'il leur faudrait au moins deux mois et demi pour
faire la conquête de toute la contrée.

» Dans cette seconde hypothèse, il faudrait aussi qu'ils sacri-
fiassent beaucoup de monde; mais, comme compensation, ils ne
manqueraient pas de rançonner impitoyablement un pays aussi
riche.

» Je dois dire que je ne crois pas ma seconde hypothèse (la
défense des villes jusqu'à la dernière extrémité) admissible. Si
un commandant voulait se défendre à outrance dans une ville,
il pourrait avoir pour lui les troupes régulières, une partie des
mobiles, et le peuple qui ne possède rien, et dont le patriotisme
pourrait être facilement surexcité; mais il aurait contre lui presque toute la bourgeoisie, la garde nationale sédentaire, et, sans
doute, les mobilisés.

» D'après ce que je viens d'exposer, si la guerre devait continuer, il serait peut-être bon, pour la continuer dans l'ouest de
la France et dans le midi, contrées dont j'ignore les ressources
militaires, de tirer de la légion du Nord une dizaine de bonnes
batteries de campagne aguerries et habituées à tenir tête aux
Prussiens.

» On pourrait encore peut-être en tirer 6,000 à 8,000 hommes
de troupes de l'armée active; mais l'énergie et, par suite, la du-

rée de la défense des places fortes, privées de ce bon élément, en seraient réduites d'autant.

• Lille, le 5 janvier 1871.

Le 23ᵉ corps, composé en grande partie de marins, de mobiles et de mobilisés, fut réparti dans les places fortes pour en compléter les garnisons jusqu'au licenciement général, et le général Faiherbde, agissant en vertu des ordres que le Gouvernement lui avait transmis en date du 30 janvier, pour l'exécution de la convention de Versailles, prononça la dissolution de toutes les compagnies des francs-tireurs.

Ici se borne notre tâche ; il n'est pas de notre sujet de rapporter les délibérations de la paix, de reproduire les clauses du traité de Francfort ; ce sont des faits historiques qui intéressent la France entière et non pas seulement le département dont nous avons entrepris de raconter l'histoire pendant la guerre.

DEUXIÈME PARTIE.

CHAPITRE Ier.

PRÉCIS DES ÉVENEMENTS LES PLUS REMARQUABLES

QUI SE SONT PASSÉS DANS LES COMMUNES ENVAHIES PAR L'ARMÉE PRUSSIENNE.

Avant d'entrer dans le détail des faits qui se sont passés isolément dans les diverses communes du département, il est important d'étudier la tactique de la cavalerie prussienne. Elle part de ses centres (l'infanterie restant toujours très en arrière), par bandes de 10 à 12, au plus de 15 à 20 hommes. Ces bandes se divisent en détachements de 2 ou 3, qui percent avec une audace inouïe et à des distances fabuleuses. Leur première arrivée, dans les villages, est *toujours* pour dire que si on y tire un seul coup de fusil sur eux, les maisons seront brûlées; puis ensuite, couverts par cette menace, ils vont partout comme en pays soumis ; ils rançonnent, commandent les perquisitions, les dîners, arrêtent les voyageurs, font dételer et emmènent les chevaux qui leur conviennent.

Il est déplorable de voir ainsi le pays complètement abandonné aux ravages de quelques gredins. Le remède, ce sont les francs-tireurs. Les Prussiens en ont une peur bleue, et avant même de dire *cognac*, ils demandent s'il y a des francs-tireurs. En présence de leurs implacables exécutions, personne, parmi les habitants, n'eut osé prendre un fusil ; d'ailleurs, ils les avaient tous brisés, et les maires s'étaient empressés de les livrer : mais nos généraux devraient organiser, avec des soldats régulièrement habillés, des reconnaissances identiques à celles des hussards et des uhlans prussiens. Ils devraient envoyer des hommes solides en avant et les faire rayonner au loin ; ces hommes n'ont à craindre que la cavalerie, car l'infanterie ne s'avance jamais en reconnaissances disséminées. Une compagnie pourrait s'établir dans un village et envoyer tout autour des rondes de six à huit hommes, qui se cacheraient dans les fossés, les ravins et les bois, et verraient de loin les cavaliers prussiens. Six fantassins, armés de chassepots, feraient fuir dix cavaliers. Il faudrait, du reste, qu'ils montrent, après le coup fait, leurs uniformes, pour que les Prussiens ne puissent pas contester qu'ils ont eu affaire à des troupes régulières et qu'ils n'en arguent pas le droit de s'en prendre aux populations. Du reste, ces bandes et même les troupes se conduisaient en vrais sauvages dans beaucoup d'endroits ; ils ont incendié des fermes, tué des enfants ou des vieillards, sous prétexte qu'on avait reçu des francs-tireurs français.

CANTONS D'ARRAS NORD ET SUD.

Beaurains.

Le 26 décembre 1870, vers le soir, quelques éclaireurs prussiens, à cheval, furent signalés aux alentours du village. Dans les journées des 27 et 28, ils traversèrent la commune à plusieurs reprises, au nombre de 10 à 15 au plus, sans s'y arrêter. Le 29, ils revinrent plusieurs fois. Vers le soir du même jour, des francs-tireurs qui se trouvaient embusqués à l'entrée de la commune, vers Mercatel, leur donnèrent la chasse ; un cheval fut tué, mais les hommes parvinrent à s'échapper ; le bruit a couru que plusieurs avaient été blessés. A partir de ce jour, ils ne reparurent plus.

Dainville.

Un uhlan a été tué près du moulin, par des mobiles embusqués, qui ont ramené son cheval à Arras.

Tilloy-les-Mofflaines.

Dans cette commune, située à peine à 4 kilomètres d'Arras, six uhlans ont demandé un pain à un boulanger ; puis, après s'être fait indiquer la route de Feuchy, ils sont partis dans cette direction. Mais une patrouille française de dragons, qui survint à ce moment, les accueillit à coups de fusils ; les uhlans tournèrent bride aussitôt, et disparurent ventre à terre, franchissant haies et fossés.

CANTON D'AUBIGNY.

Aubigny.

Le mercredi 28 décembre, première visite de l'ennemi : quatre hussards traversent la commune sans presque s'arrêter ; mais le lendemain, à huit heures, quinze cavaliers venaient occuper les diverses issues et l'on voyait arriver bientôt un corps d'au moins deux mille cinq cents hommes avec mille chevaux et plusieurs pièces de canon. Ces troupes se composaient de 23 cuirassiers blancs, 1,100 hussards bleus, 900 hommes du 69e de ligne, commandés par le colonel Wittish.

Après avoir coupé les fils télégraphiques sur la route d'Arras à Saint-Pol et brisé les armes des sapeurs-pompiers, ils ont dévalisé la plupart des habitants. Toutes les chaussures, tous les vêtements d'hommes ou de femmes qui leur sont tombés sous la main, ils les ont emportés. Les marchands de vins en gros, épiciers, boulangers, bouchers et débitants, ont été littéralement pillés, et dans les maisons bourgeoises, les caves ont été vidées en un clin-d'œil.

Parmi les personnes qui ont été le plus rançonnées et même brutalisées, nous citerons : M. Proyart, receveur de l'enregistrement ; M. Effroy, receveur des contributions indirectes ; M. Desongnies, notaire ; M. Emile Delombre, M. Legrand-Koetschau, etc.

Des éclaireurs revinrent les 2 et 3 janvier 1871.

La perte, pour la commune, s'élève au moins à 30,000 fr.

Nous croyons être l'interprête de la reconnaissance unanime des habitants envers M. Painblan, maire d'Aubigny, en répétant que, malgré son grand âge, il s'est montré tout-à-fait à la hauteur des circonstances.

Izel-les-Hameaux.

29 décembre 1870, passage de la colonne prussienne se rendant à Aubigny.

Réquisition du cheval de M. Achille Bouillez, membre du Conseil d'arrondissement.

CANTON D'AUXI-LE-CHATEAU.

Auxi-le-Château.

Le 1er janvier, à une heure de l'après-midi, arrivent 50 uhlans ; ils sont bientôt suivis par 350 lanciers et 2,500 fantassins, appartenant aux 70e et 73e de ligne. Quelques coups de fusil ayant été tirés sur les premiers uhlans qui apparurent, par les sapeurs-pompiers, le capitaine, le sergent-major et un autre habitant, accusé de faire partie de la compagnie de francs-tireurs, furent garottés et retenus prisonniers jusqu'au lendemain matin à neuf heures. Une heure après, l'ennemi quittait Auxi-le-Château, se dirigeant vers Domart (Somme).

Boubers-sur-Canche.

1er janvier 1871. — Incendie par les Prussiens d'une grange, dans laquelle un cuirassier avait été tué par un mobilisé.

Frévent.

Le 1er janvier, vers midi, une soixantaine de fantassins, appartenant au 69e de ligne, et 90 cuirassiers précédés de 3 éclaireurs à cheval, parurent sur le territoire de Frévent.

Les éclaireurs se rendirent directement à l'Hôtel-de-Ville.

Après avoir annoncé la troupe et fixé le nombre de rations, deux d'entre eux se choisirent un pied à terre, tandis que le troisième, resté seul, se mit, la craie traditionnelle en main, à indiquer les logements sur la porte des maisons.

A peine avait-il commencé sa besogne, qu'un homme très-robuste vint le saisir parderrière et le désarmer.

Le Prussien, plus que surpris, veut fuir ; mais son adversaire, le tenant comme dans un étau, le transperce deux fois avec son propre sabre et le jette dans la rivière.

Ces faits se sont passés en un clin-d'œil, et ils étaient accomplis quand la troupe annoncée arriva.

Le secret fut scrupuleusement gardé ; l'absence du cavalier prussien n'éveilla les soupçons du colonel qu'au moment du départ. Trois hommes de mon escadron sont entrés ici ce matin, deux seulement répondent à l'appel, dit alors le chef de la bande, en s'adressant au maire et à la foule. Je vous donne une demi-heure pour retrouver le troisième ; s'il n'est pas rendu dans ce délai, attendez-vous aux plus terribles représailles.

Le maire (M. de Fourment), bien résolu à ne pas livrer le courageux meurtrier, qu'il croyait du reste en fuite, feignit de se livrer à une enquête.

Il revint ensuite trouver le commandant prussien, et lui dit qu'il venait d'être informé par la rumeur publique, que le cavalier absent avait été tué et jeté à la rivière ; que, vu l'heure avancée, les recherches pour découvrir le cadavre étaient impossibles et que l'on ignorait le nom du meurtrier.

Le commandant répondit que ces explications ne changeaient rien à ces exigences. « Un des nôtres a été tué, continua-t-il, il nous faut son cadavre et la personne du meurtrier, sinon j'incendie la ville et j'emmène en ôtages le maire et les principaux notables de la cité. Vous avez une nouvelle demi-heure pour procéder aux recherches nécessaires. »

M. de Fourment feignit encore d'exécuter les ordres du chef prussien.

Après ce nouveau simulacre, le maire venait de se livrer à la merci de l'oppresseur, en lui demandant d'épargner la ville et les habitants, lorsque le meurtrier qu'on croyait bien loin, hors de danger, montra à cette troupe de forcenés un courage dont leur race maudite ne compte sans doute pas d'exemple.

A la nouvelle de ce qui se passait, Fleury Edmond, dit Romain, tel est le nom du héros, se déclara hautement l'auteur de la mort du cavalier prussien. « J'ai commis l'acte, dit-il, j'entends en subir les conséquences. » Le commandant fit Romain prisonnier, et avant le départ de ses soldats, il exigea du maire le versement d'une amende de dix mille francs. La fin de ce drame est connue de nos lecteurs. Une dépêche du Sous-Préfet de Saint-Pol, que nous avons rapportée, annonça que le pauvre Romain avait été fusillé le lendemain, après une longue torture physique et morale, et que sa maison avait été incendiée.

Ligny-sur-Canche.

1er janvier 1870. — Massacre d'un mobilisé qui avait tué un cuirassier blanc, chez le sieur Lemaire, débitant.

CANTON D'AVESNES-LE-COMTE.

Avesnes-le-Comte.

C'était le 28 décembre, jour du franc-marché à Avesnes-le-Comte. La présence des Prussiens dans la commune (on les savait à Hannescamps et dans quelques communes du canton de Pas), non plus que la rigueur d'un froid de sept à huit degrés n'avait empêché la fréquentation du marché. Les transactions commerciales s'y poursuivaient avec une certaine animation: les nouvelles venues de toutes parts ne faisaient supposer aucune éventualité: les habitants venaient de dîner avec leur quiétude habituelle, lorsqu'à deux heures et demie, une commotion rapide comme l'éclair agita toute la commune. Quelques cavaliers armés avait traversé inopinément au galop de leurs chevaux la grande rue ; toute la population sortait effrayée : « LES UHLANS !... » En effet, cinq ou six hussards allemands, le pistolet au poing avaient monté la rue de Barly, tourné la mairie et monté la grande rue. Presque au même moment cinq à six autres montaient la rue de Fosseux, tandis que trois ou quatre, galopant à travers champs en ligne droite vers la caserne de gendarmerie, s'y réunissaient aux précédents et faisaient prisonniers les gendarmes Caron et Delobel. Au même moment, un nombreux détachement débouchait par la rue de la Folie et celle de Sombrin et venait occuper les issues du bas d'Avesnes. Plusieurs de ces derniers entraient dans la cour du Maire, M. Ledru, et réquisitionnaient du vin de champagne. Un officier de hussards venait quelques secondes après sommer M. le Maire de se rendre de suite à l'Hôtel-de-Ville pour avoir à prendre les ordres du colonel. Il n'y avait pas à hésiter ; M. Ledru se rendit bon gré mal gré où l'appelait l'intérêt de ses administrés.

A la première apparition des cavaliers, tous les regards s'étaient portés vers le mont de Barly, des points d'Avesnes qui permettaient de le découvrir. Le mont et le plateau étaient couverts de soldats. Des ouvriers partis des champs accouraient donner l'éveil, mais ils avaient été devancés par les chevaux. On remarqua aussi que pendant l'arrivée des premiers éclaireurs, les deux pièces d'artillerie qui suivaient furent braquées sur la ville. Peu d'instants après, deux escadrons de hussards, le colonel Wittich en tête, une partie du 69e régiment d'infanterie avec son colonel et son drapeau, de l'artillerie à cheval, deux pièces de canon, des caissons et fourgons, quantité de voitures de réquisitions et un peloton de pontonniers firent leur entrée et vinrent se masser dans la grande rue, au nombre d'environ 2,000 hommes. Quelques cavaliers désignèrent les logements en marquant à la craie blanche les habitations par quelques signes abréviatifs. Les officiers supérieurs se logèrent chez le Maire, chez l'Adjoint et chez quelques notables habitants (1). Plusieurs

(1) Nous devons tous les détails de cet article intéressant, à l'obligeante communication de M. le docteur Ledru, Maire de la commune.

postes nombreux furent établis à la Mairie, à quelques extrémités de la commune et aussi à l'intérieur.

M. le Maire fut requis de fournir de suite quatre bœufs pour 2,500 rations de viande d'un demi-kilogramme par chaque homme, 1,500 kilogrammés d'avoine, les chaussures des marchands et des habitants, souliers, bottes, longues guêtres en cuir et en laine, bas, chaussons et chaussettes. On exigea le dépôt à la Mairie de toutes les armes qui pouvaient se trouver dans la commune, armes de guerre et de chasse, pistolets, révolvers, sabres, épées. Tout ce qui pût tenter la convoitise des Allemands fut emporté, le reste et notamment deux cents fusils à percussion appartenant à la garde nationale et à la compagnie des sapeurs-pompiers fût brisé à la porte de l'Hôtel-de-Ville, et le sol se trouva jonché de leurs débris. Il fallût aussi leur livrer toutes les poudres de chasse qui se trouvaient à la régie et tout le tabac des bureaux.

Quantité de voitures furent réquisitionnées et durent être disposées pour le service de la troupe et plusieurs furent à la suite de l'armée allemande pendant huit jours. Un officier prussien eut la témérité de se faire conduire par le cabriolet de M. Saudemont jusqu'aux environs d'Arras, et là le conducteur fut envoyé à la ville avec ordre de rapporter de suite divers renseignements. Ce dernier n'eût rien de plus pressé sitôt arrivé à Arras, que d'aller déclarer à l'autorité ce qui se passait. Il y laissa sa voiture et revint à Avesnes à travers la plaine, cherchant toujours à éviter la rencontre de l'ennemi.

Après une nuit qui fut sans sommeil pour beaucoup des habitants, les troupes partirent pour Aubigny. Les hussards partis en avant avaient pour objectif la rencontre des mobiles et des mobilisés dont ils connaissaient par leurs espions la présence dans diverses localités. Ils s'avancèrent jusqu'à Souchez où ils prirent, malgré leur petit nombre, une centaine de mobilisés et quatre mobiles restés à Aubigny. Le nombre des mobiles capturés eût été plus considérable, si une femme d'Averdoingt qui avait assisté à l'arrivée des Prussiens à Avesnes, n'avait eu le courage d'aller pendant la nuit prévenir ceux qui étaient cantonnés à Berles, Berlettes et Aubigny, et n'eût hâté leur départ.

Avesnes toujours sillonné de patrouilles prussiennes, les vit repasser le 30 décembre avec leurs prisonniers ; leur passage fut rapide et ils ne firent halte qu'à Bavincourt.

Le 31, les patrouilles repassaient toujours, se faisant donner çà et là quelques reconfortants ; dans l'après-midi survinrent des cuirassiers blancs, réquisitionnant pour eux vin, cognac, tabac et cigares.

Ainsi finissait l'année 1870 sous de tristes auspices. Celle qui lui succédait avait un commencement non moins sinistre. Le 1er janvier, au moment où la population sortait de l'église après la première messe, quelques compagnies du 69e d'infanterie et un détachement de cuirassiers blancs, avec deux officiers, venaient se ranger en bataille derrière la grande mare et demandaient M. le Maire pour de nouvelles réquisitions : il fallait 1,000 kilogrammes de pain, 200 hectolitres d'avoine, 250 kilogrammes de café, 200 bouteilles de cognac, du vin et du sucre. On eut beau leur représenter que la consommation des jours précédents avait dégarni les magasins ; on dut condescendre à leurs désirs et on les vit retourner à Bavincourt avec tout leur butin, destiné à ce cantonnement.

Et pendant qu'ils se livraient, avant leur départ, à un repas copieux, quelques détachements de fantassins sur des chariots et de cuirassiers blancs à cheval, prenaient la route de Frévent et d'Auxi-le-Château, pour faire dans ces deux villes une reconnaissance et s'y rencontrer avec d'autres détachements qui y arrivaient du département de la Somme.

Au retour de cette excursion, le détachement arrivait à Avesnes le 2 janvier vers cinq heures du soir et s'installait confortablement pour y passer la nuit ; déjà les chevaux tiraient aux râteliers et les hommes s'attablaient de toutes parts, lorsque deux estafettes arrivèrent à l'improviste, jetant aux officiers quelques mots allemands qui parurent les frapper de stupeur. Aussitôt le clairon sonna le départ et quelques minutes après tout le monde disparaissait. On avait eu dans la journée une rencontre sous Bapaume avec l'armée de Faidherbe et l'annonce d'un péril avait glacé d'effroi le détachement. Heureux départ ! car les troupes revenaient de Frévent avec grand nombre de chariots de réquisition et nul doute qu'elles n'eussent le lendemain ruiné Avesnes par de nouvelles et importantes réquisitions.

Bavincourt.

Cette commune fut une des premières visitées par les troupes allemandes. En effet, 25 uhlans y faisaient leur apparition le 18 décembre 1870. 28 décembre, Passage de la colonne se dirigeant vers Avesnes-le-Comte ; retour le vendredi 30 et séjour jusqu'au 1er janvier à midi. Ce détachement se composait de lanciers, de hussards, de 600 cuirassiers blancs, du 69e régiment d'infanterie et d'environ 60 artilleurs. En tout 2,000 hommes.

Le 2 janvier, nouvelle visite de 70 cuirassiers blancs, 50 fantassiens du 69e, et le soir, à 9 heures, de 300 hommes, cuirassiers et fantassins, qui séjournèrent jusqu'au lendemain matin.

Trois lanciers apparurent huit jours après le départ de toute cette troupe.

Les Prussiens ont réclamé la nourriture et le logement des hommes et des chevaux, ce qui a occasionné une dépense qui a été évaluée à 22,000 fr. Dans les maisons où ils étaient logés, ils prenaient tout ce qui était à leur convenance : vêtements, draps, couvertures, lits, etc., réquisition de chevaux et d'avoine, vaches, veau, volaille, etc.

Pommera-Grena.

18 décembre 1870. — Visite de 23 uhlans. 4 janvier 1871 — passage d'un convoi de chariots chargés de réquisitions, escortés par 300 cavaliers ou fantassins se dirigeant vers Doullens.

CANTON DE BAPAUME.

Achiet-le-Grand.

Le 26 décembre, vers une heure de l'après-midi, arrivèrent

60 uhlans lancés à la poursuite des francs-tireurs qui les avaient rencontrés à Warlencourt et leur avaient blessé un cheval. Ils tentèrent de s'emparer du matériel du chemin de fer, mais les locomotives avaient pu partir, laissant en gare environ 80 wagons chargés, qui devinrent la proie de l'ennemi. Ils furent bientôt suivis par 6,000 hommes, cavalerie, infanterie, etc., 2,000 restèrent à Achiet et les autres partirent pour les communes voisines. Les Prussiens brisèrent les boîtes des wagons et 800 tonnes de charbon furent pillées par les habitants des alentours.

Du 4 au 10 janvier, la commune fut souvent visitée par des éclaireurs ennemis, et du 22 au 28, elle fut de nouveau occupée par le 28e hussards et le 28e de ligne.

Le 2 janvier, dans la matinée, on entendit le canon gronder du côté d'Ervillers et Béhagnies, et peu de temps après tombaient dans le village des obus et des boulets. Aussitôt les 2,000 hommes qui s'y trouvaient, se rangèrent en bataille, l'infanterie dans la gare et l'artillerie vers Gomiecourt et Bihucourt, de façon à battre tout l'espace entre Ervillers et Sapignies. Vers une heure et demie, le canon se fit entendre dans la direction du bois de Logeat. C'était la 7e division, sous les ordres de Faidherbe, qui arrivait de Bucquoy et d'Ablainzeville : à partir de ce moment, la lutte devint sérieuse, et au bout d'une demie heure, les Prussiens étaient chassés de la gare, fuyant dans toutes les directions, et abandonnant le village. Cette bataille laissa des traces de projectiles surtout dans les maisons avoisinant la gare et dans la gare elle-même ; une des cloches fut perforée par un obus. 50 hommes environ furent faits prisonniers, ainsi qu'un capitaine prussien.

Pendant leur seconde occupation, le 6 janvier, un charron de la commune, Carlier François, qui revenait de voir un ami, eut la malheureuse fantaisie d'entrer dans la maison commune, où des armes avaient été déposées. A ce moment vint à passer un cavalier prussien qui l'assomma à coups de sabre et l'aurait tué sur place, si son cheval, venant à se cabrer, n'avait permis à Carlier de s'esquiver. Mais le lendemain les Prussiens vinrent s'emparer de sa personne et l'emmenèrent à Bihucourt où il fut décidé qu'il serait fusillé. Grâce aux démarches faites par M. le Maire et par M. Ywins, son innocence fut reconnue, et il fut relâché après une nuit de tortures passée à Bapaume.

Du 3 au 7 janvier, le village fut transformé en ambulances; les derniers blessés quittèrent la commune le vendredi soir pour être transportés à Arras. De ce jour jusqu'au 16, elle fut occupée par les mobiles du Nord et différentes autres troupes.

Du 16 au 22, les habitants eurent à supporter de nouveau la lourde charge de l'occupation ennemie.

Achiet-le-Petit.

Les Prussiens sont entrés pour la première fois à Achiet-le-Petit le 26 décembre, et en sont sortis le 2 janvier suivant. Ils étaient au nombre d'environ 400 fantassins du 48ᵉ de ligne et 300 cuirassiers blancs. Un poste de 20 cavaliers fut établi dans la commune et y séjourna jusqu'au 28. La veille de la bataille de Bapaume, 17,000 hommes de troupes françaises s'établirent à Achiet-le-Petit jusqu'au lendemain à neuf heures du matin.

Avesnes-lez-Bapaume.

Le 26 décembre 1870, 1,000 Prussiens envahirent la commune et y séjournèrent jusqu'au 2 janvier. Le village fut de nouveau occupé du 5 au 7, du 9 au 10 et du 22 au 28 janvier. Le 2, les Prussiens furent chassés d'Avesnes-lez-Bapaume, et les troupes françaises y passèrent la nuit. Le 3, la bataille prit naissance derrière les haies de ce village.

Bancourt.

500 hommes appartenant aux 48ᵉ et 60ᵉ régiment d'infanterie prussienne arrivèrent à Bancourt le 26 décembre. Du 22 au 28 janvier 1871, la commune fut de nouveau occupée par 2,000 hommes d'artillerie, infanterie et cavalerie : 2 escadrons du 4ᵉ hussards y séjournèrent du 31 janvier au 3 février. Pendant la bataille de Bapaume, le village fut occupé et barricadé ; quelques maisons eurent leurs toits endommagés par des bombes fran-

çaises. La population avait abandonné la commune, aussi fut-elle envahie pendant la nuit du 3 janvier par les Prussiens qui s'emparèrent de tous les vivres qui tombèrent sous leurs mains.

Bapaume.

Bapaume fut envahi le 26 décembre 1870 à midi par 10,000 Allemands. Leur occupation dans cette ville fut plusieurs fois interrompue ; arrivés le 26 décembre à midi, ils l'ont quittée le 4 janvier au matin : rentrés le 5,. ils en sont repartis le 11 à midi. Ils sont revenus de nouveau le 22 janvier et repartis le 29 dans la journée. Ils s'étaient représentés le 1er février pour occuper la ville pendant l'armistice, mais par suite des précautions prises par l'administration municipale, un poste de dragons (du 7e) avait été installé et ils ne purent en prendre possession, et furent forcés de rebrousser chemin.

Voici les noms des divers corps qui ont occupé la ville de Bapaume du 26 décembre au 29 janvier 1871 :

19e, 28e, 33e, et 68e régiments de ligne. — 8e régiment d'artillerie.

Etat-major du 8e corps d'armée. — Général Von Gœben.

Etat-major et 30e brigade d'infanterie. — Général Strulberg.

7e régiment de hussards du roi Guillaume.

Intendance de la 15e division d'infanterie.

2e compagnie de pionniers. — 1er sapeurs. — 5e lanciers.—

5e régiment de Westphalie. — 14e régiment hanovrien

Le 3 janvier à midi, les Prussiens repoussés rentraient dans Bapaume et le bombardement de la ville dura jusqu'à quatre heures. La ville elle-même a souffert peu de dégâts matériels, quelques obus seulement sont arrivés dans l'intérieur , entre autres un dans la maison du maire où il n'a causé aucun accident, et un dans une salle de l'hôpital où il a tué un mobile et blessé grièvement cinq autres. Mais les maisons situées dans les faubourgs de Bapaume ont terriblement souffert. Trois incendies se déclarèrent et occasionnèrent des pertes assez importantes.

Il n'y a pas eu de contributions en argent, mais un grand nombre de réquisitions en nature pour la nourriture et l'établissement des troupes et la subsistance des chevaux. La nuit qui a suivi la bataille, les troupes allemandes ne trouvant plus aucune provision de bouche en ville où tout était épuisé, pillèrent la plus grande partie des maisons et magasins de la ville.

Beaulencourt.

26 décembre 1870, onze heures du matin.—Arrivée de 30 hussards prussiens venant de Lygny-Thilloy. Le lendemain 27, à la pointe du jour, une centaine de fantassins commandés par un capitaine du 68e, vient réquisitionner des vivres de toute espèce. Les soldats visitent les maisons pour s'assurer qu'il n'y a pas d'armes et volent tout ce qui leur tombe sous la main. Le 28 au matin, arrivée de la 10e compagnie du 68e d'infanterie qui séjourne jusqu'au 3 janvier 1871.

Pendant la bataille de Bapaume, le territoire fut couvert de troupes prussiennes formant l'armée de réserve, qui ne prit aucune part à l'action.

Le 13 janvier, 4,000 hommes de toutes armes revinrent dans la commune et se mirent à créneler tous les bâtiments qui se trouvent aux environs de la route de Bapaume à Péronne. Mais vers midi, voyant qu'ils allaient être cernés par l'armée française, ils se sauvèrent en grande hâte par Combles, Méricourt, Péronne, etc.

Après la bataille de Bapaume, la commune fut sans cesse le théâtre des allées et venues des troupes prussiennes de Bapaume à Péronne. La poste allemande fut établie à Beaulencourt pendant l'occupation.

Béhagnies.

Deux postes avancés d'environ chacun 60 hommes vinrent s'établir à Béhagnies le 26 décembre jusqu'au soir du 2 janvier. Ils revinrent le 5 dans l'après-midi au nombre d'environ 120 hommes, établissant, comme la 1re fois, deux postes sur la route d'Arras. Ils partirent le 11 an matin à l'arrivée des francs-tireurs du Gard.

COMBAT DU 2 JANVIER.

Les Français avaient leurs positions à Ervillers, ils envoyèrent sur Béhagnies quelques coups de canon. Les postes ennemis se retirèrent alors sur Sapignies et les Français arrivèrent dans la commune. Pendant ce temps, les Prussiens prenaient position entre Béhagnies et Sapignies. Des éclaireurs ennemis, envoyés dans Béhagnies, s'y rencontrèrent avec les marins et la fusillade s'engagea. Elle dura, dans le village même, jusqu'à 4 heures de l'après-midi, heure à laquelle les français furent obligés de se retirer devant le nombre, laissant 60 des leurs sur le champ de bataille.

Le 3 janvier, 4,000 Français couchèrent dans le village. Il fut de nouveau occupé par le 24e de ligne du 11 au 15 janvier.

Beugnâtre

600 hussards arrivèrent le 26 décembre 1870 sur le territoire ; 18 seulement pénétrèrent dans le village et l'un d'eux fut tué par un gendarme. Ils rebroussèrent alors chemin pour revenir le lendemain et jours suivants s'y livrer à un véritable pillage.

Pendant la bataille de Bapaume, trois maisons furent incendiées. Quatre fois les Prussiens furent repoussés et les Français couchèrent sur les positions ennemies la nuit du 3 a 4. Le village fut de nouveau occupé du 5 au 13 janvier par le 14e lanciers et des soldats des 9, 12, 18 et 65e régiment d'infanterie, du 22 au 28 par le 8e cuirassiers blancs et le 33e de ligne.

Biefvillers-les-Bapaume.

Cette commune fut visitée pour la 1re fois le 26 décembre 1870 par 1,200 Prussiens. Elle fut littéralement pillée le 1er janvier par des hussards et des fantassins du 28e régiment. Le lendemain, à huit heures du matin, une colonne ennemie de 15,000 hommes venant de Bucquoy et d'Achiet, traversa Biefvillers se dirigeant sur Péronne. A 11 heures, on entendit les premiers coups de feu ; c'était l'armée française qui poursuivait l'arrière-garde prussienne. A 4 heures on vit passer en déroute un régiment prussien poursuivi par les soldats du 65ᵉ ; là s'arrêta le combat. Les Français prirent leurs cantonnements à Bihucourt et le 33ᵉ régiment prussien vînt occuper Biefvillers pendant la nuît.

Le 3, à 8 heures du matin, le feu recommença. A 9 heures, les batteries ennemies arrivèrent de Bapaume pour s'établir sur le territoire pendant que les Français placèrent la leur vers Bihucourt. Alors s'engagea une lutte terrible entre les 43ᵉ, 65ᵉ 75ᵉ de ligne, le 20ᵉ bataillon de chasseurs, les marins et le 33ᵉ régiment de fusilliers prussien, soutenu par une formidable artillerie. Le village de Biefvillers fut pris et repris plusieurs fois ; à midi on parvint cependant à faire reculer l'ennemi, mais avec de grandes pertes de part et d'autre. On dut brûler deux maisons dans lesquelles s'étaient retranchés un officier et sept soldats qui y trouvèrent la mort.

Les Prussiens revinrent à Biefvillers après la bataille de St-Quentin. Cette commune fut écrasée de réquisitions ; de plus, elle eut à soigner pendant 6 jours plus de 200 blessés français et allemands. Le séjour des mobiles du Nord et des mobilisés de Denain, Valenciennes, etc., en tout 3,000 hommes, ne contribuèrent pas peu à augmenter les charges qu'elle eut à supporter.

Bihucourt.

Cette commune fut occupée du 25 décembre 1870 au 15 janvier 1871 par le 68ᵉ régiment d'infanterie, le 8ᵉ hussards royal, les uhlans de la garde, plusieurs batteries d'artillerie, et un convoi considérable de plusieurs centaines de chevaux.

Plusieurs escarmouches eurent lieu sur le territoire de Bihucourt pendant la bataille des 2 et 3 janvier.

Favreuil.

Le 26 décembre 1870, une bande de pillards prussiens se répandit dans le village et s'empara de toutes les provisions reufermées dans les principales maisons. Après leur départ, 1,500 hommes du 28ᵉ de ligne et le 3ᵉ escadron du 3ᵉ hussards royal vinrent séjourner dans la commune jusqu'au 2 janvier.

Le premier jour de la bataille de Bapaume, la lutte s'engagea dans la plaine qui se trouve entre Favreul et Sapignies. Les deux armées ayant conservé leurs positions, les Prussiens se réfugièrent dans le village pour y passer la nuit. Un grand nombre de maisons étaient vides, ils s'y installèrent en maîtres et s'y livrèrent au pillage. Les habitants du château eurent surtou beaucoup à souffrir de leurs exigences et de leur brutalité. Le lendemain, dès 8 heures du matin, la canonnade française recommença ; aussitôt les troupes prussiennes reprirent leurs positions autour du village et l'action recommença beaucoup plus vive que la veille. Vers 11 heures, voyant que la position n'était plus tenable en rase campagne, un officier prussien vint prévenir M. Laguillier, propriétaire du château, que ses soldats allaient s'y retrancher, et que les Français devraient en faire le siége. Fort heureusement nos troupes firent un mouvement sur la droite et préservèrent ainsi Favreuil de la destruction qui paraissait lui être réservée. Plusieurs détachements des 2ᵉ, 6ᵉ, 20ᵉ bataillons de chasseurs, des 33ᵉ et 65ᵉ de ligne et des mobiles du Nord entrèrent dans le village et poursuivirent à la baïonnette l'ennemi délogé de ses embuscades. Le soir, une partie de l'armée française coucha à Favreuil. Le lendemain 4 janvier, à peine nos soldats étaient-ils repartis que les uhlans reparurent. Pendant plusieurs jours plusieurs postes prussiens composés de soldats du 5ᵉ lanciers et du 14ᵉ de ligne séjournèrent à Favreuil ; ils eurent même plusieurs hommes tués par les éclaireurs français. Ils durent céder la place le 9 janvier au 46ᵉ régiment de marche des mobiles du Nord accompagné d'une batterie du 15ᵉ d'artillerie.

Après la bataille de Saint-Quentin, les Prussiens revinrent en grand nombre ; le 22 janvier, Favreuil fut occupé par le 4ᵉ hussards royal. Les officiers ayant appris que leurs camarades tués à la bataille de Bapaume avaient été inhumés avec les Français

dans le cimetière de la commune, en parurent satisfaits et déclarèrent que pour cette raison, la commune serait exempte de toute
espèce de réquisition. Pendant leur séjour, ils construisirent de
nouvelles barricades dans toutes les rues. Enfin ils quittèrent
définitivement la commune le 28 janvier.

Frémicourt.

1,800 fantassins du 68ᵉ et 300 cavaliers des hussards de la
garde arrivèrent dans la commune le 26 décembre et y séjournèrent jusqu'au 3 janvier. Après la bataille de Bapaume, les habitants durent loger 2,000 hommes du 33ᵉ et des lanciers. Ils
furent remplacés, le 5, par le 17ᵉ de ligne et, le 22, par le 65ᵉ et des
cuirassiers blancs.

Pendant la nuit du 3 au 4 janvier, les Allemands, au nombre de
6,000, et ayant avec eux 15 pièces de canon s'y livrèrent à un
véritable pillage : les maisons furent forcées, les meubles furent
brisés et ils enlevèrent tout ce qui leur tomba sous la main.

Grévillers.

Les Prussiens, au nombre de 80, appartenant au 18ᵉ et 28ᵉ de
igne sont entrés dans la commune le 27 décembre et en ont
pillé toutes les maisons. Il en fut de même pendant toute la
durée de leur séjour à Bapaume. Le 2 janvier, dans la soirée, le
maire de la commune, ayant voulu s'opposer à leurs déprédations,
fut pris et gardé sur la route entre deux haies de soldats menaçant de le fusiller. S'étant fait conduire à Achiet par le gar-
çon de ferme, ils furent arrêtés à la gare du chemin de fer par
une grand'garde française qui les accueillit à coups de fusil ;
aussi se hâtèrent-ils de retourner à Grévillers. Le reste de la
nuit fut employé par eux à élever des barricades. Le 3, au matin,
les Prussiens évacuèrent la commune en apprenant que les
Français prenaient l'offensive. Nos troupes vinrent alors établir
une batterie à 200 mètres des habitations et la bataille eut lieu
entre Biefvillers et Grévillers.

Le Sars.

Cette commune fut visitée pour la première fois le 13 décembre 1870, à 3 heures de l'après-midi, par 70 lanciers. L'ennemi revint le 26 du même mois jusqu'au 2 janvier, et elle eut à loger des soldats du 29e, 32e, 52e et 72e d'infanterie.

Le 14 décembre, 26 éclaireurs prussiens furent repoussés par les mobilisés du canton d'Arras.

Le Transloy.

500 hussards de la garde, éclairés par des uhlans et suivis d'une batterie du 8e d'artillerie, envahirent la commune le 26 décembre. Partis le 28 pour Bertincourt, ils furent remplacés par le 65e d'infanterie, 2 autres batteries du 8e et un service d'ambulance, composé d'environ 300 hommes, en tout 3,500, qui séjournèrent jusqu'au 31.

L'armée de réserve prussienne campa tout autour du Transloy pendant la bataille du 3 janvier ; 8 pièces de canon furent braquées sur Bapaume aux quatre coins du village. Vers le soir commencèrent à défiler les voitures chargées de blessés, se dirigeant vers Amiens, puis les fuyards qui pillèrent complètement les premières maisons du côté de Bapaume, et enfin une colonne de plusieurs mille hommes se retirant vers la Somme.

Dans la soirée, une centaine de prisonniers français furent amenés dans l'église pour y passer la nuit, mais quelques instants après, l'ordre fut donné de les faire partir.

Vers 10 heures arrivèrent au Transloy, pour y loger, plusieurs batteries d'artillerie. Les artilleurs craignaient une grande bataille pour le lendemain au-dessus de Bapaume, et tous s'accordaient pour vanter l'excellence de l'artillerie française, dont ils venaient d'essuyer le feu. Enfin le général Von Gœben, dont le quartier général avait été au Transloy pendant la bataille, se retira précipitamment, après un maigre repas, vers 11 heures du soir, dans le département de la Somme.

Le 4 janvier, de 9 heures à midi, 15,000 Allemands, traversant le village, regagnaient la Somme par Lesbœufs.

Du 5 au 12, Le Transloy fut continuellement visité par les éclaireurs prussiens. Le 13 un petit détachement de dragons français faillit être fait prisonnier par une trentaine de cavaliers prussiens ; heureusement, 'ils purent s'échapper, après avoir échangé quelques coups de feu. Mais la commune fut aussitôt envahie par une colonne ennemie de 2,000 fantassins et 200 cavaliers avec 2 pièces de canon. Ils fouillèrent les maisons en tous sens, puis s'avancèrent jusqu'à Beaulaincourt où furent tirés quelques coups de canon. Les Prussiens revinrent à 4 heures et rejoignirent le gros de l'armée, resté à Sailly-le-Sec.

Les 14, 15, 16 et 17 janvier, la commune fut traversée par l'armée française se rendant à Saint-Quentin.

Après la bataille du 19, les Prussiens revinrent au Transloy et y firent de nombreuses réquisitions jusqu'au 2 février, époque de leur départ définitif

Ligny-Tilloy.

Des éclaireurs prussiens firent leur apparition pour la première fois sur le territoire de la commune le 15 décembre 1870 ; ils suivirent la route d'Albert à Bapaume et s'avancèrent jusqu'au point dit *la Brioche*. Arrivés à cet endroit, ils apprirent que plusieurs compagnies de mobilisés se trouvaient à Ligny-Tilloy et à Bapaume Alors, ne se sentant pas en force, ils rétrogradèrent et rentrèrent dans la Somme.

Ce n'est donc que le 26 décembre que les Prussiens entrèrent dans la commune de Ligny-Tilloy ; ils ne firent que passer, mais ils revinrent le lendemain faire des réquisitions, et le 28, la commune devait fournir le logement et la nourriture à 1,500 Allemands appartenant au 8e d'artillerie et au 8e chasseurs. Ces troupes quittèrent la commune le 31 et furent remplacées par 3 escadrons de lanciers.

La bataille du 3 janvier 1871 s'est terminée à Ligny-Tilloy. L'engagement qui a eu lieu dans cette commune a commencé vers une heure du soir et a pris fin vers 5 heures, c'est-à-dire à l'entrée de la nuit. Les troupes françaises qui prirent part à cette action se composaient d'un bataillon du 24e de ligne et quelques compagnies du 17e chasseurs ; ces troupes luttèrent avantageusement contre des forces supérieures ; elles enlevèrent vivement à la baïonnette le hameau de Tilloy, mais ne purent s'y maintenir le soir, le gros de l'armée ne s'étant pas avancé, tandis que les Prussiens, recevant constamment du renfort, avaient des forces imposantes (peut-être 5,000 hommes) cachées dans le village de Ligny.

A l'entrée de la nuit les Français, victorieux sur tous les points, mais trop faibles pour maintenir leurs positions au hameau de Tilloy, se retirèrent en arrière. Aussitôt les Prussiens, qui n'avaient pas été délogés de Ligny ni du hameau de Lebarque, rentrèrent dans le hameau de Tilloy pour ramasser leurs mortset y passer la nuit. Le lendemain matin, ils quittèrent la commune et se dirigèrent du côté de Péronne.

Les pertes des Prussiens furent, dans cette action, plus considérables que les nôtres. On ne peut cependant pas les fixer exactement, puisque l'ennemi enleva ses morts pendant la nuit. Ce qui est certain, c'est que la veuve Abraham Roussel, épicière à Tilloy, dont la maison fut successivement envahie par les Français et les Prussiens, affirme avoir vu couchés à côté les uns des autres, dans l'aire d'une grange voisine de sa demeure, les cadavres d'environ 40 Prussiens. Le soir de la bataille, toute la commune de Ligny-Tilloy, à l'exception d'une partie du hameau de Lebarque, fut livrée au pillage par l'ennemi. Une maison et deux granges furent la proie des flammes.

Pendant les premiers jours qui suivirent la signature de l'armistice et lorsque les Prussiens s'étaient retirés dans la Somme, deux avant-postes restèrent établis par eux dans la commune de Ligny-Tilloy, qui par suite ne fut complètement évacuée que le 2 février 1871.

Martinpuich.

Le 7 décembre, à 11 heures du matin, 16 uhlans venant de Bray débouchèrent du village de Contalmaison du côté de Martinpuich, et vinrent jusqu'à la ferme de l'abbaye d'Eaucourt. Ils ne tardèrent pas à repasser, poursuivis par des mobilisés du canton d'Arras. Le 26 décembre, quelques hussards badois arrêtèrent dans la commune des traînards français. Vers 10 heures, arriva une avant-garde de chasseurs prussiens qui fut suivie d'une colonne de 1,800 hommes appartenant au 8e corps d'armée, sous les ordres du chef d'état-major Stoch. Ils séjournèrent le 26 et le 27 et partirent le 28 dans la direction de Bapaume.

Pendant la bataille des 2 et 3 janvier, la commune fut traversée par plusieurs ambulances et de nombreux détachements se repliant sur Péronne et Amiens. Le 4, les habitants virent passer sur la route impériale un grand nombre de voitures et de blessés se dirigeant vers cette dernière ville. Du 5 au 11 janvier, la commune eut à supporter de nombreuses réquisitions. Quelques éclaireurs ennemis revinrent le 14 rôder sur le territoire ; mais l'arrivée de l'avant-garde de l'armée du Nord les fit repartir avec la rapidité de l'éclair. On ne les revit plus depuis.

Morval.

Le 26 décembre 1870, 900 uhlans de la garde arrivent dans la commune ; elle est successivent occupée, le 1er janvier par 400 artilleurs, les 3 et 4 par 500 hommes de diverses armes, 11 et 12 par 200 uhlans, 26 et 27 par 300 uhlans hanovriens. Départ définitif le 27.

Plusieurs maisons furent pillées pendant la bataille de Bapaume.

Riencourt-lez-Bapaume.

Douze soldats d'infanterie apparaissent pour la première fois dans la commune le 26 décembre ; le lendemain 15 uhlans viennent en éclaireurs. Du 28 au 31, les habitants ont à loger 160 hommes du 33e et du 68e d'infanterie. Ils sont remplacés le 2 janvier par une batterie d'artillerie et 2 compagnies d'infanterie.

Le soir de la bataille, 1,500 hommes de cavalerie et 2,500 d'infanterie vinrent s'établir dans la commune et en repartirent le lendemain de grand matin. Avec eux se trouvait l'ambulance prussienne établie chez M. Mathon-Boury, et composée de 16 chefs, 25 infirmiers, 52 blessés, 20 voitures et 40 chevaux.

Le 4 janvier au soir, une batterie du 8e d'artillerie, sortant de Frémicourt, vint se loger à Riencourt et y resta jusqu'au 17.

Du 25 au 2 février, le village eut encore à loger 55 hussards.

Sapignies.

1,300 Prussiens apparaissent pour la première fois dans la commune le 26 décembre; jusqu'à la bataille du 2 janvier, elle eut à loger le 28ᵉ régiment de ligne et environ 200 hussards. Dans la nuit du 2 au 3, il ne resta à Sapignies qu'un poste de soldats qui se retira au point du jour, de sorte que la commune était complètement évacuée, lorsque les Français y arrivèrent. Le 3, bataille sur le territoire de la commune, vers Biefvillers, Bapaume et Mory.

Le 4 au matin, l'armée française se retirait sur Arras. Les cuirassiers blancs de Bismarck essaient de tourner le village de Sapignies et de couper une colonne française en retraite, ils sont canardés presque à bout portant; 17 ou 18 chevaux restent sur le carreau dans un espace de quelques ares de terrain; 18 cuirassiers sont tués; le reste retourne à fond de train sur Bapaume. L'après-midi du même jour, les uhlans ont continué de circuler sur la route de Bapaume Le 5 janvier, réoccupation du village par les uhlans au nombre de 3 à 400, plus un poste d'infanterie.

Le 11 dans la matinée, les uhlans furent surpris dans la commune par les francs-tireurs du Gard qui leur firent une trentaine de prisonniers, dont un colonel. Le dimanche vers 3 heures de l'après-midi, le village fut réoccupé par 800 hommes du 68ᵉ de ligne qui y séjournèrent jusqu'au 28 janvier.

Après la Bataille de Bapaume, 6,000 hommes de troupes françaises passèrent à Sapignies la nuit du 2 au 3 janvier.

Villers-au-Flos.

Des éclaireurs prussiens au nombre d'environ 50, venant de Bapaume, entrèrent pour la première fois sur le territoire de Villers-au-Flos, le mardi 27 décembre vers 10 heures du matin. Ils furent suivis le lendemain par une colonne de 1,200 hommes appartenant au 68ᵉ régiment d'infanterie. De ce jour au 31 janvier, époque de leur dernière réquisition, la commune fut accablée de vexations de tous genres. Au château seul de M. de Bonnevalet, il fut enlevé et consommé plus de 5,000 bouteilles de vin.

Le 2 janvier, dans l'après-midi, le canon grondait avec force, l'inquiétude régnait chez les Prussiens, et le lendemain matin ils allaient au combat les larmes aux yeux. Dans l'après-midi, on vit passer des chasseurs et des fantassins en déroute complète. Ils furent suivis dans la nuit par plusieurs escadrons de hussards qui, après quelques heures de repos, se dirigèrent sur Barastre pour rabattre ensuite sur la Somme. Ils avaient à leur tête le prince Albrecht qui passa la nuit au château. A partir de ce jour, la commune n'eut plus à loger d'ennemis, mais elle dut satisfaire aux nombreuses réquisitions des 9, 23, 24, 26 et 31 janvier.

Nous signalerons ici une particularité du séjour des Allemands à Villers-au-Flos : Le lendemain de leur arrivée dans cette commune, ils firent chanter un service funèbre pour les Français et les Prussiens tués à la bataille de Pont-Noyelles. Leur assistance y était très-édifiante.

Warlencourt-Eaucourt.

26 décembre 1870.— 1,100 hommes du 33e de ligne séjournent dans la commune et sont immédiatement remplacés par 800 hommes du 8e chasseurs qui restent jusqu'au 1er janvier. Les 5, 8, 23, réquisitions diverses par les troupes cantonnées à Bapaume et à Flers (Somme). Départ le 25 janvier.

CANTON DE BEAUMETZ-LEZ-LOGES.

Adinfer.

Du 26 décembre 1870 au 1er janvier 1871, et du 22 au 27 janvier, passage incessant des troupes prussiennes, patrouillant nuit et jour, entrant dans les maisons et prenant tout ce qui leur était convenable.

Bailleulmont.

Une colonne prussienne forte d'environ 1,500 hommes, traînant avec elle des chevaux et 2 canons, traversa la commune le 26 décembre 1870, venant de Berles et se dirigeant vers Bavincourt. Le 30 décembre, ils vinrent y faire une réquisition, et le 1er janvier 1871 on vit pour la dernière fois les uhlans aller et venir en éclaireurs.

Basseux.

25 uhlans traversent la commune le soir du 26 décembre 1870. Excursion de petits détachements de cavalerie prussienne pendant les journées des 27, 28, 29, 30 et 31 décembre.

Le 1er janvier 1871, huit dragons français poursuivent 15 uhlans sans pouvoir les atteindre. Ces derniers, revenant vers midi, sont de nouveau mis en fuite par 17 chasseurs venant de Beaumetz. On n'en revit plus depuis cet époque.

Beaumetz-lez Loges.

26 décembre 1870.— Visite d'un détachement de 18 uhlans qui reviennent dans la commune les 27, 28 et 29. Le 30, 50 cavaliers et 60 fantassins viennent, dès 5 heures du matin, faire des réquisitions de vin, beurre, eau-de-vie, voitures et vivres. On ne les revit plus depuis cette époque.

Blairville.

50 à 60 cavaliers allemands réquisitionnent toute l'avoine du village.

Boiry-Sainte-Rictrude.

Quatorze pièces d'artillerie escortées par plusieurs régiments d'infanterie, des cuirassiers blancs, des uhlans et des hussards bleus, traversèrent la commune le 26 décembre. A un kilomètre de la commune vers Arras, la colonne se divisa : une partie vint occuper Hanescamps ; l'autre partie, artillerie et cavalerie, prit ses cantonnements à Ayette, Douchy et Bucquoy. Le lendemain et jours suivants, la commune de Boiry-Sainte-Rictrude eut à subir de nombreuses réquisitions faites par des détachements du 24e régiment de cuirassiers blancs, du 70e d'infanterie de la landwher et des 30e et 68e d'infanterie. Une nouvelle réquisition accompagnée d'un véritable pillage fut faite le 27 janvier 1871 par deux escadrons de uhlans et de hussards bleus, deux régiments d'infanterie et une batterie d'artillerie.

Boiry-Saint-Martin.

26 décembre 1870.—Passage de plusieurs détachements d'infanterie et de cavalerie prussienne. 27 et 31 du même mois. — Réquisitions opérées en même temps que celles subies par les communes de Boiry-Sainte-Rictrude.

Le 27 janvier 1871.—Les Prussiens reparurent dans la commune au nombre de 2,000, infanterie et artillerie, et y opérèrent de nouvelles réquisitions.

Ficheux.

27 décembre 1870. — Première visite de 9 uhlans ; le lendemain 28, première requisition faite par 150 hommes d'infanterie, suivis par environ 500 cuirassiers et hussards, avec deux pièces d'artillerie et une ambulance. La commune fut encore visitée par l'ennemi le 29 décembre 1870 et les 8 et 29 janvier 1871.

Gouy-en-Artois.

18 décembre 1870.—Première apparition au calvaire Louison de quelques éclaireurs Prussiens. Le 31, arrivée dans la commune de 319 hommes avec 369 chevaux appartenant au 5e cuirassiers de Saxe-Weimar et commandés par un colonel. Après les réquisitions ordinaires, ils repartirent le lendemain 1er janvier. Le même jour, vers les quatre heures du soir, trois compagnies détachées des mobiles du Nord, de la Somme et du Gard, arrivèrent dans la commune. Deux escarmouches eurent lieu entre ces troupes et quelques éclaireurs ennemis. L'un d'eux, cuirassier blanc, blessé mortellement, vint mourir à Sombrin.

Habarcq

29 décembre 1870.—Passage de quatre uhlans. 1er janvier 1871, rencontre de 60 éclaireurs, venant d'Arras, avec quelques cavaliers Prussiens qui prirent la fuite à l'approche des Français.

La Cauchie.

Du 27 décembre 1870 au 2 janvier 1871, la commune fut journellement traversée par la cavalerie et l'infanterie prussienne.

Mercatel.

C'est le 26 décembre 1870, vers trois heures du soir, que 3 éclaireurs Prussiens, hussards bleus, entrèrent pour la première fois dans la commune de Mercatel : pendant qu'une douzaine d'autres restèrent sur la route d'Arras à Bapaume, où ils firent prisonniers un marin et 3 mobiles qui s'étaient attardés, il y en avait qui parcouraient la commune en tous sens, afin de savoir s'il n'y avait pas de troupes françaises. Ils continuèrent ainsi leurs visites et leurs réquisitions jusqu'à la fin du mois. Le 29, 70 fantassins précédés par 17 cavaliers et accompagnés de plusieurs charriots de réquisition, se dirigeaient vers Beaurains : à peine arrivés à la hauteur de Mercatel, ils rebroussèrent chemin immédiatement, ayant appris que des francs-tireurs étaient dans cette dernière commune. Le lendemain, nouvelle visite des fantassins du 28e d'infanterie ; réquisition des armes, et *sac* du moulin à vent, dit de Boisleux. Ce jour-là, un éclaireur Prussien fut démonté et fait prisonnier par des francs-tireurs ; son cheval fut tué à l'entour des maisons qui se trouvent sur la route de Bapaume. Toutes ces excursions furent arrêtées le 1er janvier par l'arrivée des marins et du 17e chasseurs à pied qui vinrent loger à Mercatel avec de l'artillerie.

Le 15, 40 cavaliers prussiens vinrent du côté de Bapaume, se dirigeant sur Arras ; en haut du village, en face de Neuville-Vitasse, ils se dirigèrent sur cette dernière commune, mais le 75e de ligne y était cantonné, ils furent reçus à coups de fusil ; un cavalier fut tué et plusieurs autres furent blessés. Un sac en toile fut ramassé par un habitant de Mercatel ; il contenait les dépêches du bureau de poste de Boyelles ; on s'empressa de les faire parvenir à Arras.

Plusieurs escarmouches eurent lieu sur le territoire entre les francs-tireurs et les éclaireurs prussiens, pendant le séjour du 75e de ligne à Mercatel.

Le hameau dit, *les Maisons-Blanches*, situé sur la route de Bucquoy à quelques kilomètres d'Arras, eut aussi la visite des éclaireurs prussiens qui s'y livrèrent à leurs orgies habituelles.

Monchy-au-Bois.

27 décembre 1870, neuf heures du matin, première apparition des Prussiens, environ 300 hommes du 64e d'infanterie. Pendant que les officiers déjeûnaient chez l'instituteur, les soldats se répandaient dans le village, et allaient dans presque toutes les maisons pour s'emparer d'une grande quantité de linges et de vivres. Ce qui ne les empêcha pas, avant de partir de faire une réquisition considérable de pains, vivres, beurre, sucre, café, eau-de-vie, tabac, etc. etc.

28, 29 décembre 1870, une centaine de cavaliers et environ 200 fantassins revinrent faire de nouvelles réquisitions. Après avoir déchiré les affiches concernant la levée de la classe 1871, et s'être fait livrer par l'autorité municipale la liste des conscrits de la commune, les uhlans défendirent, sous les menaces les plus sévères, à ces jeunes gens de quitter leurs foyers pour se rendre à l'appel du gouvernement.

Le lendemain 30, 50 cavaliers et 150 fantassins s'installèrent pour deux jours dans la commune.

Le 8 janvier, 46 cavaliers prussiens dînaient au cabaret *Boiry*, situé sur la route de Monchy à Arras, à 500 mètres du village, lorsqu'une vingtaine de tirailleurs volontaires du Nord venant du côté de Ransart, et suivant un ravin, arrivèrent à la faveur d'une bourrasque de neige, en face de ce cabaret. A la sommation qu'on leur fit de se rendre, l'officier qui commandait et un de ses hommes répondirent par un refus et, s'élançant sur leurs chevaux qui se trouvaient tous sellés dans la cour, voulurent prendre la fuite. Cette tentative fut accueillie par quelques coups de fusils qui jetèrent bas hommes et montures. Le chef fut blessé au bras droit, trois des hommes furent tués et un blessé mortellement, les autres jugeant toute résistance inutile se constituèrent prisonniers avec armes, bagages et chevaux. On les conduisit d'abord au quartier-général de l'armée du Nord ; mais dans la soirée, ils furent ramenés à Arras et écroués à la maison d'arrêt.

Environ 1,000 fantassins prussiens revinrent le lendemain à cinq heures du matin. Le commandant fit lever M. le Maire, l'obligea à l'accompagner jusqu'à l'auberge *Boiry* où étaient restés les trois Prussiens tués la veille, fit mettre le feu à cette maison, revint dans le village qu'il menaçait de réduire en cendres, demanda une contribution de 1,000 fr. en argent, et fit amener tous les chevaux de la commune dans le jeu de paume. Grâce à la fermeté, à l'énergie de M. le Maire, à l'intercession de M. le Curé et de M. l'Instituteur, ils se contentèrent d'une somme de 500 fr. et après avoir pris les 56 plus beaux chevaux, ils partirent à midi pour ne plus revenir.

Ransart.

26 et 27 décembre 1870. — Première apparition de 30 cavaliers en éclaireurs. 28, 29 et 31 décembre, réquisitions de tout genre, faites par environ 100 cavaliers et 600 fantassins accompagnés de trois pièces d'artillerie. 15 janvier, deuxième réquisition par 40 cavaliers.

Rivière.

26 décembre 1870, passage de 7 à 800 Allemands, avec 3 pièces de canon. Le lendemain, 25 fantassins viennent faire quelques réquisitions, notamment chez M. le doyen.. On ne les revit plus depuis cette époque.

CANTON DE BERTINCOURT.

Barastre.

28 décembre 1870, visite de 40 Prussiens. Jusqu'au 14 janvier 1872, ils revinrent journellement en réquisition, enlevant et brisant dans les maisons ce qui leur tombait sous la main. La nuit qui précéda la bataille de Bapaume, la commune fut tra-

versée, pendant environ sept heures, par un très-grand nombre de troupes ennemies.

Beaumetz-lez-Cambrai.

30 décembre 1870, réquisition faite par 70 cavaliers et 75 fantassins. 80 hommes du 33e d'infanterie et 90 cuirassiers blancs séjournèrent à Beaumetz-lez-Cambrai du 22 au 28 janvier 1871, jour de leur départ définitif.

Bertincourt.

Le 28 décembre 1870, la commune fut traversée, pour la première fois, par 6 cavaliers prussiens, escortant une voiture qui conduisait un de leurs officiers malade à Bapaume. Trois jours après, les troupes ennemies, fortes de 4,000 hommes environ, vinrent s'y cantonner jusqu'au 3 janvier 1871, à trois heures du soir, heure à laquelle elles se sont dirigées sur Bapaume pour assister à la bataille qui s'y livrait. Ces troupes, qui étaient composées du 65e régiment d'infanterie et de 2 à 300 hommes de cavalerie, étaient commandées par le général Van Gœben.

Les 3 et 4 janvier, Bertincourt n'était plus occupé, mais des fuyards (prussiens), y arrivèrent, venant de Bapaume le soir du 3 et repartirent le 4 au matin ; ils étaient environ 4 à 500. Dès le matin du 3 janvier, 8 à 10,000 hommes de toutes armes, infanterie, cavalerie, artillerie, occupés au siége de Péronne, traversèrent la commune pour aller au secours de Bapaume.

La commune de Bertincourt eut à supporter une première contribution de guerre de 1,000 fr., sous prétexte d'un coup de fusil tiré dans la commune ; de plus, le maire fut emmené comme ôtage.

Le 23 janvier, un détachement de 1,200 hommes, avec plusieurs canons, commandé par un colonel, vint réclamer une contribution de guerre de 100,000 fr. pour être payée par toutes les communes du canton, et pour garantie trois ôtages, le juge-de-paix, M. Harlez avec son greffier, M. Crampon et M. Vincent, notaire, qui furent emmenés. La part attribuée à Bertincourt dans cette contribution fut de 10,000 fr. Pendant que les ôtages faisaient leurs apprêts de départ, les soldats se répandirent dans la commune, notamment dans la partie nord qu'ils avaient barricadée le 2 janvier, craignant sans doute une attaque de ce coté.

Du 28 décembre jusqu'à l'armistice, il ne se passa pas un jour sans que le territoire ait été visité par les troupes ennemies, et principalement la nuit.

Beugny.

Vingt éclaireurs prussiens firent leur première apparition le 26 décembre. Le 27, 360 fantassins du 68ᵉ et 40 cuirassiers blancs occupèrent la commune jusqu'au 2 janvier. Le 22 du même mois, 900 hommes du 33ᵉ de ligne et 600 cavaliers du 8ᵉ cuirassiers blancs revinrent dans la commune, où ils séjournèrent jusqu'au 28.

Bus.

28 décembre 1870, première visite de 8 hommes du 33ᵉ d'infanterie. Le lendemain 29, réquisition opérée par un détachement du 65ᵉ. Le 31, nouvelle réquisition faite par des soldats du 28ᵉ. Dans l'après-midi, une compagnie du 65ᵉ vint occuper le village ; les soldats se répandirent dans les maisons à la recherche des mobiles et des francs-tireurs, et pendant leurs perquisitions, le maire fut retenu prisonnier. Le lendemain, la commune fut envahie par la cavalerie et une batterie d'artillerie ; les rues furent barricadées et les bâtiments de la ferme de M. Legentil crénelés.

Les habitants de Bus eurent encore à supporter diverses réquisitions les 8, 25, 27 et 31 janvier 1871.

Haplincourt.

Les Prussiens firent leur apparition dans la commune, le matin du 27 décembre, au nombre de 300 ; ils appartenaient au 68ᵉ régiment d'infanterie bavaroise. Ils commencèrent une série de réquisitions qui continua jusqu'à l'époque de l'armistice. La cave du château fut complètement vidée.

Pendant la bataille de Bapaume, presque tous les habitants s'étaient enfuis, effrayés par les décharges d'artillerie qui faisaient trembler les maisons. Le soir, des fuyards prussiens vinrent coucher à Haplincourt Vers minuit, le village fut réveillé par l'arrivée soudaine et bruyante d'une colonne de cavalerie forte de 1,500 hommes.

Après la bataille de Saint-Quentin, la commune eut encore à subir les vexations de tous genres de la part de l'ennemi, qui disparut définitivement le 27 janvier.

Havrincourt.

29 décembre 1870. — Arrivée à Havrincourt de 20 uhlans. Ils s'emparent à la Mairie de la carte routière du Pas-de-Calais, déclarant que si l'on tirait un coup de fusil sur eux dans la limite du territoire, le Maire et les autorités seraient emmenés et la commune livrée au pillage.

Les 30 et 31 décembre 1870, 1er, 2, 3, 21 janvier 1871 et tous les jours suivants jusqu'au 30 du même mois, la commune fut visitée par des hussards bleus et bruns, des cuirassiers blancs, des uhlans, et les 65e et 68e d'infanterie. Il y eut ensuite deux passages considérables (18 à 20,000) hommes de troupes différentes et traînant avec eux 80 à 90 pièces d'artillerie. Quelques maisons furent pillées en partie, notamment celle de M. Podevin, Fidèle-Rémy, cultivateur, qui le fut complètement.

Les hussards de la garde, cantonnés à Sens (Somme), vinrent faire la première réquisition le 31 décembre. Le même jour dans l'après-midi des sous-officiers, avec un détachement du 65e de ligne cantonné à Bertincourt, réclamèrent du *bon vin* pour les officiers, du *très-bon vin* pour le général et allèrent le choisir dans les caves de M. le marquis d'Havrincourt. Ils lui prirent environ 1,500 bouteilles. Le 31 décembre, 1,200 hommes environ des 65e et 68e de ligne, avec deux pièces de canon, passèrent à Havrincourt venant de Bertincourt et firent sauter les ponts sur l'Escault, et sur le canal à Marcoing. Les jours suivants, le même 65ᵉ vint faire des réquisitions de toute espèce.

Le 1ᵉʳ janvier, 25 hussards bruns conduits par un officier et trois sous-officiers, tous ivres et dirigés par le sieur Cuny fils, de Bertincourt, vinrent au château d'Havrincourt, et entrèrent à cheval dans les appartements, en demandant du champagne. Comme M. d'Havrincourt leur montrait le bon de la réquisition de la veille, qui prouvait que son champagne lui avait été pris, ils le déchirèrent, et sur les observations de M. d'Havrincourt, l'un d'eux lui mit le revolver sur la poitrine en lui disant : « qu'il méritait d'en recevoir un coup pour ne pas parler » assez respectueusement à un officier Prussien. » M. d'Havrincourt répondit qu'ils n'étaient pas en réquisition régulière, qu'il ne leur donnerait que deux bouteilles de Bordeaux, ce qu'il fit faire, et qu'il allait porter plainte à leurs chefs. En effet, sur sa plainte au général commandant à Bertincourt, l'offre de punir ces hussards fut faite aussitôt, et un bon semblable aux morceaux de celui qui avait été déchiré, fut délivré par l'état-major de Bertincourt.

Le 2 janvier, 250 hommes conduits par 5 officiers s'emparèrent de toutes les armes de la commune et les brisèrent ; sous prétexte qu'une caisse de fusil était restée cachée, ils avaient arrêté le maire et se disposaient à l'emmener prisonnier, lorsqu'une estaffette vint leur annoncer l'engagement de la bataille à Bapaume et les fit partir immédiatement.

Le 22 janvier, il passa 18 à 20,000 hommes d'infanterie et de cavalerie avec 80 à 100 pièces d'artillerie. L'infanterie et la cavalerie venaient de Ribécourt et de Flesquières, l'artillerie de Trescault. Toutes ces troupes se dirigèrent à partir d'Havrincourt vers Bapaume, par Hermies.

Le même jour, un colonel vint réquisitionner des chevaux pour la 6ᵉ batterie du 2ᵉ d'artillerie de campagne.

Dans la nuit du 23 au 24 janvier, deux hussards entrèrent chez le maire, M. Derguesse, exigeant qu'il leur livrât son lit et le poursuivirent le sabre à la main. L'un d'eux était ivre.

Le 24 janvier vinrent coucher à Havrincourt un colonel et 35 officiers d'infanterie et de cavalerie (uhlans et cuirassiers blancs), avec environ 2,500 hommes, et réquisitionnèrent des chevaux et des denrées le lendemain.

Généralement, les Prussiens avaient des appétits insatiables ; mais les officiers et les sous-officiers les soumettaient à une discipline de fer. Aucune insulte ne fut faite aux femmes.

La plupart des soldats d'infanterie qui ont passé par Havrincourt étaient des environs d'Aix-la-Chapelle.

Hermies.

Les Prussiens, au nombre d'environ 200, entrèrent pour la première fois sur le territoire de cette commune, le 31 décembre 1870. L'ennemi revint tous les jours jusqu'au 28 janvier inclusivement, pour faire des réquisitions de vivres et de fourrage.

Le Bucquière.

30 décembre 1870, arrivée de 40 Prussiens, dont 11 seulement entrent dans la commune pour s'y livrer au pillage Pendant une nouvelle réquisition faite par des lanciers le 2 janvier, le maire et l'instituteur eurent grand peine à se soustraire aux mauvais traitements dont ils furent accablés. Le 12 janvier, nouvelle réquisition opérée par des cuirassiers blancs. Enfin le 22 janvier à midi, arrivèrent 2 bataillons du 8e et 45e d'infanterie avec de l'artillerie et séjournèrent jusqu'au lendemain matin.

Léchelle.

Les 26 et 28 décembre, la commune fut traversée par environ 3,000 à 4,000 Prussiens se dirigeant sur Fins, venant de Rocquigny et Le Transloy. Le 1er janvier 1871, séjour de 400 fantassins du 36e. Le 31, logement de 600 hommes du 64e pendant quatre jours et d'environ 130 chevaux appartenant soit à l'état-major, soit aux voitures de bagage. Le 3 février, départ des Prussiens vers Saint-Quentin.

Metz-en-Couture.

26 cavaliers traversèrent la commune pour la première fois le

27 décembre 1870. Pendant les six jours qui suivirent, elle eut à supporter les réquisitions des soldats du 33ᵉ et du 44ᵉ d'infanterie. Le territoire ne fut évacué qu'à l'armistice.

Morchies.

Les 26 et 27 décembre 1870, quelques uhlans furent aperçus sur le territoire de la commune. Les réquisitions se succédèrent les 1ᵉʳ, 8 et 25 janvier 1871.

Neuville-Bourjonval.

27 décembre 1870. — Première apparition de 40 cavaliers prussiens. Le lendemain, 100 fantassins viennent prendre et briser les fusils de la garde nationale. Jusqu'au 2 janvier, et après la bataille de Saint-Quentin jusqu'au jour de l'armistice, cette commune eut son territoire continuellement sillonné, principalement pendant la nuit, par des éclaireurs ennemis.

Rocquigny.

27 décembre 1870. — Arrivée à Rocquigny de 20 uhlans, suivie de réquisitions opérées les 20, 24 et 27 janvier 1871. L'occupation proprement dite a duré huit jours ; 865 hommes d'infanterie, appartenant aux 33ᵉ et 64ᵉ de ligne et au 8ᵉ d'artillerie, et 180 cavaliers ont logé dans la commune pendant ce laps de temps. Parmi eux se trouvaient plusieurs chefs. Après la bataille de Bapaume, les Prussiens battant en retraite pendant la nuit du 2 au 3 janvier, s'arrêtèrent dans le village en très-grand nombre et pillèrent partout où ils purent.

Ruyaulcourt.

1ᵉʳ janvier 1871. — 150 Allemands revenant de faire sauter un pont à Marcoing (Nord), traversèrent le village en chantant la *Marseillaise,* se faisant servir à boire et à manger dans les meilleures maisons, et pillant plusieurs caves et boutiques d'épicerie. La commune de Ruyaulcourt ne fut pas occupée par l'ennemi, mais elle fut continuellement sillonnée par le passage de régiments, escouades et troupes d'éclaireurs.

Trescault.

26 décembre 1871. — Apparition de 8 uhlans, qui se livrèrent à des scènes atroces à la ferme de Bilhem, près Trescault, ferme non habitée par les propriétaires, qui y avaient établi, comme concierge, le sieur D... et sa femme. Ils vinrent lui demander du vin et du cognac. D... ayant répondu que la maison était déserte et qu'ils n'en avaient pas, ils descendirent dans la cave et y ayant aperçu une pierre, ils prétendirent qu'elle cachait un caveau. Ils dirent à D... qu'ils allaient le fusiller et le firent placer à dix ou douze pas d'eux en le visant. La femme D... courut à Trescault chercher une pioche pour lever cette pierre, dont elle ne savait pas l'utilité. Pendant ce temps ils avaient tiré un coup de fusil dans la cave et quand la pauvre femme est revenue, il lui dirent : *mari capout*, de sorte qu'ayant entendu le coup de fusil, elle crut son mari tué. Heureusement la pierre ne cachait qu'un ancien trou et les bandits finirent par s'en aller.

Vélu.

Le 29 décembre 1870, 15 hommes commandés par un capitaine vinrent faire une réquisition dans toutes les maisons de la commune. Ces vexations continuèrent les 31 décembre 1870 et 1er janvier 1871. Aucune partie du territoire ne fut occupée par les troupes prussiennes, mais il fut constamment sillonné par leur passage. A la suite des batailles de Bapaume et de Saint-Quentin, la commune fut encore contrainte de fournir à différentes reprises des bestiaux, des fourrages, du vin et des vivres de toute espèce.

CANTON DE CROISILLES.

Ablainzevelle.

Les Prussiens, au nombre de 2,700 hommes, avec 800 chevaux et 40 canons, sont entrés pour la première fois sur le territoire de la commune d'Ablainzevelle, le 26 décembre 1870, à onze heures du matin. Pendant le courant du mois de janvier, des soldats des 29e et 40e d'infanterie, des cuirassiers blancs et des artilleurs, vinrent plusieurs fois en réquisition ; ils y avaient séjourné du 26 au 31 décembre.

La bataille de Bapaume du 3 janvier a commencé le 2 à Ablainzevelle. Les Prussiens étaient retranchés à Achiet-le-Grand. Nos soldats les délogèrent en tournant la position et en les prenant à revers. Il y eut quelques escarmouches sur le territoire :

1° Le 3 janvier, les uhlans envoyèrent des obus sur un convoi de vivres de l'armée du Nord. Le convoi retournait vers Arras escorté par un bataillon de soldats de toutes armes, lorsque les uhlans, au nombre de 400, essayèrent de s'en emparer. Ils posèrent leurs trois obusiers au hameau d'Essarts (commune de Bucquoy), et tirèrent sur le convoi qui se trouvait entre Ablainzevelle et Ayette. Un maréchal-des-logis chef fut coupé en deux, un cheval blessé et un autre tué :

2° Dans le courant du mois de janvier, les dragons tirèrent plusieurs fois sur les uhlans qui étaient dans Ablainzevelle, sans en tuer.

Le village d'Ablainzevelle n'a pas été fortifié par les Français, ni défendu. L'ennemi y est entré sans résistance, le 26 décembre à midi. La veille, la commune avait logé le 20e chasseurs à pied venant de Pont-Noyelles et de Quérieux. A dix heures du matin, le 26 décembre 1870, ils partirent, et à onze heures le village était fouillé par 15 uhlans ; puis arrivèrent les 2,700 hommes, nombre trop grand pour le petit village d'Ablainzevelle, qui ne compte que 333 habitants ; à leur départ, les chefs ennemis l'ont avoué. La commune a beaucoup souffert, notamment M. Devacquez et Mme Grottard.

Ayette.

5,000 Prussiens arrivèrent à Ayette le 26 décembre, à midi, quelques heures après le départ des troupes françaises ; ils y séjournèrent jusqu'à la veille de la bataille de Bapaume. A partir de cette époque, la commune ne fut plus occupée, seulement chaque jour elle était visitée par de nombreux détachements d'infanterie et de cavalerie ennemie.

Les troupes françaises qui, le jour de Noël, vinrent s'entasser dans les maisons d'Ayette, jetèrent la consternation parmi les habitants ; chacun s'attendait à voir bientôt l'ennemi. En effet, le lendemain, nos troupes étaient à peine à une lieue de la commune, que quelques uhlans parurent dans les rues, l'air effaré, regardant tout autour d'eux. Bientôt le nombre se grossit de telle sorte, qu'en moins d'un quart-d'heure, quelques escadrons se pavanaient dans nos rues, la lame au poing et chantant ; plusieurs traînards de l'armée française furent faits prisonniers. Quelques instants après, on entend un bruit lointain et confus : c'est l'armée qui avance avec une innombrable artillerie, c'est une avalanche de casques et de baïonnettes. Ce flot d'ennemis passe ainsi et encombre les rues pendant presque toute l'après-midi. L'armée se met alors en ligne de bataille sur le côté du moulin, on entend quelques coups de canon ; mais les Français n'ayant pas répondu à la provocation de l'ennemi, les Prussiens redescendent dans le village et prennent possession des habitations. De la cave au grenier, tout est visité, les soldats se gorgent de viande et de vin. En quelques jours, ils ont fait le vide et sont obligés d'aller se pourvoir dans les villages voisins. Ce qui fut le plus pénible dans cette saison rigoureuse, c'est que tous les habitants de cette localité, sans pain et sans feu, étaient obligés de coucher sur la paille, tandis que l'ennemi s'était emparé de tout le confortable des maisons. Ayette était le centre de ralliement des troupes allemandes, qui s'attendaient de jour en jour à une bataille sur ce territoire.

Un trait de cruauté à signaler : Un homme qui n'obéissait pas assez vite à l'ordre d'un uhlan qui lui commandait de le conduire au village voisin, fut à l'instant étendu raide mort aux pieds de son ennemi.

Les troupes prussiennes qui ont séjourné à Ayette appartenaient l'infanterie, aux 29°, 40°, 73° et 79° de ligne, 8° d'artillerie, la cavalerie, aux hussards, chasseurs, cuirassiers blancs et trois ou quatre escadrons de uhlans.

Boiry Becquerelle.

Première apparition de 25 uhlans le 25 décembre 1870. L'ennemi traversa plusieurs fois la commune jusqu'au 27 janvier 1871, mais il n'y séjourna jamais.

Boisleux au Mont.

Cette commune fut visitée le 26 décembre 1870 par une vingtaine de cavaliers ; 200 hommes revinrent faire une réquisition le 30.

500 hommes de l'armée française ont séjourné dans cette commune du 4 au 29 janvier 1871.

Boisleux Saint Marc.

40 cavaliers prussiens firent leur apparition sur le territoire de la commune le 26 décembre 1870. Leurs allées et venues continuèrent jusqu'au 1er janvier, et recommencèrent à la suite de la bataille de Saint-Quentin jusqu'à l'armistice, c'est-à-dire du 22 au 30 janvier 1871.

Boyelles.

60 cavaliers prussiens entrèrent pour la première fois dans cette commune le 26 décembre 1870. Ils revinrent y faire des réquisitions le 30 décembre et les 1er, 25 et 26 janvier 1871. Le samedi 28, environ 1,000 à 1,200 Allemands, tant fantassins que cavaliers, accompagnés de six pièces de canon, vinrent à Boyelles, non pas pour exercer une réquisition, mais pour piller la commune pendant trois heures.

Après la bataille de Bapaume, le 4 janvier, les uhlans s'avancèrent jusqu'à Boyelles, où ils firent 4 prisonniers français. Ils furent bientôt délivrés par l'arrière-garde de l'armée du Nord qui mit l'ennemi en fuite.

Les Prussiens ne séjournèrent point dans la commune de Boyelles ; ils se retiraient toujours après leurs réquisitions. Toutefois, ils avaient établi un poste avancé dans une petite ferme située à l'extrémité du territoire et que l'on nomme la Maison-Rouge.

Bucquoy.

Le 26 décembre 1870, au matin, les troupes françaises cantonnées à Bucquoy quittèrent cette commune ; elles sortaient du côté du bourg, vers Arras, lorsque les troupes ennemies entraient du côté opposé.

Ces troupes, au nombre d'environ 8,000 hommes, se composaient de deux régiments d'infanterie, le 68ᵉ et le 70ᵉ, d'un escadron de cuirassiers, un escadron de hussards et un escadron de lanciers, de six batteries d'artillerie avec tout le matériel et d'un nombreux personnel d'ambulances. L'état-major du général Von Gœben s'installa dans le meilleur logement et le reste fut réparti par les autorités prussiennes dans le village. Deux jours après arrivèrent environ deux cents voitures de munitions et de subsistances.

Ces troupes furent complètement à la charge de la commune pendant cinq jours ; sur une démarche de l'autorité locale, elles vécurent en partie sur les subsistances amenées par leurs voitures et sur les réquisitions faites dans les environs.

Si on excepte quelques actes de pillage dans deux maisons seulement, où ils ont enlevé tout ce qui était à leur convenance, les choses se sont passées relativement avec beaucoup d'ordre.

Quelques personnes pourtant, un peu par leur faute, peut-être, ont été maltraitées ; une autre qui a été jugée ne pas recevoir dignement des officiers logés chez elle, a été frappée d'une amende de 500 fr..

Enfin, le 2 janvier 1871, les envahisseurs se retirèrent sur Bapaume devant les troupes françaises qui arrivaient. Le 4 janvier, des patrouilles de cuirassiers reparaissaient. Vers le 12, un escadron du 14ᵉ lanciers de Westphalie, envahit de nouveau Bucquoy et y demeura huit jours, vivant hommes et chevaux sur la commune, mais ne maltraitant personne.

Du 20 au 30, la commune ne fût plus occupée, mais des réquisitions journalières étaient faites par des détachements venant d'Achiet ou des environs.

Enfin, le 31 janvier, à midi, environ 200 hommes du 28ᵉ d'infanterie et un escadron de hussards prirent encore une fois possession du village, s'y barricadèrent et maltraitèrent les habitants comme ceux-ci ne l'avaient pas encore été. Cependant aucun accident grave ne fût à déplorer. Les fantassins surtout étaient d'une brutalité et d'une exigence auxquelles ceux, qui les avaient précédés, ne s'étaient jamais livrés.

Le 3 février, à quatre heures du matin, le clairon mit tout le monde sur pied ; les habitants allaient être débarrassés des ennemis. Ils partirent après avoir exigé le double de ce qu'il leur fallait de voitures pour leurs bagages et emmenant le percepteur parce que toutes ces voitures, demandées à quatre heures, n'étaient pas, à quatre heures vingt, sur la place. Le secrétaire de la Mairie avait été aussi arrêté pour le même motif, mais il fut mis en liberté avant leur départ: le percepteur ne fut relâché qu'au-dessus de Mailly.

Bullecourt.

Les Prussiens étant entrés sur le territoire de cette commune le 28 décembre 1870, à une heure après-midi, au nombre d'une centaine d'hommes, réquisitionnèrent tous les fusils. Ils revinrent le lendemain au nombre de 70 et se firent donner à boire et à manger. Leur passage dans Bullecourt fut continuel du 28 décembre au 2 janvier, du 4 au 10 et du 16 au 28 du même mois. Dans cette dernière occupation, on remarqua des lanciers et des soldats du 37e régiment de ligne.

Une escarmouche eut lieu sur le territoire de cette commune le 9 janvier. 40 dragons français étaient passés à 11 heures du matin, se dirigeant de Croisilles vers Marquion ; une demi heure après, ils étaient suivis par 13 lanciers prussiens. On prévint aussitôt les troupes françaises qui étaient cantonnées à Croisilles : une compagnie arriva bientôt, et des hommes s'embusquèrent dans les maisons et aux divers coins de rues. Les dragons, en revenant de Marquion, chargèrent les Prussiens, qui échappèrent aux coups de feu qui leur furent tirés.

La dernière réquisition faite à Bullecourt, le 28 janvier, devait être conduite à Vaulx-Vraucourt ; mais le départ précipité des Prussiens arrêta son départ.

Du 3 au 10 janvier, la position des habitants fut délicate. En effet, les Français cantonnés à Croisilles se trouvaient à 4 kilomètres, et malgré cela les Prussiens passaient continuellement. Trois fois la commune dut fournir du pain aux troupes françaises ; une compagnie du 75ᵉ venait à Bullecourt pour protéger le convoi : l'instituteur accompagnait les voitures et recevait le prix du pain. Il revenait de Croisilles, le 8 janvier, lorsqu'il fut accosté par un étranger en habit d'ouvrier. L'ayant conduit chez le Maire de Bullecourt, il ne tarda pas à être reconnu pour un espion et le lendemain, à quatre heures du soir, il était fusillé à Boyelles.

Chérisy.

Une reconnaissance ennemie, forte de 25 à 30 hommes, traversa la commune de Chérisy, le 23 janvier, vers 10 heures du matin. Il en fut de même les 24 et 26 du même mois.

Courcelles-le-Comte.

26 décembre 1871, invasion de 2,000 hommes dans toutes les maisons de la commune. L'occupation dura jusqu'au 20 janvier ; à partir de cette époque jusqu'à l'armistice, Courcelles fut continuellement traversé par des soldats prussiens, et se vit enlever 48 chevaux que les uhlans réquisitionnèrent le 7 janvier. A l'extrémité du territoire, du côté d'Achiet et d'Ervillers, eurent lieu les premiers engagements de la bataille de Bapaume.

Croisilles.

Les premiers éclaireurs Prussiens furent aperçus à l'entrée du village du côté de Saint-Leger, le 26 décembre, à 2 heures de l'après-midi. Il y en eut ensuite qui, à deux reprises, traversèrent la commune. On s'attendait tellement peu à les voir ce jour-là, que le général Paulze d'Ivoy, qui y était arrivé la veille au soir avec son état-major et un détachement de dragons, et qui avait logé chez M. le Maire, n'en était parti qu'à 10 heures du matin ; aussi ce dernier avait-il cru pouvoir encore, en toute sécurité, se rendre à Péronne, où se trouvait son fils, comme garde mobile ; mais il eut beaucoup de peine à revenir, et dut prendre un long détour, car le soir Bapaume et les environs étaient déjà occupés par l'ennemi.

Le lendemain 27 décembre, à midi, un détachement d'infanterie d'environ 150 hommes revint, précédé d'une vingtaine de hussards. On les revit de nouveau le 30 décembre, à peu près en même nombre, et une troisième fois le 26 janvier 1871, sous la conduite d'un colonel, ayant avec lui 2,000 fantassins, 500 cavaliers et une batterie d'artillerie. C'est ce jour-là que la contribution de guerre de 100,000 fr. fut imposée aux communes du canton. Nous reproduisons ici l'ordre que le général Strulberg fit afficher dans les communes à l'aide d'exprès que le Maire dut lui fournir :

ORDRE.

« Par le présent, le canton de Croisilles reçoit l'ordre de payer, dans les vingt-quatre heures, une contribution de guerre de cent mille francs.

» En cas de refus, cinq notables du canton seront emmenés prisonniers, internés ou envoyés en Allemagne, aussi longtemps qu'on aura effectué le paiement de la contribution.

» La contribution doit être payée, non-seulement par le chef-lieu, mais encore par toutes les autres communes du canton.

» La répartition sur les autres communes devra être faite par les autorités françaises.

> Par ordre du général commandant la 15ᵉ division d'infanterie prussienne :

> *Le Général commandant la 30ᵉ brigade*,

> DE STRULBERG. »

Cet officier eut la précaution de se mettre à l'abri contre un retour offensif de nos troupes, en emmenant prisonniers cinq habitants de ce canton. Ces victimes de la politique prussienne

furent: MM. Carlier, notaire; Milon, Joseph, et Poutrain, cultivateurs à Croisilles, Dubois, de Saint-Leger, et Vaillant, d'Hénin-sur-Cojeul. Ce dernier, qui allait se mettre à dîner au moment de l'arrivée des Prussiens, n'a pu seulement obtenir de
prendre son repas; il a dû suivre l'ennemi, en sabots, à jeun et
sans argent

A la réunion des Maires qui eut lieu le 27 janvier à Croisilles,
il fut décidé, qu'en présence des ôtages enlevés, on ne pouvait
se soustraire au paiement de la contribution imposée, mais qu'on
se présenterait d'abord avec la moitié de la somme. Comme on
avait beaucoup de peine à la réunir, M. le Maire du chef-lieu de
canton fit une démarche auprès de M Lenglet, alors Préfet du
Pas-de-Calais, pour le prier d'intervenir, auprès du général Von
Gœben, à Amiens, afin d'obtenir la réduction de la contribution
de guerre, ce dont M. Lenglet voulut bien se charger. Sur ses
instances, elle fut réduite à 35,000 fr. qui furent payés quelques
jours plus tard.

Une 4ᵉ réquisition, moins importante, eut lieu le 28 janvier.

Douchy lez Ayette.

Les Prussiens, au nombre de 3,000 hommes, 29ᵉ et 70ᵉ de
ligne, lanciers, hussards et artillerie arrivèrent dans la commune le 26 décembre et y séjournèrent jusqu'au 31. Après cette
époque on n'y revit que quelques patrouilles d'éclaireurs.

Ecoust-Saint-Mein.

50 Lanciers envahirent la commune le 28 décembre et y arrêtèrent quelques fuyards dont ils brisèrent les armes. Du 30
décembre au 26 janvier, le village eut à supporter six réquisitions de tous genres.

C'est à Ecoust-Saint-Mein que se trouvait la division du général Robin, dont l'arrivée tardive fut si nuisible au résultat de
la bataille de Bapaume.

Ervillers.

26 décembre 1870. — Quelques uhlans d'abord, puis vers le

soir, des régiments d'infanterie vinrent réquisitionner des vivres à Ervillers. Le lendemain, sous prétexte de la recherche des armes, plusieurs colonnes d'infanterie, accompagnées de chasseurs à cheval pillèrent la commune. Ces réquisitions durèrent jusqu'au 1er janvier ; deux postes de nuit avaient été établis par l'ennemi ; tout disparut à l'approche de l'armée du Nord.

Le 4 janvier 1871, après la retraite de cette armée, un détachement de cuirassiers blancs annonça la réapparition des Allemands ; puis, les réquisitions recommencèrent jusqu'au 8, jour où nos troupes opérèrent leur retour offensif. Depuis cette époque jusqu'au 22, la commune fut débarrassée des Prussiens. Les 23 et 24, deux postes de cavalerie furent établis à l'extrémité du village vers Arras, et le village fut définitivement occupé, le soir du 24 jusqu'au 28 par 500 hommes du 28e d'infanterie et un escadron de hussards.

Le combat du 2 janvier a commencé à Ervillers ; les premiers coups de fusils ont été échangés entre notre avant-garde et les derniers Prussiens, à l'extrémité du village, vers Béhagnies. L'artillerie française s'est mise immédiatement en bataille à la sortie d'Ervillers. L'avantage ne paraît avoir été décisif pour nous que vers le soir, par suite du tir très-bien dirigé et de la position parfaitement choisie d'une batterie, commandant Roland, qui a fait un mal considérable à l'ennemi. Le combat a été peu meurtrier sur le territoire d'Ervillers. La commune n'a donné la sépulture qu'à onze victimes de cette journée. L'une d'elles était M. de Lafrégeolière, jeune officier de marine, appartenant à l'une des premières familles de l'Anjou.

Le dimanche 8 janvier, vers le soir, les tirailleurs-éclaireurs de l'armée du Nord, excellente troupe, ayant à sa tête le commandant Jourdan, sont venus occuper le village, ils en ont chassé un détachement ennemi arrivant de Béhagnies ou Sapignies pour réquisitionner. L'engagement, malgré une vive fusillade, ne paraît pas avoir été très-meurtrier.

Fontaine lez Croisilles.

La commune fut visitée par 23 lanciers, éclaireurs prussiens,

les 1ᵉʳ et 2 janvier 1871 Le 28, une troupe, forte de 220 fantassins et 30 cuirassiers blancs, venait y faire une réquisition. Ils
emmenèrent même comme otage, le Maire, M. Briolet ; mais le
soir même les troupes prussiennes, ayant été rappelées, ils le
relachèrent à Vaulx-Vraucourt.

Gommiecourt

C'est le 26 décembre 1870 que l'on vit les Prussiens pour la
première fois sur le territoire de la commune. Vers 2 heures de
l'après-midi, une colonne de hussards d'une vingtaine d'hommes
environ, suivant la route qui va d'Achiet à Laguicourt, passa
dans le village sans s'arrêter, se dirigeant du côté d'Ervillers ;
mais environ une demi-heure après, un second détachement, plus
nombreux que le premier, venant également du côté d'Achiet,
pénétra dans la commune par toutes les issues qui se trouvaient
de ce côté ; ils se divisèrent en plusieurs brigades qui visitèrent
toutes les maisons ainsi que les granges et les étables, firent
ouvrir toutes les portes des appartements, et ne se retirèrent
qu'après avoir tracé à l'extérieur et aux endroits les plus appa-
rents des caractères allemands ainsi que des chiffres indiquant
le nombre de chevaux et la quantité d'hommes qui devaient loger
dans chaque maison. Enfin, vers 3 heures 1/2 du soir, le
gros de la colonne ennemie, environ 500 hommes du 70ᵉ
régiment d'infanterie, 200 cavaliers, appartenant à un régiment de hussards, et une ambulance composée de cinquante
hommes avec un officier et trois médecins, ayant avec eux
20 voitures, entra dans le village en rangs serrés et avec
ordre, et se fit conduire au centre de la commune Le chef qui
commandait cette troupe fit alors appeler le maire et le prévint
qu'il aurait à fournir toutes les réquisitions qui lui seraient demandées pour la nourriture des troupes allemandes, sous peine
de voir la commune livrée au pillage. Les rangs furent aussitôt
rompus et les soldats comme les chefs se partagèrent tous les
logements qu'ils trouvèrent dans le village ; seulement ceux-ci,
à raison de leurs grades, se réservèrent les appartements les plus
convenables.

Ils y restèrent ainsi jusqu'au jeudi 29 au matin et furent alors remplacés par un détachement du 4e d'infanterie et de nouveaux escadrons de hussards presqu'aussi nombreux que les premiers; ils demeurèrent à leur tour dans la commune jusqu'au 2 janvier 1871, à 9 heures du matin environ, heure à laquelle ils partirent, se dirigeant vers Achiet.

Après la bataille de Bapaume, le 4 janvier, les habitants de Gommiecourt furent accablés de réquisitions diverses. Enfin, du 24 au 27 du même mois, le village fut occupé par 400 hommes du 28e d'infanterie et 150 hussards.

La commune de Gommiecourt se trouvant entre Ervillers et Achiet le-Grand, à 2 kilomètres environ de l'un et de l'autre, et séparée de Béhagnies par la même distance, a eu la bataille sur une partie de son territoire, lorsque l'aile gauche de l'armée du Nord s'est vue forcée de se replier en arrière de Béhagnies. Les 2e et 3e bataillons de marine, ainsi que plusieurs compagnies du 36e de ligne, sont venus bivouaquer dans la commune pendant la nuit du 2 au 3 janvier ; mais ils quittèrent vers 5 heures du matin pour marcher en avant et prendre une part active à la bataille de Bapaume, qui commença vers 7 heures.

Hamelincourt.

26 décembre 1870 première visite des éclaireurs prussiens. Le lendemain et jours suivants, jusqu'au 2 janvier, réquisitions et vexations de tous genres.

Après la bataille de Bapaume du 4 au 8 janvier, une compagnie de francs-tireurs logea dans la commune et eut de nombreuses escarmouches avec les éclaireurs ennemis. Les Prussiens revinrent le 22 janvier et établirent un poste à 1 kilomètre du village au lieu dit la *Maison Rouge*. Depuis ce jour jusqu'au 28 janvier, la commune fut obligée de pourvoir en partie à la subsistance de ce détachement composé d'environ 40 cavaliers.

Héninel.

28 décembre 1870, passage de 60 uhlans.

Hénin-sur-Cojeul

Un détachement de 40 Prussiens, cavaliers et fantassins, traversa la commune d'Hénin-sur-Cojeul le 28 décembre 1870, se dirigeant vers Athies dans l'intention de couper le chemin de fer du Nord. Quelques éclaireurs revinrent les 29 et 30 décembre et le 26 janvier 1871. Ce jour-là quelques coups de feu furent tirés sur eux par des dragons français qui se trouvaient dans la commune. Mais les Prussiens revinrent en grand nombre vers midi, et après avoir cerné la commune, emmenèrent en ôtage, M. Vaillant, maire et conseiller d'arrondissement.

Mory.

Les Prussiens sont entrés sur le territoire de Mory pour la première fois le 27 décembre 1870 au nombre d'environ 300 hommes, appartenant au 28e de ligne, accompagnés de quelques hussards. Jusqu'au 2 janvier, les réquisitions furent journalières.

Ce jour-là, vers 10 heures 1/2 du matin, les chasseurs des 2e et 20e bataillons et les marins déployés en tirailleurs commencèrent le feu. Partis d'Ervillers et ne rencontrant pas d'opposition sur leur gauche, ils vinrent prendre position au-dessus de Mory sur le territoire de Béhagnies. Après avoir résisté à l'ennemi jusqu'à 2 heures 1/2, et voyant le vide se faire sensiblement dans leurs rangs, nos braves soldats durent se replier sur Mory et se battre à la baïonnette dans le village avec un courage digne d'éloges. Vers le soir, l'aile gauche, composée en grande partie des mobilisés du Nord, vint à leurs secours ; ils reprirent alors leurs positions. C'est alors que le général Robin faillit se faire tuer à la tête de son état-major.

Après la bataille de Saint-Quentin, les Prussiens revinrent occuper Mory pendant cinq jours, du 22 au 26 janvier.

Moyenneville.

Un détachement ennemi de 80 hommes vint couper le chemin de fer sur le territoire de la commune le 26 décembre 1870. On les vit reparaître tous les jours jusqu'au 1er janvier 1871. Le village eut encore à supporter plusieurs réquisitions les 5, 6 et 7 janvier. Enfin, on vit pour la dernière fois les Prussiens traverser la commune le 27, au nombre d'environ 2,000 hommes, cavalerie, infanterie et une batterie d'artillerie.

Norœuil.

Le 29 décembre 1870, 200 cavaliers, se rendant à Bullecourt et Riencourt, traversèrent la commune ; le même jour, 150 hommes du 33e de ligne vinrent faire une réquisition. Ces visites presque quotidiennes se prolongèrent jusqu'au 28 janvier 1871.

Saint-Leger.

Le 26 décembre, vers deux heures de l'après-midi, les uhlans parcourent le village en tous sens et se rendent ensuite à Croisilles. Le lendemain matin, une bande d'environ 180 Prussiens arrive et se fait remettre les armes de la commune, qu'elle brise sur place. Du 28 décembre au 2 janvier, Saint-Leger fut visité journellement par des éclaireurs prussiens.

Le dimanche 22 janvier, 25 uhlans arrivèrent à toute bride de Vaulx-Vraucourt et brisèrent la boîte aux lettres. Le lendemain, quelques éclaireurs vinrent donner l'ordre de détruire les barricades construites par les troupes françaises. Enfin le 26, un corps de 2,000 hommes d'infanterie, avec 400 hommes de cavalerie et un grand nombre de pièces d'artillerie de gros calibre, sous les ordres du général de Strulberg, traversa Saint-Leger se dirigeant sur Croisilles et fit craindre aux habitants un siége prochain, pour la ville d'Arras. 10 fantassins se détachèrent de cette troupe et restèrent dans le village formant une espèce d'avant-poste Vers le soir, ce petit corps d'armée revint et fit préparer des logements pour le recevoir. Deux heures après, un ordre les rappela à Bapaume et la commune fut laissée tranquille, sauf les réquisitions que les troupes emmenèrent avec elles.

Les troupes françaises, qui étaient échelonnées dans la plaine entre Hénin et Héninel, furent la cause de ce retour vers Bapaume ; car les Allemands concentrés à Croisilles étaient trop peu nombreux pour lutter contre elles, et ils se promettaient de revenir avec du renfort.

Il n'y a point eu de bataille à Saint-Leger. Tandis que l'on se battait à Mory, les feux de peloton des troupes françaises partaient du territoire de la commune, mais les deux armées ne s'y sont point trouvées en présence. Des coups de feu ont été échangés plusieurs fois entre les uhlans et les dragons, et pendant l'occupation des troupes françaises de la commune, deux dragons ont surpris trois uhlans, en ont tué un et fait le second prisonnier, tandis que le troisième prenait la fuite. Ces dragons ont amené ce prisonnier et les deux chevaux dans la commune ; le prisonnier est resté deux jours à la mairie où se trouvait le grand-poste français.

Parmi les ôtages demandés, le 24 janvier, par le général de Strulberg, se trouvait M. Dubois de Saint-Leger.

Saint-Martin-sur-Cojeul.

La commune fut visitée par les éclaireurs prussiens les 26, 27, 28 et 29 décembre 1870.

Vaulx-Vraucourt.

A partir du 27 décembre, pendant treize jours consécutifs, la commune de Vaulx-Vraucourt eut à supporter les réquisitions d'environ 300 Prussiens. Du 23 au 28 janvier, elle eut à loger une partie du 33e de ligne et un détachement de cuirassiers blancs. Les Allemands ont surtout cherché à se garantir du froid. Des châles et des robes de laine ont été saisis par ces pirates, qui les ont découpés en larges landes pour s'en faire des cache-nez.

Wancourt.

Le 28 décembre 1870, 80 Prussiens environ, cavaliers et fantassins traversèrent la commune de Wancourt en revenant de Feuchy, où ils avaient été dans l'intention de couper la ligne du chemin de fer. Ils y revinrent en éclaireurs, le 30 décembre 1870 et le 27 janvier 1871. Ils signalèrent leur présence dans cette commune, en prenant un cheval chez **M. Boisleux**, et buvant tout le vin de sa cave.

CANTON DE MARQUION.

Baralle.

Cette commune reçut la visite de quelques uhlans lors de l'expédition de la colonne prussienne à Oisy, le 24 janvier 1871.

Bourlon.

Reconnaissance de trois uhlans, le 28 décembre 1870. A la fin de janvier 1871, 7 hussards, commandés par un officier, viennent visiter les blessés recueillis au château de Bourlon.

Graincourt-lez-Havrincourt.

Le 27 décembre 1870, reconnaissance faite par 7 uhlans. Deux jours après, réquisition opérée par 100 hommes, hussards et fantassins du 68e régiment. A partir de cette époque jusqu'à la bataille de Saint-Quentin, la commune n'a plus été traversée que par quelques éclaireurs.

Le 3 janvier, un fort détachement de la garnison de Cambrai, vint en reconnaisance jusqu'à la fabrique de Graincourt. Une quinzaine de coups de fusils ont été tirés sur des éclaireurs prussiens au lieu dit : *A la Borne de deux lieues.* Un d'eux fut blessé.

Inchy.

10 uhlans sont entrés pour la première fois sur le territoire d'Inchy, le 3 janvier : 4 pénétrèrent dans la commune et les autres restèrent en dehors. Ils revinrent le 5 janvier et les jours suivants ; quelques cuirassiers blancs faisaient des patrouilles de nuit ou passaient pour se rendre dans d'autres localités. Le lendemain de la bataille de Saint-Quentin 1,000 hommes traversèrent le village, parmi lesquels se trouvaient 400 uhlans saxons du 6e régiment. Les autres appartenaient à différents corps allemands et bavarois, ils allaient à Marquion : le lendemain, ils vinrent faire une réquisition.

Le 5 janvier, les uhlans furent poursuivis par 10 dragons français qui leur firent deux prisonniers.

Lagnicourt.

La commune fut visitée pour la première fois le 1er janvier 1871 par 40 hommes du 68e régiment d'infanterie prussienne. Les 25, 26 et 27 du même mois, de nouvelles réquisitions furent faites par le 33e de ligne et le 8e cuirassiers blancs. Pendant la bataille de Bapaume, 38 uhlans cernèrent le village pour observer si des renforts arrivaient par Cambrai ou Douai.

Marquion

La commune de Marquion ne fut visitée par l'ennemi que le 16 janvier 1871. 40 cavaliers furent repoussés par des francs-tireurs qui leur firent 2 prisonniers et leur prirent 2 chevaux. Le 23 de ce mois, une colonne composée d'environ 2,300 hommes, 400 chevaux et 3 canons, vint passer la nuit à Marquion, et se dirigea dans la matinée du 24 du côté d'Arleux, en passant par Sauchy-Cauchy, Sauchy-Lestrée et Oisy Près d'Arleux, elle fut repoussée par des francs-tireurs qui lui tuèrent quelques hommes. Elle revint alors sur ses pas ; arrivés près de Marquion, les deux tiers de la troupe s'arrêtèrent à l'endroit, dit le *Four-à Chaux,* sur la route de grande communication, n° 3, et se firent servir à dîner. L'autre partie rentra dans le village, et un grand nombre de fantassins polonais se mirent à piller une grande quantité de vêtements, d'argent, de valeurs, etc. Dans cette même matinée, tandis que le gros de la colonne se dirigeait vers Arleux, des reconnaissances avaient lieu du côté de Vis-en-Artois et même jusqu'à Boiry-Notre-Dame, ou l'ennemi fut repoussé par des francs-tireurs. Enfin, le 24, vers deux heures, Marquion était complètement et définitivement évacué.

Oisy.

La commune d'Oisy-le-Verger a été l'une des plus fortement éprouvées par l'occupation prussienne : 400 fantassins et 80 uhlans y séjournèrent trois heures le 24 janvier 1871. Les Prussiens, à leur arrivée, ont demandé 25,000 fr., toute l'avoine battue qu'il y avait dans la commune et 40 bêtes à cornes. A force de pourparlers sur la somme exigée, on a obtenu une réduction de 10,000 fr., ce qui réduisait la contribution de guerre à 15,000, sur lesquels il n'y avait encore, malheureusement, que 9,000 f. de versés, à 11 heures du matin, et que les Prussiens ont emportés, en enjoignant d'avoir à compléter la réquisition, le même jour, ou, au plus tard, le lendemain matin. Après avoir fait descendre sur la place de la mairie les conseillers municipaux et les notables habitants réunis à la demande du chef prussien, celui-ci choisit parmi eux MM. Moreau, Facon, conseillers municipaux, et Billoir, docteur en médecine, et les fit monter sur un charriot découvert et sans une botte de paille, par un froid glacial de plus de six degrés ; ils furent emmenés à Masnière (Nord) comme ôtages, où ils arrivèrent vers 10 heures du soir, après être restés onze heures sans boire ni manger.

Nous trouvons dans l'*Indépendant de Douai* l'incident qu'on va lire sur l'arrestation des ôtages d'Oisy :

« La nuit du mardi au mercredi, M. le docteur Billoir, M. Moreau, Président de la Société de Secours mutuels d'Oisy, et les deux autres ôtages ont couché sur de la paille au corps de garde d'Havrincourt, et il ne leur a pas été offert un morceau de pain ; ceux d'entre eux qui n'avaient pas déjeûné mardi n'ont rien mangé pendant trente-six heures, c'est-à-dire du lundi soir au mercredi à neuf heures du matin, heure à laquelle M. le marquis d'Havrincourt, informé de la captivité de M le docteur Billoir et de M. Moreau-Varlet, a conjuré le colonel prussien de les autoriser à déjeûner au château, ce qui leur a été accordé. »

Le même jour on a expédié les 10,000 fr. restant à payer sur 25,000 réquisitionnés, avec 60 hectolitres d'avoine, espérant obtenir la mise en liberté des ôtages ; au lieu de cela, sans faire la moindre observation sur la quantité d'avoine fournie, non plus qu'à l'occasion des bêtes à cornes, qui faisaient défaut, le chef du corps d'armée prussienne, a fait remettre au commissionnaire, chargé de porter l'argent et de surveiller l'arrivée de l'avoine, une note par laquelle il exigeait, mais cette fois du canton, une nouvelle réquisition, de 80,000 fr. Comme il était de toute impossibilité pour la commune d'Oisy-le-Verger de faire face à une pareille contribution, qui était le prix exigé pour la mise en liberté des ôtages, le Maire de cette commune s'adressa à M. le Maire de Marquion, à l'effet de provoquer une réunion de tous les Maires du canton au chef-lieu, la réquisition étant explicitement à la charge du canton. M. Lenain, alors Maire de Marquion, s'est empressé d'y accorder son concours. MM. les Maires du canton de Marquion furent convoqués ; un certain nombre se rendirent à l'invitation. Pendant ce temps-là, les ôtages étaient transférés à Péronne, puis dans la citadelle d'Amiens, où ils restèrent dans une chambre infecte pendant trois semaines. Chaque jour, ils avaient à peine dix minutes pour se promener sur un trottoir de deux mètres de large et quinze de longueur. Pendant toute leur captivité, ils n'eurent chacun qu'une botte de paille pour se coucher. On peut se figurer les angoisses qu'ils durent endurer par le froid intense de cette époque.

Palluel.

Un détachement de 250 hommes poussa une pointe jusqu'à Palluel le 20 janvier 1871.

Pronville

Six dragons prussiens vinrent dans la commune le 25 janvier. Les 26, 27 et 29, nouvelle visite de cuirassiers blancs et de soldats du 32ᵉ, qui firent les réquisitions réglementaires.

Quéant

Le 2 janvier 1871, reconnaissance de 4 hussards prussiens. Le 24 janvier, passage de cuirassiers blancs. Le 25 et 27, réquisition faite par 40 hommes du 33ᵉ et autant de cuirassiers blancs. Le 28, dernière réquisition faite par 110 hommes d'infanterie et 20 cuirassiers.

Sains-lez-Marquion.

Trois ou quatre jours avant l'affaire de Saint-Quentin, les Prussiens étaient répandus en détachements dans les villages de Boursies, Méricourt, etc. Deux cavaliers allemands, venant de ces localités par Inchy, passèrent à deux heures de l'après-midi en plein cœur du village de Sains, longeant le ruisseau autant que possible et se dirigeant vers Marquion. Dans le même moment, une quinzaine d'autres prussiens passaient au-dessus du village entre la route d'Inchy à Marquion. Ils furent accueillis par une fusillade qui n'eut d'autre résultat que de leur faire rebrousser chemin par la même route. Arrivés à l'enfourchement (terroir de Sains-lez-Marquion) qui donne naissance au chemin de Mœuvres, et comme ils suivaient cette route au lieu d'aller à Inchy, des dragons français, au nombre de neuf, venant d'Inchy, les aperçurent, voulurent leur couper la route en cherchant à opérer la rencontre, et arrivés à portée, firent une décharge qui démonta deux cavaliers et en blessa un à la figure. Les Allemands ne ripostèrent pas et prirent la fuite, laissant deux chevaux et un prisonnier.

Le 24 janvier, à trois heures du soir, ils stationnèrent à la première maison dite *Les Lanciers*, avec 2 pièces d'artillerie, 50 cavaliers et plus de 150 fantassins (5ᵉ régiment de Westphalie). La cavalerie fit irruption dans la commune, s'adressa aux autorités municipales et les somma de leur faire délivrer sans délai, toute l'avoine battue, 20 vaches et 8,000 fr. Les pourparlers avec l'ennemi n'ayant servi qu'à l'impatienter et attiser les menaces d'incendie et de pillage, il fallut s'exécuter. Mais forcément il y eut quelques retards, et une soixantaine au moins de fantassins accoururent, pénétrèrent dans les habitations, les greniers, les étables, faisant emplir les sacs d'avoine, détachant les bêtes à cornes, enlevant deux chevaux fins à M. Lemaire François, tout le tabac des bureaux et divers objets, tels que montres, chaussures, lard et eaux-de-vie. 133 hectolitres d'avoine ayant été conduits à la maison commune, l'ennemi envahit la place, réquisitionna quatre châriots pour le transport à Péronne de l'avoine réquisitionnée et se retira avec 2,000 fr. en espèces et 12 vaches.

Sauchy-Cauchy

Les Prussiens sont entrés à Sauchy-Cauchy le 24 janvier 1871, à 7 heures du matin, au nombre de 300 hommes d'infanterie, et en sont repartis à 2 heures de l'après-midi. A leur arrivée, ils ont sommé le Maire de leur livrer 25 vaches, toute l'avoine battue dans la commune et 10,000 fr. On ne put réunir cette réquisition, trop forte pour une localité si peu importante et le Maire et deux conseillers municipaux furent emmenés en ôtages jusqu'à Sains-lez-Marquion, où on les mit en liberté moyennant une rançon de 4,000 fr.

Sauchy-Lestrée.

Le 23 janvier 1871, vers 4 heures du soir, deux lanciers envoyés en éclaireurs et suivant le chemin de grande communication d'Oisy à Metz-en-Couture, firent leur apparition sur le territoire de Sauchy-Lestrée, et furent bientôt suivis d'un petit détachement de 15 hommes environ. Le lendemain vers six heures du matin, de nouveaux éclaireurs traversèrent la commune. Pendant toute la journée ce fut un passage continuel de cavaliers et de fantassins voyageant par groupes de 10 à 12 hommes. Vers 7 heures une colonne forte environ de 2,000 hommes (trois compagnies d'infanterie, artillerie avec quatre pièces de campagne et une centaine de lanciers du 5e régiment), s'arrêtèrent à Sauchy-Lestrée. Un capitaine se rendit chez le maire de la commune et le somma de se mettre en mesure de remettre le lendemain à dix heures du matin au major commandant le détachement une somme de 10,000 fr., 20 vaches grasses, toute l'avoine battue existant dans les greniers, ainsi que les attelages nécessaires au transport ; puis la colonne reprit sa marche vers Oisy. Le 25, onze heures n'étaient pas sonnées, que le détachement faisait sa réapparition dans la commune ; les réquisitions demandées n'étaient pas prêtes, le maire demanda un sursis de quelques heures qui lui fut accordé Toutefois, ne se fiant pas à la parole de ce magistrat, l'ennemi demanda des ôtages et s'empara de MM. Cormont Louis et Herbaux Louis, qui furent immédiatement emmenés à Havrincourt. Le lendemain, le maire vint lui-même trouver le major et parvint à délivrer les prisonniers, en versant une somme de 500 fr. et après avoir fourni 90 hectolitres d'avoine et 2 chevaux. A midi la colonne prussienne avait évacué la commune.

CANTON DE PAS.

Amplier.

Dimanche 11 décembre 1870, trois lanciers viennent de Doullens visiter la commune d'Amplier. Le 1er janvier 1871, passage d'un détachement fort de 1,000 hommes se rendant d'Albert à Doullens.

Bienvillers au Bois.

Première apparition de 15 uhlans le 26 décembre 1870. Depuis ce jour jusqu'au 2 janvier 1871, le 69e de ligne accompagné quelquefois de cuirassiers blancs, vint faire six réquisitions qui dégénérèrent en véritable pillage. 1er janvier 1871, passage de la colonne, revenant d'Avesnes-le-Comte et du 70e régiment de ligne prussien se dirigeant vers Pas. 9 janvier, visite de 40 cuirassiers blancs qui enlèvent 18 chevaux, immédiatement expédiés vers Amiens.

Famechon.

25 décembre 1870, visite des uhlans et passage d'environ 1,500 hommes le 1er janvier 1871.

Foncquevillers

50 hussards prussiens, commandés par un capitaine, pénétrent sur le territoire de Foncquevillers le 26 décembre 1870. Le lendemain, seconde apparition accompagnée de réquisitions qui se renouvelèrent jusqu'au 1er janvier. Les 8 et 9, à la suite de l'affaire de Monchy-au-Bois, des uhlans vinrent s'emparer de

18 chevaux dans la commune. Sans avoir à loger de troupes prussiennes, Foncquevillers les vit passer continuellement du 6 janvier au 2 février. Ce jour là ils se préparaient à enlever une dernière réquisition, lorsque la ferme attitude du Maire invoquant les lignes de démarcation de la ligne neutre, leur fit abandonner leur projet.

Grincourt-lez-Pas.

Cette commune fut traversée le 29 décembre et le 2 janvier par des uhlans et des cuirassiers blancs.

(Note curieuse). Les Prussiens connaissaient, en général, soit par des renseignements antérieurs à l'invasion, soit par d'autres de date nouvelle et obtenus des Français, soit par menaces ou autrement, l'importance et la richesse des communes qu'ils étaient appelés à visiter... Citons ce petit témoignage : A un kilomètre environ de Grincourt-lez-Pas, rencontrant un marchand de chiffons, ils lui dirent : « Là bas, Grincourt... petit,. . » pauvre village.... » Ce n'était que trop vrai...

Hanescamps.

Arrivée le 26 décembre de 2,000 hommes d'infanterie appartenant aux 43e, 67e et 78e régiments et de 400 hussards et uhlans, qui y séjournèrent jusqu'au 2 janvier 1871. Ce jour-là, une division française, arrivant par la route de Monchy, mit en fuite les Prussiens. Des réquisitions de tous genres et très-onéreuses avaient signalé leur présence. C'est ce corps d'occupation qui quitta Hanescamps le 6 décembre et repassa le surlendemain emmenant à leur suite les mobilisés faits prisonniers à Souchez.

La commune d'Hanescamps eut aussi à souffrir des excès de vengeance commis par les Allemands après l'affaire de Monchy-au-Bois. Elle se vit enlever les douze plus beaux chevaux des fermes de la localité. A partir du 9 janvier 1871, le village ne fut plus occupé ni par les Français, ni par les Prussiens ; mais jusqu'à la conclusion de la paix, les uhlans revinrent tous les jours en reconnaissance.

Hébuterne.

26 décembre 1870, apparition de trois éclaireurs Prussiens. Le lendemain, réquisition opérée par 80 fantassins. Ces réquisitions se renouvelèrent les 30 décembre 1870, 1er, 3, 12 et 26 janvier 1871. Ce jour-là 26 hussards royaux se firent servir un dîner en commun dans l'auberge du village.

Orville.

11 décembre 1870, première visite des éclaireurs Prussiens. 14 décembre, nouvelle apparition des uhlans. 1er janvier 1871, neuf heures du soir, passage de 1,000 fantassins, 200 cavaliers et 30 fourgons se rendant à Doullens.

Pas.

Le 26 décembre 1870, première apparition d'une vingtaine de Prussiens se dirigeant vers Hanescamps. A partir de cette époque, la commune fut visitée tous les deux jours par 4 ou 5 uhlans qui venaient chercher du tabac et des cigares. Le 28, réquisition chez tous les habitants. Le 1er janvier 1871. passage d'une colonne de 1,200 hommes traînant avec eux 30 fourgons.

Le 31 janvier 1871, à neuf heures du matin, 1,500 Prussiens environ (infanterie et cuirassiers) arrivèrent pour demander au canton un contribution de 100,000 fr. Le conseil municipal de Pas réuni, demanda jusqu'au lendemain matin à huit heures pour avoir l'avis de tous les maires du canton. Ceux-ci n'ayant pas consenti à leur accorder cette somme, disant qu'on était en armistice, les Prussiens retinrent captifs, dans la salle de la Mairie, tous les maires et délégués jusque vers deux heures de l'après-midi. A six heures du matin, ils avaient pris pour ôtages MM. Tholomé-Mallard, Lebas (Guislain) et Varennes (Alexandre), qui furent conduits d'abord à Doullens sous escorte prussienne et de là à la citadelle d'Amiens, où ils furent détenus comme prisonniers jusqu'au dimanche 5 février, à quatre heures du soir, sans pouvoir communiquer ni correspondre avec qui que ce fut. Couchés sur la paille comme des malfaiteurs, les

Prussiens n'eurent aucun égard pour eux. Ils les empêchèreut même d'ouvrir leurs croisées pour renouveler l'air.

La troupe prussienne quitta Pas le 3 février 1871, à 8 heures du matin.

Pommier.

26 décembre 1870, première apparition de deux uhlans sur le territoire de Pommier. 27 et 30 du même mois, retour de 12 uhlans accompagnés de 60 fantassins du 69ᵉ. Le 1ᵉʳ janvier 1871, la commune a eu à loger 200 cuirassiers blancs et autant de fantassins. Le 9 janvier, dernière réquisition des Prussiens consistant en 6 chevaux.

Puisieux.

C'est le lendemain de la bataille de Villers-Bretonneux que la commune de Puisieux connut les effets de la guerre par le passage désordonné de 800 mobiles. Le 25 décembre, une partie de l'armée du Nord revenant de la bataille de Pont-Noyelles traversa la commune en assez bon ordre.

Le lendemain, les 3 premiers uhlans arrivèrent dans la commune à onze heures du matin. Vers deux heures, 300 cavaliers vinrent bivouaquer à la sortie de Puisieux qui regarde Bucquoy. Une heure après commença un défilé de Prussiens se dirigeant vers Bucquoy, au nombre d'environ 4,000 hommes. Cette dernière commune n'ayant pas suffi à les loger, 200 ou 300 hommes se rabattirent sur Puisieux, où ils vinrent piller toutes les provisions de bouche disponibles. Le lendemain 27, le 69ᵉ d'infanterie prussienne s'installa à Puisieux, où il avait été précédé par des éclaireurs, qui, suivant le coutume établie, avaient marqué à chaque porte le nombre d'hommes qui pouvaient se loger dans la maison. Jusqu'au 31 décembre, ce fut une allée et venue continuelle de Prussiens, qui toujours signalèrent leur présence par des vols et des vexations de toute espèce. Ils terminèrent leur année par des orgies en l'honneur du christmas, orgies pour lesquelles ils avaient eu soin de choisir les meilleures maisons de la commune.

Le 1er janvier, vers midi, une alerte vint mettre tout le monde sur pied. Les Prussiens attendant les Français du côté de Mailly, s'étaient mis en ligne de bataille au sud et à l'ouest de la commune, sur une étendue d'environ six kilomètres. Les éclaireurs avaient été ce jour là en défaut, car ce ne fut que le lendemain, à la pointe du jour, qu'on entendit le canon et la fusillade du côté du bois de Logeat et vers Achiet-le-Grand. Le trouble se mit immédiatement parmi les pillards, qui plièrent leurs bagages et partirent vers le milieu de la journée.

La commune fut libre jusqu'au 8 janvier, où elle fût réoccupée par une compagnie de uhlans qui dirigèrent de là leurs réquisitions sur Miraumont et jusqu'à Albert. Le 11, l'armée du général Faidherbe s'étant rapprochée de Bray, le pays fut cerné, un cuirassier blanc fut tué et l'on s'empara de deux voitures de réquisition. Le lendemain, 200 francs-tireurs, suivis bientôt par des détachements du 7e et 11e dragons et de l'infanterie de marine, arrivèrent dans la commune et établirent des avant-postes sur les routes qui y aboutissent. La nouvelle s'étant répandue que 25 dragons avaient été surpris entre Mailly et Bétancourt, on partit immédiatement à leurs secours pour en ramener 24.

Le pays fut de nouveau évacué, et aussitôt le dernier soldat français parti, les uhlans reparurent à l'horizon. Jusqu'au 23, la commune ne fut pas visitée par les Prussiens, mais à partir de ce jour les réquisitions recommencèrent. Le 31, nouvelle invasion des soldats prussiens des provinces rhénanes. Enfin, le 3 février, par suite des dispositions de l'armistice, la commune de Puisieux fut complètement évacuée (1).

(1) Dans le rapport plein d'incidents et de renseignements curieux qui nous a été transmis par M. le Maire de la commune, M. de Puisieux a cru devoir nous faire remarquer que beaucoup d'Anglais se trouvaient certainement dans l'armée Prussienne et que c'était eux qui présidaient aux réquisitions avec le commandant ou le capitaine allemand.

Sailly-au-Bois.

Le lendemain de Noël, 26 décembre 1870, un détachement de 40 hussards prussiens traversa la commune sans s'y arrêter, se dirigeant sur Hanescamps. Le 1er janvier 1871, ils firent une seconde apparition dans la commune, mais en petit nombre, laissant quelques hommes chargés de faire les réquisitions d'avoine, et d'en escorter les produits jusqu'à Puisieux Le soir du 3 janvier, après la bataille, 7 à 800 cavaliers, appartenant au 14e lanciers, fondirent sur la commune et s'installèrent dans toutes les maisons du village ; heureusement pour les habitants, ils partirent précipitamment dès le lendemain matin. Quelques jours après, des uhlans revinrent en reconnaissance à Sailly-au-Bois ; mais ils s'y arrêtèrent très peu de temps. A peine étaient-ils sortis du village, que des dragons français, envoyés en éclaireurs y arrivaient ; ces derniers s'élancèrent immédiatement à la poursuite de l'ennemi, et s'étant bientôt trouvés à la portée de décharger leurs armes sur les fuyards, leur tuèrent un homme. Les uhlans continuant à fuir de toute la vitesse de leurs chevaux, vinrent donner l'alarme à Mailly où se trouvaient cantonnés quelques régiments de l'armée prussienne. Bientôt une assez forte troupe se montra aux dragons, qui furent forcés de rebrousser chemin. Malheureusement la gelée et la neige avaient rendu les chemins très-glissants ; cinq chevaux tombèrent et ceux qui les montaient furent faits prisonniers. Les troupes ennemies évacuèrent le territoire de Sailly-au-Bois le 28 janvier 1871. Ce jour là des dragons français, après avoir arboré le drapeau blanc, arrivèrent dans le village pour annoncer aux Prussiens qu'un armistice était signé.

Les officiers descendirent de cheval pour recevoir la nouvelle que venaient leur apporter les parlementaires. Quelques paroles furent échangées et aussitôt Français et Prussiens partirent de compagnie pour Acheux (Somme), afin de rejoindre l'armée prussienne, et de régler avec le commandant ennemi les conditions de l'armistice dans les départements de la Somme et du Pas-de-Calais.

Saint Amand.

Les 26 et 27 décembre 1870, la commune fut traversée par un détachement d'une quinzaine de cavaliers prussiens. Un poste composé de 30 fantassins vint s'établir aux abords du village, le 1er janvier 1871.

Sarton.

La commune fut visitée pour la première fois le 26 décembre par 15 uhlans. Elle fut traversée pendant tout le mois par un service journalier d'éclaireurs de Doullens à Acheux, et le 1er janvier par une colonne de 1,200 hommes environ.

Souastre.

Du 25 au 31 décembre 1870, il n'est apparu sur le territoire que des éclaireurs (hussards et uhlans). Mais le 1er janvier, à onze heures du matin, le 70e régiment de ligne traversa le pays, se rendant à Doullens. Ayant reçu entre Hénu et Pas l'ordre de ne pas continuer sa marche sur cette ville, il fit une halte de quelques heures dans la plaine ; puis il revint à Souastre vers les trois heures du soir et se logea chez les habitants jusqu'à sept heures. Des feux de bivouac furent établis à toutes les issues du village. Cette journée fut signalée à Souastre par les plus cruelles vexations de la part des Prussiens. Après avoir bien bu et mangé chez les habitants, ils ont réquisitionné 600 kilos de pain, 300 de viande, 200 litres d'eau-de-vie, mis au pillage les caves de deux propriétaires, où se trouvaient environ 1,200 bouteilles de vin, brisé les barreaux de fer d'une grille et toutes les serrures d'une maison de plaisance non encore habitée, et y ont enlevé une feuillette de vin Une voiture appartenant à l'un des deux propriétaires pillés, fut chargée des provisions ci-dessus et obligée de les conduire jusqu'à Amiens.

Thièvres

Le 26 décembre 1870, la commune fut traversée par un détachement composé de 22 uhlans allant en reconnaissance vers Pas. Elle vit encore passer dans la soirée 1,800 hommes venant d'Hénu et se dirigeant sur Doullens.

Warlincourt les Pas.

. Ce fut le 11 décembre, vers quatre heures du soir, que l'on aperçut les uhlans pour la première fois sur le territoire de la commune de Warlincourt-les-Pas. Ils traversèrent, au nombre de 25, le hameau de la Belle-Vue, et se dirigèrent vers Beaumetz-lez-Loges. Le 3 janvier, une colonne d'infanterie accompagnée de cuirassiers blancs, vint se porter au nord-est de ce hameau sur la route d'Arras, d'où ils établirent une correspondance avec un autre détachement qui se trouvait à Bavincourt.

CANTON DE VITRY.

Cagnicourt.

. A Cagnicourt, ce sont surtout les vivres qui ont tenté l'avidité des Prussiens. Tout ce qui peut se manger a été emporté sans rémission. Un brave paysan, qui ne pouvait se résoudre à livrer son unique jambon, qu'il réservait pour sa ducasse, n'a pu attendrir ces ogres, et malgré ses supplications et ses larmes, le jambon a été enlevé. Quant au vin, on en a enlevé des quantités énormes.

Dury.

Les uhlans avaient annoncé par leurs éclaireurs l'arrivée d'un corps de 8,000 hommes, pour lequel ils avaient commandé des vivres. Mais une surprise les attendait dans ce village. Au moment où ils s'approchaient de l'abreuvoir pour y conduire leur chevaux, une douzaine de coups de fusils retentirent, et l'un d'eux tomba mortellement blessé. Suivant leur habitude les Prussiens relevèrent leur cadavre et l'emportèrent.

Haucourt.

Pendant dix jours consécutifs, à partir du 26 décembre 1870, les uhlans parcoururent la route d'Arras à Cambrai sur le territoire d'Haucourt. Ils s'arrêtaient à l'auberge dit l'*Espérance* où ils buvaient et mangeaient sans payer. Le 3 janvier 1871, ils y enlevèrent un cheval, une voiture, un matelas et des couvertures pour transporter un des leurs qui avait été blessé à Dury par des francs-tireurs.

Hendecourt-lez-Cagnicourt.

Le 27 décembre 1870, 80 Prussiens se firent remettre les fusils de chasse et les armes diverses qu'ils purent trouver. Puis ils détruisirent la boîte aux lettres et enlevèrent un grand saloir rempli de lard, caché dans une cave sous un tas de pommes de terre.

Le lendemain et jours suivants, jusqu'au 2 janvier, de nombreuses patrouilles sillonnèrent la commune. Elles reparurent le 22 jusqu'au 28 inclusivement. Ce jour-là, une importante réquisition fut faite par des cuirassiers blancs et un détachement du 33e régiment de ligne. Elle fut chargée sur un chariot et dirigée sur Vaulx-Vraucourt vers le soir. Mais quand la voiture arriva à destination, les prussiens avaient disparu pour ne plus revenir. Elle reprit donc le chemin de la commune avec son chargement.

Villers-lez-Cagnicourt.

Cette commune fut visitée par l'ennemi, le 27 décembre 1870; 70 cavaliers prussiens vinrent enlever les armes de la garde nationale et les fusils des chasseurs.

CHAPITRE II.

RELEVÉ OFFICIEL DES IMPOTS ET RÉQUISITIONS DE TOUTE NATURE

EXIGÉS PAR LES PRUSSIENS DANS LES COMMUNES ENVAHIES PAR EUX.

COMMUNES.	CONTRIBUTIONS de GUERRE payées antérieurement à la ratification des préliminaires de paix.	ESTIMATION en argent des réquisitions de toute autre nature.	ESTIMATION en argent des dégâts et pertes par suite d'incendie ou autres causes.	DÉTAIL et valeur des titres, meubles et autres objets mobiliers enlevés san-réquisition.	TOTAL par commune.
CANTON DE BAPAUME.					
Achiet-le-Grand.	»	51,551 »	2,900 »	25,550 65	80,001 65
Achiet-le-Petit.	»	14,657 35	»	15,781 95	28,439 30
Avesnes-les-Bapaume.	»	4,809 »	»	4,992 10	9,801 10
Bancourt.	»	21,214 20	»	7,071 »	28,285 »
Bapaume.	»	149,065 20	123,010 70	156,235 65	428,311 55
Beaulencourt.	»	7,570 »	800 »	10,346 98	18,716 98
Béhagnies.	»	10,830 »	300 »	3,675 »	14,805 »
Beugnâtre.	»	30,100 »	4,600 »	8,327 »	43,027 »
Biefvillers-lez-Bapaume.	»	1,562 »	2,400 »	8,618 »	12,580 »
Bihucourt.	»	12,196 55	»	20,204 70	32,401 25
Favreuil.	»	34,245 »	1,200 »	11,875 »	47,320 »
Frémicourt.	»	43,890 »	»	12,250 »	56,140 »
Grévillers.	»	10,007 »	»	8,358 »	18,365 »
A reporter.	»	391,697 10	135,210 70	291,286 03	818,193 83

COMMUNES.	CONTRIBUTIONS de GUERRE payées antérieurement à la ratification des préliminaires de paix.	ESTIMATION en argent des réquisitions de toute autre nature.	ESTIMATION en argent des dégâts et pertes par suite d'incendie ou autres causes.	DÉTAIL et valeur des titres, meubles et autres objets mobiliers enlevés sans réquisition.	TOTAL par commune.
Report.	»	391,697 10	135,210 70	291,286 03	818,193 83
Lesars	»	48,600 »	»	4,587 30	53,187 30
Le Transloy.	»	77,877 »	»	12,272 »	90,149 »
Ligny-Tilloy.	»	12,290 »	4,050 »	33,660 »	50,000 »
Martinpuich.	»	16,865 »	»	19,435 »	36,300 »
Morval.	»	15,665 »	»	935 »	16,600 »
Riencourt-lez-Bapaume.	»	12,035 05	250 »	2,782 50	15,067 55
Sapignies.	»	40,215 »	1,200 »	13,405 »	54,820 »
Villers-au-Flos.	»	43,206 30	»	545 50	43,751 80
Warlencourt-Eaucourt.	»	6,149 15	»	5,197 80	11,346 95
TOTAUX.	»	664,599 60	140,710 70	384,106 13	1,189,416 43
CANTON DE BEAUMETZ-LEZ-L.					
Adinfer.	»	6,455 65	»	82 40	6,538 05
Bailleulmont.	»	1,235 40	»	»	1,235 40
Beaumetz-les-Loges.	»	245 »	»	15 »	260 »
Berles-au-Bois.	»	900 »	»	23 »	923 »
Boiry-Sainte-Rictrude.	»	4,352 20	»	»	4,352 20
Boiry-Saint-Martin.	»	2,172 90	»	»	2,172 90
A reporter.	»	15,361 15	»	120 40	15,481 55

COMMUNES	CONTRIBUTIONS de GUERRE payées antérieurement à la ratification des préliminaires de paix.	ESTIMATION en argent des réquisitions de toute autre nature.	ESTIMATION en argent des dégâts et pertes par suite d'incendie ou autres causes.	DÉTAIL et valeur des titres, meubles et autres objets mobiliers enlevés sans réquisition.	TOTAL par commune.
Report.	»	15,361 15	»	120 60	15,481 75
Ficheux.	»	198 55	»	»	203 55
Gouy-en-Artois.	»	3,550 55	»	»	3,550 55
Hendecourt-lez-Ransart.	»	7,416 85	»	82 »	7,498 85
La Cauchie.	»	879 45	»	»	879 45
Mercatel.	»	98 65	120 »	»	218 65
Monchy-au-Bois.	»	35,321 30	3,347 30	1,337 35	40,005 95
Ransart.	»	3,595 75	»	241 25	3,857 »
Rivière.	»	1,651 90	»	»	1,651 90
TOTAUX.	»	68,274 65	3,387 50	1,775 90	73,447 65
CANTON D'AUXI-LE-CHÂTEAU.					
Auxi-le-Château.	3,000 »	»	»	6,539 68	9,539 68
Boubers-sur-Canche.	»	»	2,350 »	»	2,350 »
Prévent.	10,000 »	»	»	1,761 40	11,761 40
Ligny-sur-Canche.	»	»	»	410 »	410 »
TOTAUX.	13,000 »	»	2,350 »	8,711 08	24,061 08

COMMUNES.	CONTRIBUTIONS de GUERRE payées antérieurement à la ratification des préliminaires de paix.	ESTIMATION en argent des réquisitions de toute autre nature.	ESTIMATION en argent des dégâts et pertes par suite d'incendie ou autres causes.	DÉTAIL et valeur des titres, meubles et autres objets mobiliers enlevés sans réquisition.	TOTAL par commune.
Canton de Berlincourt.					
Barastre.	5.645 15	8.695 90	»	2.480 »	16.520 75
Beaumetz-les-Cambrai.	8.976 »	4.358 30	»	3.308 35	16.612 65
Berlincourt.	10.656 65	2.560 »	2.080 25	1.661 50	13.688 40
Bevigny.	5.253 »	9.865 85	»	3.000 »	20.118 85
Bus.	5.263 15	7.281 72	»	3.748 »	15.289 87
Haplincourt.	3.495 90	10.870 90	»	13.900 »	30.266 10
Havrincourt.	7.229 50	15.533 30	»	4.770 40	35.533 50
Hermies.	16.200 »	11.000 »	»	1.165 »	28.672 »
Le Bucquières.	1.583 65	4.051 »	»	»	8.636 65
Lechelle.	1.700 »	9.745 65	»	1.716 95	12.561 »
Metz-en-Couture.	10.553 55	8.835 81	»	»	19.389 39
Morchies.	3.346 90	2.577 80	»	»	5.924 70
Neuville-Bourjonval.	3.735 75	6.532 53	»	»	10.268 28
Rocquigny.	5.649 05	23.516 70	»	2.000 »	41.165 75
Ruyaulcourt.	6.020 50	3.436 55	»	1.576 10	10.733 15
Trescault.	3.869 65	1.580 »	»	200 »	3.849 65
Velu.	2.252 80	1.518 » (vin) 950	»	600 »	4.970 80
			»	»	950 »
Totaux.	101.131 20	213.536 94	2.080 25	57.023 30	373.771 69

COMMUNES.	de GUERRE payées antérieurement à la ratification des préliminaires de paix.	ESTIMATION en argent des réquisitions de toute autre nature.	ESTIMATION en argent des dégâts et pertes par suite d'incendie ou autres causes.	DÉTAIL et valeur des titres, meubles et autres objets mobiliers enlevés sans réquisition.	TOTAL par commune.
CANTON D'AUBIGNY.					
Aubigny.	»	»	»	20,987 »	20,987 »
Izel-les-Hameau.	»	»	»	800 »	800 »
TOTAUX.	»	»	»	21,787 »	21,787 »
CANTON DE CROISILLES.					
Ablainzevelle.	800 »	32,632 34	2,500 »	5,020 »	40,952 34
Ayette.	1,000 »	25,425 »	10,700 »	8,528 »	45,653 »
Boiry-Becquerelle.	1,282 50	2,298 20	»	»	3,580 70
Boisleux-au-Mont.	1,652 »	3,204 »	»	557 »	5,413 »
Boisleux-Saint-Marc.	805 »	»	»	»	805 »
Boyelles.	»	26,357 20	»	800 »	27,157 20
Bucquoy.	»	20,150 »	90,083 »	»	110,233 »
Bullecourt.	1,647 50	2,848 »	»	212 »	4,707 50
Chérisy.	1,184 20	38 »	»	»	1,222 20
Courcelles-le-Comte.	2,033 50	59,370 »	250 »	350 »	62,003 50
Croisilles.	3,916 »	8,177 50	6,423 05	850 »	19,366 55
Douchy-lez-Ayette.	841 »	22,104 70	»	1,500 »	24,445 70
A reporter.	15,161 70	202,604 94	109,956 05	17,817 »	345,539 69

COMMUNES.	CONTRIBUTIONS de GUERRE payées antérieurement à la ratification des préliminaires de paix.	ESTIMATION en argent des réquisitions de toute autre nature.	ESTIMATION en argent des dégâts et pertes par suite d'incendie ou autres causes	DÉTAIL et valeur des titres, meubles et autres objets mobiliers enlevés sans réquisition.	TOTAL par commune.
Report.	15,161 70	202,604 94	109,956 05	17,817	345,539 69
Ecoust-Saint-Mein.	1,701 70	6,117 95	»	»	7,819 65
Ervillers.	1,340 15	10,447 »	»	500	12,287 15
Fontaines-lez-Croisilles.	1,115 »	2,211 75	50	»	3,376 75
Gomiecourt.	759 50	30,867 50	»	4,193	35,820 »
Guémappe.	400 »		»	»	400 »
Hamelincourt.	1,260 80		4,652 30	500	6,413 10
Héninel.	768 10		»	»	768 10
Hénin-sur-Cojeul.	1,554 »		300 »	»	1,854 »
Mory.	»	13,205 »	»	»	13,205 »
Moyenneville.	1,600 »	7,075 15	»	333 50	9,008 65
Noreuil.	1,275 »		4,631 60	74 »	5,980 60
Saint-Leger.	2,056 »	6,409 75	»	»	8,465 75
Saint-Martin-sur-Cojeul.	815 »	»	»	»	815 »
Vaulx-Vraucourt.	3,909 20	20,500 »	»	10,621 15	35,030 35
Wancourt.	1,344 30	»	»	»	1,344 50
Totaux.	35,060 45	299,439 04	119,589 95	34,038 65	488,128 09

COMMUNES.	CONTRIBUTIONS de GUERRE payées antérieurement à la ratification des préliminaires de paix.	ESTIMATION en argent des réquisitions de toute autre nature.	ESTIMATION en argent des dégâts et pertes par suite d'incendie ou autres causes.	DÉTAIL et valeur des titres, meubles et autres objets mobiliers enlevés sans réquisition.	TOTAL par commune.
CANTON DE MARQUION.					
Baralle.	»	»	»	250 »	250 »
Graincourt-lez-Havrinc.	1,275 »	1,077 83	»	»	1,077 83
Inchy.	»	3,637 20	»	238 05	5,150 25
Lagnicourt.	»	5,917 60	»	24 »	5,941 60
Marquion.	1,000 »	7,490 »	»	3,000 »	11,490 »
Oisy.	15,000 »	1,274 20	»	»	16,274 20
Palluel.	1,000 »	»	»	»	1,000 »
Pronville.	»	8,210 »	»	»	8,210 »
Quéant.	»	9,008 »	»	»	9,008 »
Sains-lez-Marquion.	2,230 »	5,595 »	»	150 »	7,975 »
Sauchy-Cauchy.	4,000 »	96 »	»	»	4,096 »
Sauchy-Lestrée.	500 »	917 50	»	936 20	2,353 70
TOTAUX.	25,005 »	43,223 33	»	4,598 25	72,826 58
CANTON D'AVESNES-LE-C.					
Avesnes-le-Comte.	»	10,338 »	»	»	10,338 »
Barly-Fosseux.	»	1,320 »	»	»	1,320 »
A reporter.	»	11,658 »	»	»	11,658 »

COMMUNES.	CONTRIBUTIONS de GUERRE payées antérieurement à la ratification des préliminaires de paix.	ESTIMATION en argent des réquisitions de toute autre nature.	ESTIMATION en argent des dégâts et pertes par suite d'incendie ou autres causes.	DÉTAIL et valeur des titres, meubles et autres objets mobiliers enlevés sans réquisition.	TOTAL par commune.
Report.	»	»	»	»	»
Bavincourt.	»	11,658	»	»	11,658
Estrée-Wamin.	»	17,174	»	»	17,174
Liencourt.	»	7	»	»	7
Rebreuve-sur-Canche.	»	66	»	»	66
Rebreuviette.	»	4	»	»	4
	»	4	»	»	4
Saulty.	»	575	»	»	575
Sombrin.	»	232	»	»	232
TOTAUX.	»	29,720	»	»	29,720
CANTON DE PAS.					
Bienvillers-au-Bois.	»	»	»	22,499	22,499
Foncquevillers.	»	»	»	15,737	15,737
Gommecourt.	»	»	»	11,365	11,365
Hanescamps.	»	»	»	53,820	53,820
Hébuterne.	»	»	»	11,886	11,886
Hénu.	»	»	»	649	649
Pas.	»	»	»	11,200	11,200
Pommier.	»	»	»	10,260	10,260
A reporter.	»	»	»	137,416	137,416

COMMUNES	CONTRIBUTIONS de GUERRE payées antérieu- rement à la ratification des préliminaires de paix.	ESTIMATION en argent des réquisitions de toute autre nature.	ESTIMATION en argent des dégâts et pertes par suite d'in- cendie ou autres causes.	DÉTAIL et valeur des titres, meubles et autres objets mobiliers enlevés sans réquisition.	TOTAL par commune.
Report.					
Puisieux.	»	»	»	137,416 »	137,416 »
Sailly-au-Bois.	»	»	»	43,451 »	43,451 »
Souastre.	»	»	»	5,029 »	5,029 »
Warlincourt-lez-Pas.	»	»	»	2,640 »	2,640 »
	»	»	»	1,030 »	1,030 »
Totaux.	»	»	»	189,566 »	189,566 »
Canton de Vimy.					
Acq.	»	42 »	5 »	8 »	55 »
Canton de Vitry.					
Cagnicourt.	»	229 20	»	660 »	889 20
Haucourt.	»	737 85	»	»	737 85
Hendecourt-les-Cagnic.	»	1,332 10	»	32 80	1,364 90
Riencourt-lez-Cagnicourt.	»	137 45	»	»	137 45
Villers-les-Cagnicourt.	»	300 »	»	65 »	365 »
Totaux.	»	2,736 60	»	757 80	3,494 40

RÉCAPITULATION PAR CANTON.

COMMUNES.	CONTRIBUTIONS de GUERRE payées antérieurement à la ratification des préliminaires de paix.	ESTIMATION en argent des réquisitions de toute autre nature.	ESTIMATION en argent des dégâts et pertes par suite d'incendie ou autres causes.	DÉTAIL et valeur des titres, meubles et autres objets mobiliers enlevés sans réquisition.	TOTAL par commune.
Avesnes-le-Comte.	»	29,720 »	»	»	29,720 »
Aubigny.	»	»	»	21,787 08	21,787 »
Auxi-le-Château.	13,000 »	»	2,350 »	8,711 08	24,061 08
Bapaume.	»	664,599 60	140,710 70	384,106 13	1,189,416 43
Beaumetz-les-Loges.	»	68,274 05	3,367 50	1,775 90	73,417 45
Bertincourt.	101,131 20	213,536 94	2,080 25	57,023 30	373,771 69
Croisilles.	35,060 45	299,439 04	119,589 95	34,038 65	488,128 09
Marquion.	25,005 »	43,223 33	»	4,598 25	72,826 58
Pas.	»	»	»	189,566 »	189,566 »
Vimy.	»	42 »	5 »	8 »	55 »
Vitry.	»	2,736 60	»	757 80	3,494 40
Total général pour le département.	174,196 65	1,321,571 56	268,103 40	702,372 11	2,466,243 72

Le *Journal officiel* a publié, en novembre 1871, un décret concernant la répartition entre les départements d'une somme de quatre-vingt-dix-neuf millions, représentant la première allocation accordée par l'Assemblée nationale, à titre de dédommagement, à tous ceux qui ont subi, pendant l'invasion, des contributions de guerre, des réquisitions, soit en argent, soit en nature, des amendes et des dommages matériels.

Le Pas-de-Calais figure ainsi dans ce tableau :

Nombre des communes, 126,

Contributions de guerre payées, 174,696 fr. 65 c.

Estimations en argent des réquisitions de toute nature, 1,351,571 fr. 40 c.

Estimation en argent des dégâts et pertes par suite d'incendie ou autres causes, 457,675 fr. 40 c.

Valeurs, titres, meubles et autres objets mobiliers enlevés sans réquisitions, 512,806 fr. 11 c.

Total pour le département, 2,496,749 fr. 97 c.

Somme attribuée au département dans la répartition des 99 millions, 301,000 fr. (1).

———

(1) La répartition de cette indemnité entre les intéressés est l'objet, en ce moment, d'un travail confié à M. Choquet, inspecteur des contributions directes, par le Conseil général.

TROISIÈME PARTIE.

Gardes mobile et mobilisée du département du Pas-de-Calais.

CHAPITRE Ier.

NOTICE SUR LES BATAILLONS D'INFANTERIE ET LES BATTERIES D'ARTILLERIE DE LA GARDE MOBILE. — LEUR ROLE PENDANT TOUTE LA DURÉE DE LA GUERRE.

La garde nationale mobile instituée par la loi du 1er février 1868 fut convoquée par décret du 16 juillet 1870. Ainsi que nous l'avons dit au chapitre Ier, tous les gardes mobiles des classes 1868, 1867, 1866 et 1865, appartenant aux 1er, 2e et 3e corps d'armée, à l'exception de ceux qui étaient employés dans les lignes télégraphiques, qui résidaient en Algérie ou servaient dans les zouaves pontificaux, furent convoqués au chef-lieu du département.

Plusieurs jeunes gens d'Arras, officiers et sous-officiers avaient pris, depuis plusieurs jours, des arrangements avec des instructeurs de l'armée, pour recevoir de ceux-ci l'instruction qui leur permettrait de remplir dignement les fonctions qu'ils avaient assumées. Les leçons avaient lieu déjà depuis plusieurs jours à la caserne Héronval et à la Citadelle.

La garde mobile du département du Pas-de-Calais forme huit bataillons d'infanterie et six batteries d'artillerie, parmi lesquelles on prit des sections pour en former une septième montée. Nous consacrerons dans ce chapitre un article particulier à chacun de ces corps, en indiquant succinctement le rôle qu'il a joué pendant toute la durée de la guerre.

1er BATAILLON (1).

Le 1er bataillon de mobiles du Pas-de-Calais, sous les ordres du commandant le baron Edgard de Livois, et composé de huit compagnies formées par les cantons d'Arras, Beaumetz-lez-Loges, Vimy et Vitry, fut convoqué à Arras le 16 août 1871. Le 18, il recevait l'ordre de se rendre à Béthune, où, dans la nuit du 19 au 20, il donnait les premières preuves de dévouement dans un violent incendie qui éclata dans la fabrique de sucre de M. Dellisse. L'armement du bataillon commença le 22 août.

Le 4 septembre, à la nouvelle du désastre de Sédan, le conseil de défense de la ville de Béthune jugea nécessaire de faire quelques travaux pour protéger la ville contre les menaces ou les réquisitions allemandes. Ce jour-là même, 300 travailleurs furent appelés à réparer les fortifications démolies, à couper les nouvelles routes et à élever des barricades. Un détachement envoyé à Saint-Venant, prit les mêmes précautions.

Ce bataillon reçut l'ordre de partir le 14 septembre pour le Hâvre où il arrivait le 15 au soir. A peine installé, il fut appelé le 19 à Rouen.

Les hommes étaient armés de fusils transformés, modèle 1867, dits à tabatière. Ces armes étaient arrivées en fort mauvais état de Paris, et la moitié était hors de service. Ce mauvais état d'armement était d'autant plus regrettable que des gardes natio-

(1) Une notice sur le 1er bataillon de la garde nationale mobile du Pas-de-Calais pendant la campagne 1870-1871, a été publiée par M. le baron de Livois, Arras, imprimerie de Sède, 1871. Nous renvoyons le lecteur à cet ouvrage pour plus amples détails sur ce bataillon.

naux mobilisés et même des gardes 'nationaux sédentaires, qui ne devaient prendre aucune part aux opérations de la campagne, étaient armés de fusils chassepot et autres armes de précision. Malgré ces causes de démoralisation, le général de division, comte Gudin, donna l'ordre au bataillon de partir pour les avant-postes et de cantonner dans la forêt de Lyons, dans les communes de Croisy, La Haye et La Feuillie, avec mission de faire une guerre de partisans aux Prussiens qui étaient alors signalés à Versailles, Mantes et Poissy.

Le bataillon se mit en marche le dimanche 25, à sept heures du matin, et dès le 27, toutes les compagnies étaient envoyées en reconnaissance de divers côtés dans la forêt de Lyons.

De concert avec M. Darceau, commandant le 8e bataillon des mobiles du Pas-de-Calais, M. de Livois partagea la défense de la forêt en deux zônes séparées par la grande route de Gournay.

Les deux bataillons durent se retirer devant l'armée de Manteuffel; ils arrivaient à Buchy, le 3 décembre, après avoir fait 10 lieues sans s'arrêter.

Cependant l'ennemi s'approchait rapidement par Amiens et Aumale ; devant une armée prussienne forte de 45,000 hommes et 120 canons, la position ne fut pas jugée tenable et la retraite fut résolue. Le bataillon partit le dimanche 4, au moment où l'avant-garde prussienne lançait ses premiers obus. Après avoir traversé Rouen le 5 décembre, il arrivait à Honfleur le 6 et s'embarquait le lendemain matin pour le Hâvre. Le 10, le bataillon était cantonné sur le territoire de la commune de Bléville. Un ordre du jour, en date du 17 décembre, ayant réglementé la défense du Hâvre, le bataillon dut fournir 60 travailleurs par jour aux tranchées, et à partir du 23, il en envoya 210. Le capitaine de vaisseau Mouchet fut alors mis à la tête de la 2e division militaire ; il résolut de porter des troupes en avant pour empêcher les réquisitions prussiennes et protéger la ville de Bolbec. Le bataillon dut se remettre en marche. Parti le 25 décembre, il se rendit successivement à Montivilliers, le 26 à Angerville-Lorchez, le 27 à Manneville, le 2 janvier à Wattelot, Bernières ;

enfin il rentrait, le 5, dans ses cantonnements d'Octeville.

Le général Pélétingeas, arrivé la veille de Bordeaux, ayant reconnu la nécessité d'organiser les bataillons en régiments et de les embrigader, le 7 janvier, le 1er bataillon des mobiles du Pas-de-Calais fit partie du 93e régiment de marche, sous le commandement du lieutenant-colonel de Livois. Le 10 janvier, il était cantonné à Dondenneville.

Le 93e régiment de marche déploya une grande activité à combler les tranchées établies autour du Hâvre, travail qui avait été commencé aussitôt après la signature des préliminaires de la paix. On le fit rentrer en ville le 11 mars pour se reposer, et il vint occuper les cantonnements de Sauvic et Sainte-Adresse. Enfin, le vendredi 17 mars, il quittait le Hâvre pour rentrer à Arras le 24 du même mois, après sept mois d'absence. Chacun s'était porté à la gare pour serrer la main d'un parent ou d'un ami, et tous cherchaient, par une cordiale réception, à faire oublier les fatigues de cette campagne si triste et si pénible.

Avant de terminer, consacrons quelques lignes à l'aumônier du bataillon, l'abbé Ansart. Mgr Lequette, évêque d'Arras, avait eu l'extrême obligeance de le détacher d'une paroisse et de lui donner un congé illimité. L'abbé Ansart avait demandé instamment à faire campagne avec le 1er bataillon. Son zèle ne se démentit pas un instant, et il resta jusqu'au dernier moment, donnant à tous l'exemple du dévouement et de l'abnégation, auxquels s'alliait une aimable gaîté.

DÉCORATIONS. — *Chevaliers de la Légion-d'Honneur.* — MM. Beaudelet de Livois, lieutenant-colonel, nommé chevalier par décret du 5 mai 1871.—Petitjean, capitaine au 64e régiment de ligne, chef du 1er bataillon de la mobile, nommé chevalier par décret du 5 mai 1871.

Médailles militaires. — M. Boullay, Auguste, adjudant sous-officier, par décret du 5 mai 1871.

2e BATAILLON.

Le 2e bataillon de mobiles du Pas-de-Calais, commandant

Cavellier, est composé des hommes fournis par les cantons de Pas, Bapaume, Bertincourt, Croisilles et Marquion. Il fut envoyé à Arras le 16 août 1870 et transporté à Béthune le 18 par les voies rapides. Le lendemain de son arrivée dans cette ville, il fut assez heureux pour prêter son concours dans l'incendie qui éclata à la fabrique de M. Dellisse, fils

Plusieurs compagnies furent détachées dans les environs. Réuni le 23 août à la caserne Magnac, à Béthune, le bataillon fut appelé à Arras le 17 septembre ; il y séjourna jusqu'au 19 octobre, partit ce jour-là pour Amiens, à 7 heures et demie du soir ; il y arriva à 11 heures, dans la nuit.

Le 13 novembre suivant, le 2e bataillon des mobiles du Pas-de-Calais partait pour Péronne où devait se terminer la part active qu'il prenait aux événements de la guerre, par suite de la reddition de cette place. La 2e compagnie (dite de partisans), formée par ordre de M. le Ministre de la Guerre, à la date du 16 octobre 1870, opéra isolément. Cette compagnie assista au combat d'Amiens et ne rejoignit le bataillon qu'au moment de l'investissement de Péronne.

Aussitôt après son arrivée dans cette ville, le bataillon fut employé, comme dans les précédentes garnisons, aux travaux de terrassements de communications, services des gardes, grand-gardes, exercices et marches militaires.

Avant l'investissement de Péronne, il y avait toujours une compagnie de grand-garde, deux en reconnaissance journalière et une de garde intérieure. Dès que la place fut investie, le bataillon fut formé en trois secteurs et réparti de la manière suivante :

1er secteur, porte de Paris, commandé par le capitaine Maurice, du 29e de ligne, détaché du bataillon ; 6e, 7e, 8e compagnies du Pas-de-Calais, et 1re compagnie de la Somme ;

2e secteur, porte Neuve, commandé par le capitaine Rebout, du 80e de ligne, détaché du bataillon ; 2e, 4e, 5e compagnies du Pas de-Calais, 1re mobilisés de la Somme ;

3e secteur, porte de Bretagne, M. Cavellier, commandant le 2e bataillon du Pas-de-Calais.

Pendant l'investissement de Péronne, le commandant Cavellier commanda une colonne d'infanterie, composée de son bataillon, deux compagnies de mobiles de la Somme, deux compagnies de mobilisés de la Somme et deux pièces d'artillerie de terre de la division du général Paulze d'Yvoi, pour venir en aide aux habitants de Foucaucourt, village attaqué par les Prussiens, à la suite d'un conflit avec une compagnie de francs-tireurs. A l'approche de cette colonne, l'ennemi se retira après avoir incendié plusieurs maisons. Partie à midi, elle ne rentra dans Péronne qu'à neuf heures du soir, par un temps affreux.

La 1re compagnie détachée à Amiens et rentrée à Péronne avant l'investissement, fut mise à la disposition du commandant Garnier, qui s'en servit comme compagnie d'éclaireurs. Il n'y a rien de particulier à signaler sur les marches et contremarches de cette compagnie.

Ici se présente un épisode de l'invasion prussienne dans le Nord de la France, auquel assistaient nos mobiles du 2e bataillon, et qui amena leur captivité en Allemagne : nous voulons parler du bombardement et de la capitulation de Péronne.

Péronne la pucelle, Péronne l'imprenable, semblait à l'abri de tout, grâce à ses défenses naturelles considérables, aux eaux de la Somme profondes et très-étendues, et à des ouvrages avancés et des fortifications imposantes ; l'armement avait été complété : l'artillerie, le génie, les gardes-mobiles combinaient leurs efforts, et la place était en état de résister. Cependant les Prussiens approchaient, ils avaient porté l'audace jusqu'à envoyer un jeune officier, comme parlementaire, pour sommer la place de se rendre. Plusieurs fausses alertes suivirent cette démonstration pleine de fanfaronnade Puis enfin, quand l'armée du Nord, après la bataille de Pont-Noyelles, reporta ses cantonnements en arrière, la position se dessina nettement.

Dans la journée du 27 décembre, l'investissement de Péronne devint manifeste. Le 28, à midi, uu parlementaire se présentait porteur d'une sommation du général de Senten, et sur le refus du commandant de rendre la place, le bombardement commençait deux heures après. Pendant dix jours, le tir de l'ennemi se concentra sur les habitations de la ville. Enfin, le 9 janvier soixante-dix maisons étaient complètement rasées, cinq à six cents plus ou moins inhabitables et quelques-unes à peine intactes ; un parlementaire arriva aux avant postes, il apportait une lettre du général van Barnekow, annonçant l'arrivée de nouvelles forces et d'un matériel de siège important, et proposant à la place des conditions honorables, si elle voulait capituler, la menaçant d'un bombardement avec des pièces de gros calibre, si elle persistait dans sa résistance.

Le Conseil de défense assemblé décida de renouveler la démarche faite dans le principe pour obtenir la sortie de la population non combattante. Cette démarche fut repoussée comme la première fois et le Conseil fut appelé à donner son avis sur la capitulation ; il se composait réglementairement des chefs de corps. Après avoir recueilli les voix, le commandant Garnier se résigna à capituler.

Pendant le bombardement de Péronne plusieurs sorties furent faites ; celle du 5 janvier formée de trois compagnies, une de la porte de Bretagne, une de la Porte-Neuve et 100 hommes du 43e de ligne, surprirent un convoi prussien fort de 600 hommes à 2 kilomètres de la porte de Bretagne. Les Prussiens se sauvèrent et laissèrent deux voitures de pain, effets et armes, ainsi que quatre chevaux qui furent ramenés dans la place.

Tout porte à croire que ce convoi provenait de la débacle des combats de Bapaume des 2 et 3 janvier.

Après la capitulation, les officiers du 2e bataillon ont été internés à *Spandau* et la troupe à *Erfurt.*

DÉCORATIONS. — *Chevalier de la Légion d'honneur.* — M. Savary, capitaine de la 3e compagnie, nommé chevalier par décret du 8 juin 1871.

Médailles militaires. — Lardemer, garde mobile (amputé), par décret du 8 juin 1871.

Noms des hommes tués et blessés pendant le bombardement.

GRADES.	NOMS ET PRÉNOMS.	N^{is} des Comp^{ies}	GENRES DE FLESSSURES.
G^{de} mobile	Lardemer, Antoine.	4^e	Amputé d'une jambe le 2 janvier 1871
—	Dartois, François	—	Blessé au bas de la jambe d'un éclat d'obus, le 2 janvier.
—	Camiers, François.	—	Tué le 4 janvier d'un éclat d'obus à l'œil.
—	Paul, Louis.	—	Blessé d'un éclat d'obus à la tête, le 4 janvier.
—	Thuillier, Siméon.	—	Blessé d'un éclat d'obus à la cuisse, le 4 janvier.
—	Cartry, Armand	—	Blessé à l'œil gauche, d'un éclat d'obus, le 4 janvier.
—	Hauwel, Charles.	—	Blessé à la jambe d'un éclat d'obus, le 4 janvier.
—	Savary, Prosper.	—	Blessé au haut de la cuisse d'un éclat d'obus, le 4 janvier.
—	Gratte, Pierre-Jean.	—	Blessé d'un éclat d'obus, le 7 janvier.
—	Brunel, Henry.	5^e	Blessé d'un éclat d'obus aux intestins et à la jambe, mort quelques minutes après, le 29 décembre 1870.
—	Bugnicourt, Clément.	—	Blessé le 29 décembre d'un éclat d'obus à la jambe droite, l'amputation a été jugée nécessaire.
—	Damart, Louis.	—	29 décembre, atteint d'un éclat d'obus aux jambes et à l'épaule, mort le lendemain
—	Carré, Joseph.	—	Blessé d'un éclat d'obus à la jambe
—	Philippe, Joseph.	—	Blessé d'un éclat d'obus au bras.
—	Thaïsne, François.	7^e	Tué à la suite de la chute du pont de la Couronne de Paris
sergent.	Louy, Pierre-Paul.	—	Blessé par suite de la chute du pont.
G^{de} mobile	Humbert, Antoine.	—	Idem.
—	Deligne, Théophile.	—	Blessé d'un éclat d'obus au pied

Lors de la reddition de la place de Péronne (Somme , 10 janvier 1871, les cadres du 2ᵉ bataillon (officiers), étaient composés comme il suit : *M Cavellier*, chef de bataillon, *M Boucly*, aide-major.

Nᵒˢ des Compagnies	CAPITAINES.	LIEUTENANTS.	SOUS LIEUTENANTS.
1ʳᵉ	Ruault.	Lefébure.	Gonse.
2ᵉ	Fichet.	Morel.	Simon.
3ᵉ	Savary.	Machon.	Lenoir.
4ᵉ	Rebout.	Gaveau.	Leblanc
5ᵉ	Lenain	Cossart.	Serré.
6ᵉ	Maurice.	Carlier.	Lagniez.
7ᵉ	De Marne	Boniface.	Grometz.
8ᵉ	De Louvencourt	Champagne (1)	Leroy (2).

3ᵉ BATAILLON.

Le 3ᵉ bataillon de la garde nationale mobile, composé des hommes fournis par les cantons de Béthune, Houdain, Laventie, Lillers et Norrent-Fontes et sous les ordres du commandant de l'Orne d'Alincourt, fut réuni à Arras le 12 août 1870. Il avait alors un effectif d'environ 2,400 hommes, et fut caserné au quartier Héronval. Trois jours après son arrivée, on commença l'instruction des hommes, qui toutefois ne reçurent de fusils qu'une quinzaine de jours après. Pendant environ deux mois que dura leur séjour à Arras. 5 à 600 hommes, furent employés journellement aux travaux des fortifications. Enfin l'ordre de partir pour La Fère étant arrivé le 2 octobre, le bataillon, dont l'effectif avait été réduit à 1,500 hommes, quitta Arras à onze heures et demie du matin et arriva à destination par le chemin de fer le même jour à sept heures du soir. Dès le lendemain, on procéda à l'installation des hommes,

(1) M. Champagne était en congé de convalescence pendant le bombardement.

(2) M. Leroy, sous-lieutenant, est resté détaché au bureau d'habillement, à Arras pendant toute la campagne.

et le commandant de place ayant fait connaître les moyens de défense, assigna les positions que devaient prendre les compagnies en cas d'attaque, Les mobiles du Pas-de-Calais furent im·médiatement employés au service de tranchées, et fournirent chaque jour aux travaux 5 à 600 hommes. Jusqu'au 20 décembre, sauf quelques fausses alertes, causées souvent par les moindres circonstances, il n'y a rien à signaler. Les mobiles, que l'éloignement de leur famille avait un peu militarisés, faisaient leur service avec zèle; la discipline était bonne, sauf de rares exceptions. Le 20 octobre, les Prussiens parurent en force devant la place; les rapports évaluèrent à 8 ou 10,000 hommes les colonnes qui-débouchèrent par les routes de Laon, Soissons et Crépy.

Les compagnies du 3e bataillon de la mobile du Pas-de-Calais, celles de l'Aisne et deux compagnies de francs-tireurs opérant autour de la ville, arrêtaient les convois qui étaient destinés à l'ennemi et les ramenaient en ville. Ils réquisitionnaient aussi dans les villages et ravitaillaient la ville.

D'autres préoccupations se joignaient encore à la situation déjà si pénible de la garnison; il n'y avait personne pour assurer la solde. Le Préfet et le Receveur général avaient quitté Saint-Quentin et le bataillon n'avait reçu au moment de son départ d'Arras qu'une somme de 6,000 fr.

Des cas de variole nombreux et souvent mortels se montraient parmi les soldats, beaucoup de rhumatismes articulaires que rendait inévitables le service des tranchées, où ces hommes sortant de chez eux étaient littéralement dans l'eau, et avec cela mal chaussés et n'ayant à leur disposition aucun effet de campement pour les préserver du froid et de la pluie; tout cela joint à l'absence de toute nouvelle de leur famille, répandait la tristesse et le découragement.

Vers le 3 novembre 1870, M. le colonel de Moronval, directeur de l'arsenal, voyant l'isolement complet de La Fère et n'espérant plus aucun secours du dehors, prit la résolution d'évacuer sur le Nord le matériel qui restait en magasin. Le 3e bataillon de la mobile du Pas-de Calais fut délégué pour charger les voitures et accompagner les nombreux convois qui étaient conduits nuit et jour à Tergnier Les braves mobiles poussés par le sentiment qu'ils sauvaient un matériel et des munitions qui pourraient être employés avec avantage pour la dé-fense de leur pays, ne reculaient devant aucune espèce de fatigue, et grâce à leur zèle, on put en peu de jours déménager ce matériel qui servit à l'armée du Nord.

Le 12 novembre 1870, on fut informé que l'ennemi approchait et que les Prussiens se massaient dans la commune de Crépy, disant qu'ils venaient faire le siége de La Fère.

Le mardi 15, l'ennemi se présenta : l'investissement, cette fois, était complet et définitif. Les rapports évaluent à 15,000 hommes l'armée qui occupait les villages d'alentour. Les assiégeants prirent franchement leurs positions et commencèrent leurs terrassements. Le feu de la place s'ouvrit avec énergie pour ne plus cesser que par intervalles et se continua pendant les journées des 15, 16 et 17.

Le 16, la garde nationale mobile, à laquelle s'étaient joints les francs-tireurs, fit une sortie par le faubourg Saint-Firmin en face des Prussiens, qui s'étaient embusqués dans les plis de terrain et dans une briqueterie voisine. Une vive fusillade s'engagea de part et d'autre et dura plus de deux heures. Le courage que montrèrent les francs-tireurs et nos mobiles dans cette circonstance fut réellement remarquable.

Le 20 novembre, les gardes nationaux sédentaires reçurent l'ordre de se porter en avant sur la route de Tergnier, les compagnies de francs-tireurs du côté de Beautor et le 3e bataillon de la mobile du Pas-de-Calais sur la route de Saint-Quentin, et de disperser immédiatement des compagnies en tirailleurs s'étendant à droite et à gauche de la route, s'attachant toujours à se rapprocher de la garde nationale sédentaire afin d'être à même de se prêter au besoin un mutuel appui. Tous les mouvements furent exécutés par les mobiles avec un entrain extraordinaire,

14

et quoique les balles sifflassent de tous les côtés au-dessus de leur tête, ils marchèrent comme des vieux soldats, tirant avec calme ; et c'est avec la plus grande difficulté que le commandant d'Alincourt parvint à faire exécuter un mouvement en arrière, lorsque M. le commandant supérieur, placé au haut de la porte Saint-Firmin, s'aperçut que le bataillon allait être cerné par l'armée prussienne et fit donner l'ordre de faire sonner la retraite, ordre qui fut pour tous une véritable déception. La retraite s'exécuta lentement et avec ordre. Le commandant d'Alincourt et M. le capitaine Girard, qui commandait la 1re compagnie, ne rentrèrent en ville qu'après le dernier mobile: A la porte Saint-Firmin le commandant supérieur leur adressa ses félicitations sur la manière tout à fait remarquable avec laquelle les hommes du bataillon avaient exécuté les divers mouvements, et surtout le courage qu'ils avaient déployé, et accorda aux hommes une double ration de vin.

Le 25, à sept heures du matin, par un temps sombre et brumeux, à l'heure où tout le monde était encore couché, un sifflement strident et prolongé, des détonations sèches et précipitées, le bruit des ardoises et des tuiles tombant des toits vint annoncer que le bombardement était commencé. C'était en effet les premiers obus qui faisaient leur œuvre de destruction. Les premiers coups furent dirigés sur la caserne occupée par le 3e bataillon de la garde nationale mobile du Pas-de-Calais : le réveil sonnait, les uns étaient encore couchés, les autres se disposaient à aller prendre leur ration de café qui se préparait dans les cuisines, lorsque les obus, traversant les toits, vinrent éclater dans les chambres et tuer en un rien de temps 16 hommes. La panique qui prit ces jeunes mobiles est indescriptible. Cherchant à se sauver, ils trouvaient les escaliers effondrés ; la plupart sautèrent par les fenêtres du 1er et 2e étage, négligeant d'emporter leurs effets et leurs armes, cherchant dans les environs un abri, qui n'existait nulle part, puisqu'à La Fère il n'y a ni casmates ni abris préparés, les caves des habitations étant remplies d'eau par suite de l'inondation qui entourait la ville.

Les officiers parvinrent à réunir de 500 à 600 hommes que l'on fit rassembler dans une partie du rez-de-chaussée qui avait été blindée en prévision du bombardement, se resserrant à mesure que l'incendie gagnait les bâtiments de la caserne sur laquelle les obus ne cessaient de tomber.

Toute la journée se passa ainsi. Vers 4 heures du soir, le plafond de la dernière pièce, qui était la salle des rapports, dernier refuge menaçait de tomber. Il fallut chercher un moyen d'en faire sortir les hommes. Ils sautèrent par petits groupes par les fenêtres, et malgré un feu bien nourri de l'ennemi, le commandant eut l'heureuse chance de les voir tous arriver sans accidents à la porte Saint-Firmin et à l'arsenal. Accompagné du docteur Hibon, qui, du reste, s'est toujours fait remarquer par son zèle et son courage pendant son séjour au bataillon, M. d'Alincourt ne quitta cette salle que lorsque tous les mobiles en furent sortis.

Enfin arriva la journée du 26. Il fallut céder à la pluie de fer et de feu qui tombait incessamment. La place se rendit avec son armement et ses approvisionnements de toutes sortes. La garnison était prisonnière de guerre. Les officiers eurent le choix de partir avec elle pour l'Allemagne ou de rester libres sur parole.

Le lundi 29 septembre, vers 3 heures, on vint prévenir le commandant d'Alincourt qu'environ 40 mobiles, partis la veille, s'étaient échappés des mains des Prussiens, qu'ils avaient été repris et ramenés dans la place, que d'après les ordres du général, ces hommes, disait-on, allaient être fusillés. Il s'empressa d'aller trouver les autorités prussiennes, près desquelles il parvint très-difficilement, et en sortit avec la promesse formelle que ces braves mobiles seraient conduits par le premier convoi rejoindre leurs camarades en Allemagne.

Le lendemain à 7 heures, les officiers qui s'étaient rendus prisonniers sur parole partirent pour Saint-Quentin. Les autres, qui avaient cru devoir aller en Prusse, partirent pour Kauben (Saxe). Les mobiles, eux, furent envoyés à Dellinghem, Ulm, Ausbach (Bavière).

Etat nominatif des officiers du 3ᵉ bataillon.

De l'Orne d'Alincourt, chef de bataillon.

Hibon, médecin aide-major.

CAPITAINES. — Girard, le marquis de Baynast de Sept-Fontaines, Cantrainne, Flament, Grard, Floyard, Laversin, Réant.

LIEUTENANTS. — Paquet, Dinoire, Foulon, Crespin, Wallart, Pollet, Cappe, Burton.

SOUS-LIEUTENANTS.—Hurtrel, Calonne, de Sède, de Beaulaincourt, Daquin, Lefranc, Macaire, Réant.

Delautre, adjudant, sous-officier.

4ᵉ BATAILLON.

Le 4ᵉ bataillon de mobiles du Pas-de-Calais, formé des cantons de Lens, Carvin et Cambrin, vint s'organiser à Saint-Omer le 18 août 1870. Au bout d'un mois, l'instruction était complète; toutefois, il séjourna dans cette ville jusqu'au 7 décembre 1870. Ce jour-là, à onze heures du soir, cinq compagnies de marche, fortes chacune de 150 hommes et commandés par le chef de bataillon Peretti della Rocca, furent dirigées sur Abbeville, par suite d'un ordre télégraphique émanant de la division de Lille.

Arrivé le 8 au matin, le bataillon prenait les armes à 10 heures en compagnie du 91ᵉ de ligne, et se portait avec une pièce de canon en avant de la ville, sur la route de Bellancourt. Après une marche de trois heures, par une neige abondante, les troupes rentrèrent, n'ayant aperçu que quelques uhlans dans le lointain. A partir de ce moment, jusqu'au jour de l'armistice, le 4ᵉ bataillon concourut à la défense de la place d'Abbeville, qui ne fut pas prise, mais qu'il fallut évacuer par suite d'une convention prise dans les préliminaires d'arrangement.

Chacune des 5 compagnies stationnaient tantôt à Villers, au Mont-Gobert, à Ailly-le-Haut-Clocher, Pont-Rémy, Longpré, Condé-Folie, poussant des reconnaissances hardies dans la campagne occupée par l'ennemi. Le cercle s'étendait de Picquigny, Saint-Riquier, Bellancourt, Mouvion, Rue, où le chemin de fer fut coupé par l'ennemi, la forêt de Crécy, jusqu'à Blangy, la ville d'Eu, Airaines, Longpré. On était entouré de tous côtés; Abbeville était la souricière close et murée où l'on ne pouvait rencontrer d'autre chance que d'y trouver la captivité ou une mort honorable. A trois reprises différentes, des parlementaires vinrent sommer inutilement la ville de se rendre.

Nous raconterons ici les différentes affaires auxquelles le 4° bataillon prit part.

Affaire de l'Étoile.

Le 27 décembre, le commandant Peretti reçoit l'ordre d'aller relever la 6° compagnie qui depuis huit jours était cantonnée à Longpré et avait subi de longues fatigues. Depuis le 24, son capitaine était revenu a Abbeville où il faisait partie de la cour martiale. Son lieutenant, Blocquel d'Arras, eut un engagement avec les uhlans, qui avaient leur quartier général à l'abbaye du Gard, près Longpré ; plusieurs ennemis furent tués et deux mobiles emportés par leur ardeur furent faits prisonniers.

Le commandant partit donc pour Longpré avec la 1re compagnie dont l'effectif était d'environ 140 hommes et sous les ordres du capitaine Mortaigne. En descendant du chemin de fer, des coups de feu se font entendre dans le lointain ; des paysans arrivent tout effarés ; enfin, après plus amples informations, on apprend qu'une quarantaine d'hommes de la 6e compagnie en reconnaissance du côté du Moulin-Blanc, sur la Somme, sont engagés avec des Prussiens. Il était 8 heures et demie du matin, la neige tombait avec abondance et il faisait un froid intense. Le commandant dispose sa petite troupe et s'élance au pas gymnastique dans la direction de Condé-Folie, sur la route de l'Étoile, distant de 3 kilomètres de Longpré. Le détachement, grossi d'un certain nombre de mobilisés du Nord (canton d'Orchies), traverse le petit village de Condé Folie, enfile la route droite qui mène à l'Étoile, longue d'un kilomètre, aux berges de la Somme, en face de ce village. Là, un premier feu de peloton arrête l'ennemi qui descendait par demi-section dans la principale rue ; aussitôt il entre dans les maisons, par les fenêtres, par les portes, par les toits, par les paillotis crénelés, il tire sur nous ; à mi-côte, près d'un puits, qui domine le village, il établit ses meilleurs tireurs qui, par un tir plongeant, cherchent à découvrir nos mobiles abrités par les berges. Au bout de 20 minutes de feu, le commandant court chercher les hommes de la 6e compagnie qui s'étaient retranchés au Moulin-Blanc, et les ramène au groupe principal. Le feu à volonté dure ainsi jusqu'à 3 heures de l'après-midi.

Le pont sur la Somme, qui donne accès à l'Étoile, étant coupé, il était impossible de passer ; animés comme l'étaient les hommes du 4e bataillon, ils eurent tenté l'abordage à la baïonnette. De plus, les mobilisés d'Orchies, mal armés, et dont la plupart n'avaient jamais manié le fusil, ne prêtèrent qu'un bien faible concours. Il fallut donc battre en retraite ; la lutte ne pouvait aboutir, et d'ailleurs l'ennemi, par un mouvement à gauche, cherchait à tirer les mobiles en écharpe, en allongeant ses tirailleurs dans les jardins qui faisaient coude sur la rivière. Le détachement se retira tranquillement faisant face par échelons en arrière, et reprit le chemin de Longpré. Dans cette affaire, 180 mobiles eurent à lutter contre 500 Prussiens et 1,200 qui étaient en réserve au camp de César qui domine l'Étoile. Ce camp était le lieu ordinaire où ils venaient tous les jours faire l'exercice.

Les pertes du bataillon furent peu considérables ; elles s'élevèrent à un mobile tué, le sieur Debonte, d'Hénin-Liétard, et deux autres blessés. L'ennemi, d'après les renseignements reçus le soir même à Abbeville, et émanant des habitants de l'Étoile, eut 52 hommes et 5 chevaux tués et un grand nombre de blessés.

Dans cette rencontre, les mobiles du 4e bataillon firent très-bien leur devoir et montrèrent, ainsi que les officiers, une ardeur et une énergie dignes d'éloges.

Combat de Longpré (1).

Le lendemain, 28 décembre, fut un jour malheureux pour le

_____

(1) Cette partie de la campagne de 1870-1871, vient d'être racontée très-explicitement dans une brochure intitulée l'*Affaire de Longpré*, Arras, Brissy — 1871 ; nous y renvoyons nos lecteurs.

bataillon. La 1ʳᵉ, la 2ᵉ et la 7ᵉ compagnie, formant un effectif d'environ 400 hommes, étaient restées à Longpré ; la 6ᵉ était rentrée à Abbeville, le 27 au soir. Le pays était difficile à reconnaître, et les marais gelés disparaissaient sous l'épaisse couche de neige qui couvrait la terre. Les mobilisés étaient abrités sous les bâtiments de la gare à Longpré. A 8 heures, la 7ᵉ compagnie envoyée en reconnaissance sur l'Étoile, avertit que les postes confiés aux mobilisés étaient fort mal gardés et ne tarde pas à apercevoir des uhlans sur la route de Condé-Folie à Hangest. A 10 heures, le commandant Broutin des mobilisés d'Orchies, rassemble son bataillon qu'il déploie en bataille sur les hauteurs au sud de Longpré, la gauche tenant au chemin de fer, près de Condé-Folie. A 11 heures, on signale un escadron de uhlans sur la route d'Hangest ; nos mobiles embusqués leur tuèrent quelques hommes.

Toutefois, rien ne faisait présager une attaque ; ce n'étaient jamais que des alertes, rien n'annonçait un engagement sérieux. Pourtant, vers 11 heures et demie des Prussiens sont signalés sur la route d'Airaines. Une reconnaissance commandée par le lieutenant Renard, de la 7ᵉ compagnie, se porte en avant avec 20 hommes au secours des mobilisés qui étaient postés au château. Un chemin couvert lui permet d'arriver jusque sous les haies du parc, mais là il est reçu par des coups de feu tirés à bout portant. L'ennemi s'était emparé par surprise du château et de ses dépendances. Les mobilisés furent pris ou mis en fuite. Le lieutenant Renard se retira ensuite en bon ordre ; dans ce mouvement, il eut un homme tué et un blessé.

L'ennemi avait fait un long détour et avait attaqué avec trois régiments d'infanterie, trois escadrons de cavalerie et trois pièces de canon : le major Pestel, qui se trouvait la veille à l'Étoile voulait prendre une revanche dans cet entonnoir perfide de Longpré, entouré de hauteurs et fermé par des marais. Il désirait se payer une bataille d'Austerlitz, et c'est pour cela qu'il avait de l'artillerie, espérant briser la glace des marais sous les pas de nos mobiles. La position était donc très difficile. Au bruit des premières détonations, trois des compagnies rassemblées sous la gare, s'élancent au pas de course. La 2e compagnie prend position à gauche de l'église, derrière la batterie, la 7e, à droite de l'église, et la 1re se glisse le long de la voie ferrée, et escalade les crêtes afin d'opérer un mouvement tournant.

Sur ces entrefaites, le commandant Broutin est fait prisonnier avec un grand nombre de mobilisés d'Orchies. La 2e compagnie se retranche alors dans le cimetière et tient ferme jusqu'à la dernière cartouche. A la fin, le capitaine Bident, entouré de toutes parts, criblé de blessures, est fait prisonnier avec son lieutenant, son sous-lieutenant, et un jeune officier volontaire Paul Spriet. Cette compagnie souffrit beaucoup.

La 7e compagnie n'était pas dans de meilleures conditions, ayant lutté jusqu'à quatre heures; sa droite étant tournée par un escadron de cavalerie et sa gauche par de l'infanterie, menacée de front par l'artillerie, elle commence à battre en retraite, profitant des plis du terrain, et faisant feu à chaque rideau qu'elle rencontre. A la cinquième décharge, le capitaine Eugène Spriet tombe, ayant la jambe cassée. Les hommes rejoignent le lieutenant François, qui dirige la retraite sur la 1re compagnie, qui, elle aussi, repoussée du côté de la ligne ferrée, cherchait à traverser les marais. Munie d'un guide sûr, la 1re compagnie, ayant évité le mouvement de la cavalerie qui cherchait à l'envelopper, fut assez heureuse pour passer la Somme à Longpré avec tous les débris des trois autres. Le soir, tristes, abattus, nos mobiles rentraient à Abbeville, le cœur meurtri, ayant succombé sous le nombre.

Dans cette retraite, le capitaine Montaigne, de la 1re compagnie, fut admirable de sang froid et de sagacité.

Nous eûmes une douzaine de morts, 16 blessés et 60 prisonniers. L'ennemi, de son côté, eut beaucoup de monde tué et emporta trois voitures de blessés à Amiens

Nous devons rendre hommage au patriotisme des habitants de Longpré qui se battirent avec acharnement. Honneur à eux !

Aussi les Prussiens se vengèrent en pillant, fusillant, tuant même une femme et enlevant avec eux des ôtages.

Nous ne saurions passer ici sous silence un fait de sauvagerie inouïe, qui pourra stygmatiser nos sauvages ennemis. Dans une maison de Longpré, couverte par le drapeau blanc de l'ambulance, un pauvre mobile blessé était soigné par le médecin du village ; ces barbares ivres, entrent et le fusillent malgré les efforts du médecin. Le pauvre malheureux mourut dix jours après à l'ambulance d'Abbeville.

Nous signalerons l'énergie déployée par le lieutenant François, qui tint seul à la gare avec une poignée d'hommes contre l'ennemi maître du village, et fut le dernier qui quitta le champ de bataille. Nous accorderons aussi un tribut d'éloges justement mérité au courage du lieutenant Renard qui, avec ses 20 hommes, reçu à bout portant par le feu de l'ennemi au château, traversa tout le village de Longpré, essuyant une fusillade qui partait des deux côtés de la rue, et se défendant en vrai lion. Il eut la chance de sortir de cette fournaise, n'ayant perdu que cinq hommes.

Enfin, nous adresserons au nom du brave commandant et de tous les officiers et sous-officiers du bataillon, les témoignages de la plus vive reconnaissance à M. le curé d'Airaines qui adoucit les horreurs d'une nuit passée dans son église et fut le premier à donner des nouvelles des camarades que l'on croyait tués.

Le service fut dur et pénible pendant tout le mois de janvier : sous les ordres du commandant supérieur Babouin, qui plus tard fut nommé général à titre provisoire, la défense d'Abbeville fut entendue d'une manière très intelligente. L'extérieur de la ville fut garni d'ouvrages où l'on pouvait amener des canons. Le poste de combat du 4ᵉ bataillon était la défense du faubourg Thison, poste d'honneur, car l'ennemi devait aborder par là. Du reste, pendant les deux mois et demie d'occupation d'Abbeville, le bataillon fit patriotiquement son devoir. Après l'évacuation de cette ville, il fut cantonné sur les bords de la Canche, et occupa les villages de Cavron, Aubin-Saint-Vaast, et la ville d'Hesdin jusqu'à l'époque du licenciement, 21 mars 1871.

DÉCORATION. — *Chevalier de la Légion-d'Honneur.* — M. Spriet, capitaine à la 7ᵉ compagnie.

5ᵉ BATAILLON.

Le 5ᵉ bataillon des mobiles du Pas-de-Calais, comprenant les hommes fournis par les cantons de Boulogne, Calais, Desvres, Guînes et Marquise, fut appelé à l'activité le 16 août 1870 et réuni ce jour-là à Boulogne-sur-Mer, afin d'y être organisé sous le commandement de son chef, M. Matis.

Le bataillon composé de huit compagnies fortes chacune de 140 à 160 hommes, y compris une compagnie d'éclaireurs, appelée compagnie franche, d'un effectif de 150 hommes, partit pour Arras le 20 octobre 1870. A peine arrivé dans cette ville, sur un ordre du général Bourbaki, en date du 7 novembre, il fut organisé en bataillon de guerre. Quatre compagnies de marche de 150 hommes chacune ajoutées à la compagnie franche, en tout 750 hommes non compris les officiers, en formèrent l'effectif. Les trois autres compagnies restèrent au dépôt à Arras.

Le 25 du même mois les 5ᵉ, 6ᵉ et 7ᵉ bataillons de la garde nationale mobile du Pas-de-Calais, furent enrégimentés sous le n° 91ᵉ de marche. Le capitaine Fauvel, du 33ᵉ de ligne, évadé de Metz, prit le commandement du régiment avec le grade de lieutenant-colonel.

Le même jour à six heures du soir, le 5ᵉ bataillon reçut l'ordre de partir le lendemain à quatre heures du matin par les voies rapides avec son commandant, pour concourir à garder le cours de la Somme (rive droite) entre Bray-sur-Somme et Cappy. A Albert, le commandant Framond, du 75ᵉ de ligne, à la tête de son bataillon, reçut l'ordre de prendre le commandement de la colonne. Parti d'Albert à six heures du matin, le détachement se dirigea vers Bray, situé à 11 kilomètres et les hommes dressèrent leurs tentes en deçà du village. Une fausse alerte, suivie d'une reconnaissance sans résultat, dans la direction de

Cappy, occupa l'après-midi du 26. Le lendemain le camp fut levé pour aller cantonner dans le bourg même de Bray. A peine installé, le bataillon dut prendre les armes pour repousser un peloton de cuirassiers ennemis. L'un d'eux fut blessé, son sabre fut rapporté et offert au maire de Bray par le commandant Framond.

Le lendemain de grand matin, l'ordre fut donné de battre en retraite. La colonne, sans être inquiétée, se mit en marche sur Albert qu'elle traversa sans s'arrêter, et vint coucher à Bapaume.. C'est à peine si dans cette marche forcée, et au début de la campagne, quelques traînards restèrent en arrière, et cependant chaque mobile portait dans son sac et sa giberne 90 cartouches, sans compter les objets de campement et le lourd fusil à tabatière.

La colonne quitta Bapaume à six heures, pour se rendre à Cambrai, où elle arriva à trois heures de l'après-midi. C'est pendant le séjour dans cette ville qu'eurent lieu les élections des officiers (8 octobre). Elles amenèrent de si déplorables résultats, que le commandant Matis partit immédiatement pour Lille pour remettre sa démission entre les mains du général Farre et de M. Testelin ; elle ne fut pas acceptée. Le 10 décembre, le bataillon prenait le chemin de fer pour Saint-Quentin à six heures du matin. En descendant du train, il se dirigea étape par étape sur Ham, le jour même où cette ville fut reprise par les Français. Le lendemain, 11 décembre, il prit ses cantonnements à Matigny où il fut rejoint par les 6e et 7e bataillons.

Le 91e de marche ainsi réuni faisait alors partie de la 1re brigade de la 1re division du 22e corps d'armée, par suite de la formation de l'armée du Nord.

Le régiment partit alors de Matigny pour Flavy : En traversant Ham, il réussit, avec les troupes cantonnées dans cette ville à repousser une reconnaissance ennemie (12 décembre). Le soir, le 5e bataillon vint cantonner au village d'Eppeville, établissant une grand-garde forte d'une compagnie au pont d'Allemagne (route d'Amiens). Le lendemain ils se transportait à

Verlaines, puis à Langue-Voisin où était réuni le 91. Le 15, il arrivait à Méharicourt d'où il se dirigeait sur Corbie. Le 16 décembre, le 22ᵉ corps d'armée ayant à sa tête le général Faidherbe quitta cette ville à 8 heures du matin et prit la route de Villers-Bretonneux. Après avoir traversé ce village et la voie du chemin de fer, le 5ᵉ bataillon fut envoyé de grand-garde sur le champ de bataille du 27 novembre ; l'avant-garde, partie à cinq heures du matin pour le village de Saleu, faubourg à l'ouest d'Amiens, fut arrêtée à Longau par un dragon avec mission de lui faire rebrousser chemin. Elle courut alors grand risque d'être faite prisonnière. A la nuit, le régiment quitta Villers-Bretonneux pour aller prendre ses cantonnements à Aubiguy, où il séjourna le 18 décembre. Le 19, le 91ᵉ suivant le mouvement du 22ᵉ corps d'armée, vint s'établir à Beaucourt, village situé sur la gauche de l'Hallue.

L'ennemi ayant été signalé dans la direction de Villers-Bocage par un officier d'ordonnance du général Lecointe, une reconnaissance composée de 25 hommes et commandée par un officier fut envoyée dans cette direction ; elle ne rencontra pas même un uhlan. Le 23, à onze du matin, l'ennemi fut signalé. Il était l'arme au pied à deux kilomètres environ sur la gauche perpendiculairement à la route d'Arras à Amiens, dans la direction d'Hérissart.

La colonne prussienne, composée d'infanterie, artillerie et cavalerie, s'ébranla vers onze heures et demie, semblant se diriger sur le village de Contay ; mais elle ne tarda pas à changer de front et de direction, en opérant une conversion sur son centre, pour marcher sur le village de Beaumont en deux colonnes serrées, la cavalerie en tête (cuirassiers), masquant l'infanterie et l'artillerie. Les tirailleurs du 5ᵉ bataillon les saluèrent tout en se retirant en bon ordre sur le village. Mais au même moment arrivait de ce côté un caisson attelé de ses quatre chevaux. Le conducteur avait perdu la tête ; au lieu de traverser le pont de l'Hallue pour se réunir au convoi de la division, il était venu barrer tout moyen de retraite aux soldats, engagé qu'il était

dans un chemin étroit du village, près du château. L'ennemi
s'en aperçut et essaya d'en profiter en tirant sur le caisson dans
l'espoir de faire sauter la troupe avec lui. Plusieurs hommes
furent blessés. Un capitaine d'infanterie allemand osa s'avancer
seul pour dire aux tirailleurs de mettre bas les armes. Son audace lui coûta cher, un garde mobile, nommé Piquet, de la
2ᵉ compagnie, lui envoya une balle qui le désarçonna ; il était
mort ! Le sabre et le cheval de l'officier furent en notre pouvoir.

Les Prussiens ayant attaqué en force le château de Montigny,
qui était occupé par le 46ᵉ des mobiles du Nord, et les troupes
qui étaient cantonnées à Contay, ayant gagné à la hâte les hauteurs du versant de la rive gauche de l'Hallue, le 5ᵉ bataillon du
Pas-de-Calais, menacé de tous côtés, dut battre en retraite vers
le pont de Beaucourt, afin de se réunir à la brigade dont il faisait partie. Grâce au courage déployé par les 1ʳᵉ et 2ᵉ compagnies, et à l'énergie et l'entrain du capitaine Barra de la 1ʳᵉ et
du lieutenant Gros de la 2ᵉ (1), l'ennemi fut ralenti dans sa
marche et fut tenu en respect après le passage du pont. Le lieutenant Gros eut l'honneur de passer et de résister au moins pendant une heure aux tirailleurs ennemis : sans son efficace résistance, les Allemands eussent fait un grand nombre de prisonniers.

Après avoir passé le pont sur l'Hallue, le commandant Matis
chercha inutilement à découvrir le 91ᵉ de marche, plaça son bataillon à la gauche du 24ᵉ, qui était en train de faire une tran-
chée pour se couvrir. Vers quatre heures de l'après-midi, le général Farre, seul, sans officier d'ordonnance, vint donner l'ordre
au commandant de prendre part au mouvement général, et de
chercher à repousser les Allemands du village de Béhencourt.
De concert avec le 1ᵉʳ bataillon du 46ᵉ des mobiles du Nord, chef
de bataillon de Laprade, il pénètra aux abords de cette commune sans éprouver de résistance ; mais en avançant dans une
rue, nos mobiles furent arrêtés par un feu de mousqueterie des

(1) Ces deux officiers ont été cités pour leur belle conduite à l'ordre
de a division.

plus violents. Les commandants firent sonner la charge ; ceux qui essayèrent de s'avancer furent tués ou faits prisonniers. C'est là que tomba le lieutenant Dhuisne de la 1ᵉ compagnie, frappé de deux balles qui lui fracturèrent le bras droit. Fait prisonnier, mais trop grièvement blessé pour être emmené par les Prussiens, il fut transporté à l'hôpital d'Albert, où il mourut le 27 janvier 1871, avant d'avoir eu la consolation d'apprendre sa nomination au grade de chevalier de la Légion-d'Honneur. (Promotion du 2 février). Le lieutenant Gros fut blessé légèrement à la main droite.

Les commandants Matis et de Laprade cherchèrent alors à tourner le village par la gauche ; mais les mobiles ne voyant plus leurs chefs auprès d'eux se replièrent en dehors du village : ce qui obligea à abandonner ce projet. Du reste, la nuit était obscure, et il était trop tard pour le tenter avec succès. Ne recevant pas d'ordre et livré à son propre initiative, le commandant Matis dirigea son bataillon vers le village de Franvillers.

Pour son baptême du feu, le 5ᵉ bataillon des mobiles du Pas-de-Calais, n'a pas le droit de se plaindre. Placé sur la droite de nos positions, il reçut à Pont-Noyelles les premières et les dernières balles dans la journée du 22 décembre. La lutte recommença le lendemain, mais faiblement. Les Prussiens répondaient peu ou point à la canonnade de l'armée du Nord Dans la crainte d'être tournés, lorsque le feu eut cessé sur toute la ligne, le général Faidherbe fit opérer la retraite. Le 91ᵉ vint cantonner à Hédouville, où il arriva vers la nuit. Il partit le lendemain 25, et vint loger successivement à Ransart, Saint-Laurent-Blangy, 26 décembre, Rœux 27, Gavrelle 29, Fampoux 30, Rivière 31. Ce régiment prit part le 2 janvier à la grande reconnaissance exécutée par toute la division Derroja. Le lendemain, le 22ᵉ corps, dont il faisait partie, partit d'Achiet-le-Petit à 6 heures du matin, dans la direction de Bapaume.

Pendant la matinée, le régiment fut spécialement chargé de flanquer et de protéger les batteries de la division. Dans l'après-midi, il fut placé par bataillons en masse dans un pli de terrain, situé auprès des premières maisons du faubourg de Bapaume ; il resta dans cette position jusqu'à sept [heures du soir par un froid des plus vifs. Le bataillon s'attendait à recevoir l'ordre d'entrer dans Bapaume de vive force, lorsqu'il reçut celui d'aller cantonner, ainsi que toute la division, à Achiet-le-Grand. Le 5e bataillon eut sept mobiles de blessés à la bataille de Bapaume. Le lendemain, 4 janvier, le 91e partit d'Achiet-le-Grand pour Hendecourt-lez-Ransart, et de là pour Croisilles, où il arriva le 6, formant l'escorte du convoi du 22e corps. Après être resté trois jours dans cette commune, le régiment partit dans l'après-midi du 10 pour Mory. Le lendemain, à quatre heures du matin, il partait en reconnaissance vers Beugnâtre et Sapignies. Surpris, l'ennemi abandonna ces villages à son approche. Dans l'après-midi, la division Derroja entrait sans coup férir dans Bapaume. Le 13, le régiment prit les armes pour repousser une reconnaissance ennemie sur cette ville. Il en partait le lendemain pour se rendre à Albert. Quelques coups de fusils échangés à l'avant-garde et une reconnaissance sur Bray signalèrent la route.

Le 16 janvier, le 91e quittait Albert pour Bouchavesnes. Les uhlans étaient en observation dans le lointain, le feu de tirailleurs entre les grands-gardes opposées ne cessa pas de toute la nuit. Le 17, toute la division partait pour Vermand. Une première attaque eut lieu au bois de Buire, près Templeux, suivie d'une autre aux abords de Vermand. Les Prussiens surpris, échappèrent à la faveur des bois. Les chemins étaient défoncés par l'artillerie que l'on suivait pas à pas, les hommes mal chaussés et exténués de fatigue se rendaient à peine aux distributions de vivres qui se faisaient pendant la nuit. Le 91e quitta Vermand pour Saint-Quentin, le 18 janvier. Le 5e bataillon, servait d'escorte au convoi du 22e corps, ainsi qu'à celui du trésor et des bagages du général en chef. A peine était-il arrivé, qu'une violente canonnade se fit entendre dans les environs de Vermand. A trois heures de l'après-midi, les 5e et 6e bataillons du 91e, réunis à la division Derroja, s'engagèrent dans des chemins de traverse, rendus impraticables par le dégel. Les mobiles pouvaient à peine suivre ; la nuit survint, et le commandant Matis chercha à rallier son bataillon. Le lieutenant-colonel, commandant le régiment, était retourné vers Saint-Quentin avec les 1re et 2e compagnies. Le commandant, ignorant ce départ, et n'ayant aucune indication des chemins à suivre, arriva à Vermand à la lueur sinistre des incendies qui brûlaient les fermes des alentours ; il y fut rejoint par le 6e bataillon. Alors les commandants Matis et Pessez, s'étant concertés, et se trouvant dans l'impossibilité la plus complète de se procurer un morceau de pain, se décidèrent à retourner à Saint-Quentin.

Le détachement arriva dans les faubourgs vers minuit, après avoir laissé sur la grande route un grand nombre de mobiles. Le lendemain 19 janvier, le canon tonnait dès neuf heures du matin. Le 5e bataillon, dont l'effectif ne dépassait pas 300 hommes que l'on avait eu grand peine à rallier, reçut l'ordre, ainsi que le restant du régiment de s'arrêter à la gare pour y déposer les sacs. Il partit alors le long de la voie ferrée jusqu'à la hauteur du moulin dit A tous Vents. Il gagna le plateau et il fut placé en réserve. Vers onze heures, le général Derroja donna l'ordre au régiment de se porter en première ligne entre le chemin de fer et la route de Saint-Quentin à Chauny, Le 5e bataillon fut arrêté pour flanquer les batteries Bocquillon et Collignon et resta l'arme au pied jusqu'à une heure de l'après-midi. A ce moment, le général Derroja l'envoya dans la direction de la route de La Fère, afin de renforcer les régiments qui étaient engagés et qui avaient dû reculer. Pendant ce mouvement, le chef d'escadron d'artillerie Cornet fit prendre aux hommes le pas gymnastique, afin de dégager une batterie de marins qui étaient pris en flanc par des tirailleurs allemands. L'arrivée du 5e bataillon fit reculer l'ennemi ; le commandant Matis prit alors position avec ses mobiles sur le talus de la route de Chauny. Il avait à sa gauche, dans la même position de défense, le 43e de ligne, et à sa droite le 2e bataillon de chasseurs à pied. Ces troupes ne furent pas attaquées dans

cette forte position. Il était près de quatre heures, l'armée commençait à battre en retraite, précédée par le 23ᵉ corps qui avait
pris les devants. Vers cinq heures, avant de quitter le champ de
bataille, le commandant Matis fit faire demi-tour au bataillon
pour repousser une charge de uhlans, qui fut arrêtée par des
troupes placées en avant. Il atteignait les premières maisons
du faubourg, lorsqu'un obus lancé par les Prussiens des hauteurs de La Neuville, vint tomber aux pieds du commandant et
blessa légèrement à la figure l'adjudant-major. En passant devant la gare, les mobiles reprirent leurs sacs malgré les projectiles qui pleuvaient de tous côtés. Ils traversèrent ensuite la
ville pour gagner la route de Cambrai, ligne de retraite. Un
grand nombre de traînards, ainsi que deux officiers qui étaient
restés malades à Saint-Quentin, furent faits prisonniers.

Le 20 janvier à une heure du matin, le bataillon était à
Bohain. Là, le commandant Matis prit le commandement des
débris du régiment dont le lieutenant-colonel Fauvel avait été
blessé d'une balle à la cuisse Au Cateau, le 91ᵉ de marche était
représenté par les trois chefs de bataillon, quelques officiers et
une quarantaine d'hommes. A Saint-Python, trois chariots réquisitionnés transportaient à Valenciennes cette petite troupe,
qui arrivait à Arras le soir par le chemin de fer. C'est à Saint-
Laurent que le commandant Matis réorganisa le régiment.
Un mois après, le 91ᵉ de marche, ayant un effectif de 1,608
hommes, dont 40 officiers, était dirigé par étapes sur Dunkerque, où il arrivait le 23 février. Il fut embarqué le soir même
sur le vaisseau *le Solferino*, en destination de Cherbourg.

Après une heureuse traversée, le régiment débarqua le 24, et
le soir les 3 bataillons établirent leurs cantonnements à l'Est
de la presqu'île. Le 2 mars suivant, le 91ᵉ quittait Cherbourg
pour se rendre à Saint-Lô. A son arrivée dans cette ville, il fut
dirigé sur Marigny, en avant des lignes de Carautan. Enfin,
après un dernier cantonnement à Quibon, le 5ᵉ bataillon fut désarmé à Saint-Lô le 24 mars 1871. Le lendemain, le 91ᵉ régi-

ment de mobiles quittait la ville pour retourner à Arras par étapes. Arrivés à Rouen le 2 avril, les hommes partirent isolément pour rentrer dans leurs foyers. Le licenciement du régiment fut effectué le 10 avril suivant.

DÉCORATIONS.—*Chevaliers de la Légion d'honneur.* — MM. Matis, chef de bataillon ; Dhuisne, lieutenant (décédé des suites de ses blessures), nommés chevaliers par décret du 18 février 1871 ; — Gilbert, capitaine à la 6e compagnie, nommé chevalier par décret du 27 juillet 1871.

Medailles militaires. — MM. Thorez, caporal ; Devienne, garde mobile (décédé par suite de ses blessures) ; Dumont, (décédé par suite de ses blessures) ; décorés de la médaille militaire par décret du 18 février 1871 ; — Lageyre, caporal clairon, (décoré de la médaille militaire par décret du 27 juillet 1871.

6e BATAILLON.

Le 6e bataillon des mobiles du Pas-de-Calais, composé des hommes de l'arrondissement de Montreuil et du canton de Samer fut réuni à Montreuil le 16 août 1870. Après deux mois de séjour dans cette ville, il fut envoyé à Arras le 23 novembre, pour faire partie d'un régiment de marche qui fut formé le 25 du même mois avec les 5e, 6e et 7e bataillons dn Pas-de-Calais, et placé sous les ordres du capitaine Fauvel du 33e de ligne, évadé de Metz, et nommé lieutenant-colonel provisoire sur la proposition de M. Lenglet, préfet du Pas-de-Calais.

Le régiment reçut l'ordre de quitter Arras le 10 décembre pour entrer en campagne, et fut placé dans la 1re brigade (lieutenant-colonel Aynès) de la 1re division (général Derroja), du 22e corps.

Le 23 décembre 1870, après le combat de Pont Noyelles, le général Derroja donna l'ordre au commandant du 6e bataillon de prendre à la baïonnette le village de Bavelincourt pour y passer la nuit. Le commandant Pessez fit aussitôt sonner la marche, et malgré le feu très-vif de l'ennemi il parvint à y entrer sans éprouver aucune perte (quelques blessés). Il fut obligé de passer la nuit dehors sur la défensive, et à environ 200 mètres des avant-postes prussiens.

Le général Derroja vint féliciter le bataillon sur sa belle conduite et sur sa fermeté et donna l'ordre au lieutenant-colonel de lui adresser un rapport et d'y citer le commandant d'une manière toute particulière, pour l'entrain avec leqnel il avait enlevé ses hommes.

Le 91e de marche assista à la bataille de Bapaume le 3 janvier 1871 ; le 6e bataillon, arrivé dès le matin sur le champ de bataille servit, jusqu'à onze heures, de soutien à une batterie d'artillerie, au milieu d'une grêle de balles et d'éclats d'obus; il occupa ensuite une position devant le village d'Avesnes. Vers neuf heures du soir, il vint prendre son cantonnement à Achiet-le-Grand.

Le 11 janvier, le bataillon prit part, dès le matin, à une reconnaissance de la division, dans la direction de Bapaume. Le même jour dans l'aprés-midi, après une nouvelle reconnaissance, le bataillon rentra dans Bapaume.

Le 13, à Bapaume, les Prussiens lancèrent quelques obus sur nos grands'gardes ; le 6e bataillon prit les armes, occupa une position et rentra dans son cantonnement, l'ennemi n'ayant pas continué son attaque.

Le 14, départ de Bapaume.

Le 15, le 6e bataillon fit partie d'une reconnaissance poussée par une partie de l'armée sur Bray-sur-Somme; à son approche, les Prussiens évacuèrent Bray et refusèrent le combat. Cette reconnaissance était composee du 2e bataillon de chasseurs à pied, du 46e régiment de mobiles du Nord, d'un bataillon du 24e de ligne et d'une batterie d'artillerie mobile du département de la Seinc-Inférieure. Retour du bataillon à Pozières.

Le 16 janvier 1871, départ de Pozières pour Bouche-Avesnes, le 6e bataillon fut chargé de protéger le convoi de la division ; à l'intersection des routes de Bapaume et de Moislaines à Péronne, le commandant Pessez fit déployer la compagnie franche en tirailleurs, afin d'assurer le convoi contre les uhlans qui étaient dans les environs.

Arrivé le 17 janvier à Vermand, le 91e partit le lendemain pour Saint-Quentin. Il fut envoyé immédiatement au secours du 23e corps vigoureusement attaqué par les Prussiens. Vers sept heures du soir, il rentrait à Vermand, d'où il reprenait bientôt la route de Saint-Quentin où il arriva le 19 à une heure du matin.

A huit heures, le commandant Pessez reçut l'ordre de se rendre au moulin dit : *A Tout-Vent*. Une demi-heure après son arrivée, il recevait un nouvel ordre, celui de placer son bataillon sur les hauteurs de Grugis, à trois kilomètres de Saint-Quentin, laissant à droite le chemin de fer du Nord, et à gauche la route de La Fère.

Le feu des Prussiens était très-vif ; trois compagnies furent placées en tirailleurs et les deux autres restèrent à 150 mètres en arrière, afin de pouvoir remplacer les hommes mis hors de combat et de veiller à ce que les hommes placés en 1re ligne conservassent leur place de bataille. Malgré les plus grands efforts, il fallut battre en retraite à quatre heures et demie du soir, en soutenant le feu avec énergie. Arrivé dans les ravins de Grugis, on aperçut un peloton de cavaliers prussiens qui se dirigeait sur le bataillon, cherchant à le cerner pour le faire prisonnier. Le commandant fit arrêter les hommes et ordonna de faire feu ; 4 cavaliers restèrent sur le terrain et les autres firent demi-tour. Grâce à ce mouvement, le colonel Pittié faisant fonction de général et son escorte, qui se trouvaient derrière le bataillon, échappèrent aussi à l'ennemi. A six heures du soir, nos mobiles rentraient dans Saint-Quentin et prenaient la route du Cateau en passant par Bohain.

Les pertes du bataillon dans cette journée furent considérables ; nous citerons, le capitaine Lhotheillier qui, après s'être battu comme un lion toute la journée, fut mortellement frappé dans la terrible retraite qui suivit cette bataille. Cinq jours après il succombait à ses souffrances ; le chef de bataillon Pessez, blessé à la cuisse d'un éclat d'obus, et d'un autre éclat qui ploya le fourreau de son sabre ; le lieutenant Fourmentin, blessé à la jambe gauche ; le sous-lieutenant Dubourg, blessé au bras gauche et un certain nombre de sous-officiers et soldats tués ou blessés.

Le 6ᵉ bataillon, après avoir traversé le Cateau, Solesmes, Valenciennes, fut dirigé sur le faubourg Saint-Sauveur-les-Arras, où il arriva le 21. Le 22, il logeait à Saint-Laurent-Blangy, et le 24 à Tilloy près Arras, où il séjourna jusqu'au 20 février. Il partit ce jour-là pour Béthune, séjourna à Hazebrouck le 22, passa le 23 à Worhmoudt et arriva le 24 à Dunkerque, où il fut immédiatement embarqué à bord du *Solferino*, en destination de Cherbourg. Le débarquement eut lieu le 25 dans la matinée.

Après avoir occupé différents cantonnements dans le département de la Manche, le bataillon fut désarmé à Saint-Lô et licencié le 10 avril à Arras.

La campagne a été pénible et ne fut qu'une série de fatigues, de privations et de souffrances à travers des départements cruellement dévastés par un implacable ennemi. Toutes ces misères furent supportées avec courage, énergie et résignation, et la conduite des officiers, sous-officiers et soldats du 6ᵉ bataillon a été admirable et digne de soldats français.

DÉCORATIONS.— *Chevaliers de la Légion d'honneur.*— MM. Baudinet, capitaine à la 2ᵉ compagnie, chevalier de la Légion d'honneur, par décret du 28 février 1871 ; — Dubourg, sous-lieutenant, chevalier par décret du 27 juillet 1871 (Avant-bras brisé d'un coup de feu.

Médailles militaires. — Delhaye, caporal ; — Willin, caporal, décorés de la médaille militaire, par décret du 27 juillet.

7ᵉ BATAILLON.

Le 7ᵉ bataillon de la garde nationale mobile du Pas-de-Calais, composé des hommes fournis par les cantons de l'arrondissement de Saint-Omer, fut réuni le 16 août 1870, sous les ordres du commandant Dujarric. Ce dernier ayant donné sa démission le 27 novembre, fut remplacé par M. Nègre-Lespine, capitaine au 33e de ligne. Ce bataillon, appelé à Arras le 15 octobre, fut incorporé le 10 décembre au 91e de marche, et partagea avec honneur et courage les dangers et les fatigues que ce régiment eut à supporter pendant toute la durée de la campagne de l'armée du Nord.

DÉCORATIONS. — *Chevaliers de la Légion-d'Honneur* : MM. Musart, capitaine à la 8e compagnie ; — Nouguier, capitaine à la 4e compagnie, blessé gravement sur le champ de bataille ; — de Sotomayor, capitaine à la 3e compagnie. Chevaliers par décret du 27 juillet 1871.

Médailles militaires : MM. Coquempot, fourrier ; — Dunand, fourrier ; — Lafoscade, sergent-major ; — Pinard, caporal ; — Lefer, caporal, décédé des suites de ses blessures ; — Dubrœuq, garde mobile ;—Debast, clairon ; —Chrétien, sergent, tous décorés de la Médaille militaire par décret du 27 juillet 1871.

8e BATAILLON.

Le contingent de l'arrondissement de Saint-Pol, formant le 8e bataillon des mobiles du Pas-de-Calais, fut réuni le 10 août 1870 à Saint-Pol. Les jeunes gens arrivèrent généralement animés des meilleurs sentiments d'ordre et de patriotisme. Immédiatement il fut procédé aux opérations du conseil de révision, qui furent achevées dans la même journée. Le 18, le bataillon, dont l'effectif était de 1,404 hommes, partit pour Hesdin, où il resta jusqu'au 15 septembre, utilisant son séjour dans cette ville aux exercices et à l'école pratique des armes qu'il avait reçues le 24 août.

A cette époque, le bataillon quitte Hesdin pour se rendre au Havre, en passant par Saint-Pol et Arras, où il arrive le 16 et repart le même jour par la voie ferrée, à neuf heures du soir, et parvient à destination le lendemain 17, à quatre heures du soir.

Le bataillon est cantonné au Hâvre et dans les environs. Le

19, le chef de bataillon reçoit l'ordre du commandant supérieur du Hâvre de se tenir prêt à partir pour Gournay par la voie ferrée. Les hommes, si ce n'est les sous-officiers et caporaux, n'avaient pas encore reçu d'effets d'habillement. Personne n'était équipé. 1,000 fusils à tabatière avaient été seulement reçus à Hesdin ; mais les effets d'habillement, d'équipement et des cartouches avaient été envoyés au Havre à la suite du bataillon. Aussitôt le commandant fait transporter ces effets dans les docks, où les compagnies en sont pourvues successivement de huit heures du soir à neuf heures du matin.

Le 21, à midi, le bataillon part du Havre et se rend à Rouen par la voie ferrée. Le lendemain, il passe la revue du général Estancelin, et échange quelques fusils en mauvais état. Un certain nombre de souliers sont distribués, et le 22, à une heure, il reprend la voie ferrée pour aller à Gournay.

Le commandant laisse en passant une compagnie (8ᵉ), à la gare de Buchy, embranchement des chemins de fer d'Amiens et de Dieppe, qui a pour consigne de s'éclairer en avant de la station du côté de Forges-les-Eaux, et de se faire aider dans cette mission par la gendarmerie locale : le reste du bataillon se rend à pied à Gournay en passant par Forges.

Le commandant Darceau, fut chargé de la défense de la ville de Gournay.

Les hommes furent logés chez l'habitant dans les villages environnants. Les 1ʳᵉ, 2ᵉ et 3ᵉ compagnies à Gournay. La 4ᵉ à Ferrières, sur l'ancienne route de Beauvais ; la 5ᵉ à Ernemont-la-Villette, route des Andelys, la 6ᵉ à Avesnes, route de Rouen ; la 7ᵉ à Neufmarché, route de Gisors et la 8ᵉ à Buchy.

Le commandant fit établir des grand'gardes à la gare du chemin de fer, sur toutes les routes, plaça des avant-postes et fit faire des reconnaissances.

Le 22 septembre, un télégramme du général Estancelin donna l'ordre de faire partir, le 23 à 5 heures du matin, 600 hommes du bataillon en reconnaissance vers Croisy. Un convoi ennemi avait été signalé dans ces parages et on voulait l'arrêter. Mais pendant la nuit un contre-ordre arriva.

Le 29, le colonel ordonna au commandant Darceau de se relier avec le bataillon de mobiles qui se trouvait à Forges-lez-Eaux et à Neufchatel. A la même date, par ordre du général de division, le bataillon devait se tenir prêt à marcher sur Beauvais avec 2 pelotons du 3e hussards : contre-ordre arriva dans la nuit.

Les Prussiens étaient entrés dans le département de l'Oise et marchaient sur Beauvais; il s'agissait dès lors de protéger le département de la Seine-Inférieure de l'invasion. De Beauvais quelques cavaliers ennemis avaient poussé des reconnaissance jusqu'aux environs de Gournay. Ces reconnaissances avaient été repoussées à plusieurs reprises avec avantage par nos avant-postes. D'un jour à l'autre on s'attendait à voir arriver les Prussiens en force sur la Normandie qui devait être pour eux une source de ravitaillement.

Dans les premiers jours d'octobre, on apprit que plusieurs colonnes prussiennes devaient marcher sur la ville par différentes routes qui y rayonnaient. L'ennemi avait avec lui de l'artillerie. Le colonel d'Espeuilles en avait demandé à plusieurs reprises à la place de Rouen sans pouvoir l'obtenir. En présence d'un ennemi supérieur en nombre et muni de pièces de canon, le colonel, réduit à ses propres ressources, dans un pays dominé par des hauteurs et difficile à défendre, dut songer à la retraite. Le 10 octobre, à quatre heures du matin, le petit corps d'armée quittait la ville. Quelques heures après, les Prussiens entraient à Gournay.

Dans la retraite, qui s'était opérée dans l'ordre le plus désirable et avec calme, le bataillon se replia sur Argueil, à gauche nord de Gournay, du côté de Rouen. Il fallait alors songer à protéger cette ville, menacée par l'entrée des Prussiens dans le département de la Seine-Inférieure. La forêt de Lyons située en avant de la ville sur une étendue de plusieurs lieues carrées, formait une défense naturelle qu'on devait songer à utiliser.

D'Argueil le bataillon fut dirigé le même jour sur la Feuillie, située au milieu de la forêt, et les compagnies furent réparties avec celles du 1er bataillon du Pas-de-Calais sur la lisière de la forêt.

L'ennemi ne paraissait pas prêt à marcher sur Rouen ; le temps fut employé sans relâche aux exercices de toutes sortes, aux marches militaires, aux reconnaissances et au tir à la cible.

Cependant tous les jours des cavaliers Prussiens arrivaient à Gournay et réquisitionnaient les habitants de la ville et des environs. C'est pour faire cesser cet état de choses que le général commandant la 2e division militaire, ordonna au bataillon de réoccuper Gournay. Ce mouvement s'opéra dans la matinée du 1er novembre. A onze heures il y rentrait, accompagné d'une section de hussards destinés à l'éclairer et à faire le service d'estafettes.

Les avant-postes furent immédiatement organisés en avant de la ville et sur toutes les routes ; les barricades furent solidement reconstruites et le service de jour et de nuit fut poursuivi sans relâche avec activité. Les compagnies qui n'étaient pas de grand-garde restaient en deçà de la ville sur la route de. Forges, et les hommes furent cantonnés dans les granges et les écuries.

Le 2 novembre, vers onze heures du matin, une quarantaine de cavaliers prussiens se montrèrent sur la route de Beauvais : une section de la 5e compagnie commandée par M. le sous-lieutenant de Puisieux, se trouvait ce jour-là de grand-garde au pont du chemin de fer sous lequel passe la route de Beauvais. La petite troupe ennemie s'arrêta au haut de la côte et laissa s'avancer trois des siens qui furent reçus et démontés par le feu des hommes de la section. Pendant ce temps-là, sur la vieille route de Beauvais, 8 uhlans furent poursuivis par des hussards avec lesquels ils échangèrent quelques coups de fusil ; le reste de la 5e compagnie, commandée par le capitaine du Hays, chercha à les tourner au pas de course ainsi que d'autres qui s'étaient montrés un peu plus loin ; mais les coups de fusil quiavaient été tirés trop tôt, firent manquer ce mouvement. Le capitaine du Hays ne put qu'apercevoir de loin les cavaliers qui fuyaient à toutes jambes de leurs chevaux.

Le 27 novembre, 30 hommes du 8ᵉ bataillon avaient été envoyés sur la route de Gournay à Beauvais pour y faire une coupure à environ 200 mètres en avant du remblai du chemin de fer. A peine arrivés à destination, ces hommes furent avertis que des cavaliers prussiens venaient en reconnaissance sur Gournay. Ils se blottirent immédiatement derrière la haie qui borde la route et s'arrêtèrent. Nos mobiles firent feu sur eux ; ils tournèrent bride immédiatement et se sauvèrent en emportant avec eux quelques blessés.

Le 1ᵉʳ décembre, le 8ᵉ bataillon reçut l'ordre de se mettre en marche pour Gaille-Fontaine, station du chemin de fer d'Amiens à Rouen, où se trouvaient déjà un bataillon de mobiles des Hautes-Pyrénées et le 3ᵉ hussards commandé par M. le lieutenant-colonel de Beaumont. Dès la première heure, il dut se porter en avant sur la lisière du bois de Gaille-Fontaine à un endroit appelé Pierremont : ce mouvement ordonné fut aussitôt exécuté. Le bataillon occupa tout l'espace compris entre la route qui conduit à Péronne et la ligne du chemin de fer qui vient y aboutir, ayant à sa droite un peloton de hussards et à sa gauche un bataillon de mobiles des Hautes-Pyrénées.

Cette journée se passa sans incident ; pendant la nuit qui suivit, et par un froid très-rigoureux, les hommes bivouaquèrent sans tente et sans avoir reçu de vivres. Cependant l'ennemi était proche, et le lendemain une affaire devait évidemment s'engager, lorsque l'ordre arriva de se replier sur Buchy par Forges-les-Eaux.

Le 8ᵉ bataillon partit le dernier avec un peloton du 3ᵉ hussards et une pièce d'artillerie servant d'arrière-garde à la colonne. A peine avait-il quitté cette position que les Prussiens envoyaient des obus sur les feux de bivouac qui avaient été organisés dans le but de tromper l'ennemi.

Le 3, dans la journée, on arrivait à Buchy où le corps d'armée devait se reformer et se renforcer, afin d'opposer sa résistance à l'ennemi. Quelques heures de repos étaient nécessaires pour remettre les hommes de leurs fatigues de ces derniers jours. Le 8e bataillon fut envoyé à Écalles, hameau situé à la jonction des routes de Buchy et de Neufchâtel.

Le 4 décembre, à la pointe du jour, le commandant, ainsi qu'il en avait reçu l'ordre pendant la nuit, faisait porter le bataillon en arrière du village de Rocquemont, et profitait de ce temps d'inaction pour faire exécuter quelques mouvements de ploiement et de déploiement en prévision de l'attaque qui paraissait imminente. En effet, vers dix heures et demie on commençait à entendre le bruit du canon. A droite se trouvait le régiment des mobilisés de la Seine-Inférieure, commandé par le colonel La Périne, que l'ennemi atteignait avant d'arriver jusqu'à nos mobiles.

Le bataillon formé en colonne serrée par division s'avançait vers la ligne du chemin de fer qui traverse la route ; à ce moment, des mobiles et des mobilisés arrivèrent fuyant en désordre devant les éclats d'obus. Quelques coups de fusil furent à peine tirés sur l'ennemi que l'ordre fut donné de battre en retraite, ce que le commandant fit exécuter au bataillon en bon ordre par demi-section. Il marcha ainsi jusqu'à Isneauville à 8 ou 10 kilomètres en avant de Rouen. Il dut bivouaquer sans tente, par un froid très-violent, et ce ne fut qu'à une heure avancée de la nuit qu'il reçut de Rouen quelques approvisionnements.

Le 5, à quatre heures du matin, l'ordre arriva de battre de nouveau en retraite en passant par Rouen et traversant la Seine. On ne savait pas au juste sur quel point on allait se diriger. Néanmoins, le bataillon marcha en ordre et arriva avec la colonne à Bourg-Achard d'où il repartit après un repos de deux heures en se dirigeant sur Pont-Audemer, où il arriva pendant la nuit.

Le lendemain 6, le bataillon se remit en marche et atteignit Honfleur vers quatre heures du soir. Il fut embarqué pour le Havre où il débarqua à deux heures dumatin. Il fut aussitôt caserné dans l'entrepôt des tabacs.

Le 9, il allait s'embarquer pour Cherbourg, lorsqu'il y eut contre-ordre par suite d'une manifestation des habitants qui demandaient à le conserver pour la défense de leur ville.

Le 11, le bataillon vint prendre position aux avant-postes sur la falaisse du secteur de gauche de la défense du Havre. Il fut cantonné dans un petit endroit appelé le Grand-Hameau, situé entre la route de Dieppe et la mer, les hommes, couchés par terre ou sur la paille, soumis au service le plus dur et le plus fatiguant en cette saison.

Il vint s'établir, le 26 décembre, au fort Sainte-Adresse. Ici cesse l'historique du bataillon et commence celui du 93ᵉ de marche mobile, qui fut formé avec le 1ᵉʳ et 8ᵉ bataillon du Pas-de-Calais et le 1ᵉʳ bataillon de la Loire-Inférieure, sous le commandement de lieutenant-colonel de Livois. Le bataillon prit le nᵒ 3 du régiment.

Le 8 janvier 1871, le 93ᵉ reçut l'ordre d'embarquer pour aller à Caen ; il y eut un nouveau contre-ordre et le bataillon, qui occupait les docks, partit le 10 pour aller réoccuper les cantonnements en avant de Sainte Adresse.

Le 27, le commandant Darceau ayant été mis à la tête d'une colonne mobile destinée à protéger les opérations d'une commission de remonte à Criquetot et à Goderville, le capitaine Bouteleux de la 1ʳᵉ compagnie prit le commandement du bataillon par intérim.

A partir du 1ᵉʳ février, les troupes composant la défense de la ville furent constituées en corps d'armée du Havre, sous le commandement du général Loysel. Le 93ᵉ fit partie de la 1ʳᵉ brigade (lieutenant-colonel Rousset), de la 1ʳᵉ division (général Peletingeas). En raison de cette nouvelle formation, le régiment reçut l'ordre de partir pour aller occuper la droite de la ligne de défense, sur la route du Hâvre à Rouen, entre la Seine et la route; le bataillon occupa Gonfreville, l'Orcher et les environs.

Le commandant Darceau prit alors le commandement du régiment en remplacement du lieutenant-colonel de Livois, qui commandait la brigade ; le capitaine Bouteleux continua à commander le bataillon.

Les travaux des lignes étant presque achevés le 25 février, toutes les troupes reconnurent leur place de bataille et prirent leur position de combat dans les tranchées dans la nuit du 26 au 27 ; mais il reçut l'ordre de rentrer dans ses cantonnements sans avoir vu l'ombre d'un Prussien.

Les préliminaires de la paix étant signées, les hommes commencèrent le 4 mars à combler les tranchées. Le 8 mars, le 93e régiment rentra au Hâvre pour aller prendre possession du baraquement construit sur la côte de Sauvic. C'est là qu'il devait attendre l'ordre de rentrer dans ses foyers ; cet ordre arriva le 16 mars, et dès le lendemain on procéda au désarmement des hommes. Le 8e bataillon partit le 18 : Ce jour même il arriva à Fécamp, le 19 à Saint-Valéry-en-Caux, le 20 à Dieppe, le 21 à Eu, le 22 à Saint-Valéry-sur-Somme, où il prit la voie ferrée pour arriver le même jour à Arras. Le 23 il revint à pied à Saint-Pol.

Composition des officiers du 8e bataillon à la date du
23 mars 1871.

M. Darceau, Gilbert-Joseph, chef de bataillon.

1re COMPAGNIE.

MM. Bouteleux, Henri-Romain-Joseph, capitaine.
Grenet de Florimond, Maurice-Anatole-Abel, lieutenant.
Tournois de Bonnevallet, Jules-Marie-Clément, sous-lieutenant.

2e COMPAGNIE.

Lejeune, Ernest, capitaine.
Guersant, Nestor-Auguste-Alexandre, lieutenant.
Déplanque, Charles-Antoine-Henri, sous-lieutenant.

3e COMPAGNIE.

Dubois, Jules-Casimir-Joseph, capitaine.

Duchenne, Eugène-Joseph, lieutenant.
Ibled, Eugène-Alphonse-Joseph, sous-lieutenant.

4e COMPAGNIE.

Doal, Pierre-Nicolas-Joseph, capitaine.
Dubois, Jean-Baptiste-Usmar-Joseph, lieutenant.
Houbart, Ovide-Alfred-Jean-Baptiste, sous-lieutenant.

5e COMPAGNIE.

Du Hays, Charles-Marie-Valentin-Guislain, capitaine.
Duchemin, Charles-Nérée, lieutenant.
Leroux de Puisieux, Floris-Etienne-Emmanuel-Léon-
Réné, sous-lieutenant.

6e COMPAGNIE.

De Saint-Quentin, Marie-Ferdinand-Narcisse-Alfred-Au-
diffredy, capitaine.
Baillet, Albert-Amable-Joseph, lieutenant.
Tournois de Bonnevallet, Henri-Alexandre-Emmanuel,
sous-lieutenant.

7e COMPAGNIE.

Noël, Edouard-Marie-Emile, capitaine.
Pajot, Léon-Martial, lieutenant.
Sockéel, Edouard-Emile-Joseph, sous-lieutenant.

8e COMPAGNIE.

Bornay, Jules-Adolphe-Dorothée, capitaine.
Triplet, Fortuné-Louis-Pierre, lieutenant.
Leblanc, Joseph-Jean-Pierre, sous-lieutenant.

ARTILLERIE.

L'artillerie de la garde nationale mobile du Pas-de-Calais,
sous les ordres du commandant Gressin, fut composée de six
batteries chargées de mettre les places en état de défense, et
d'une septième qui fit partie du 23e corps d'armée.

1re Batterie. — Capitaine, Thépaut, à Arras.
2e   —   Jacques, à Saint-Omer.
3e   —   Delatore, à Boulogne.
4e   —   Clément, à Calais.
5e   —   Delbreuve, à Aire-sur-la-Lys.
6e   —   Garnier, à Paris.

Cette dernière batterie fut placée sous les ordres du général Réné, qui l'employa à la défense des bastions 69 et 70 ; la 1re section fut détachée au bastion 74. Malgré un feu très-vif et longtemps soutenu, elle n'eut que quelques hommes blessés. Partie de Saint-Omer le 8 séptembre, elle rentra dans cette garnison le 14 mars, et les hommes furent immédiatement renvoyés dans leurs foyers.

Au mois de novembre 1870, lors de la revue des troupes qu'il passa à Arras, le général Bourbaki donna l'ordre à M. Gressin, de tirer parti des artilleurs volontaires des différentes batteries, et de monter, avec le concours du dépôt du 3e régiment du génie, qui fournirait chevaux et conducteurs, quatre des six pièces de 4 rayées, qui se trouvaient à l'arsenal. Cette fraction de batterie, une fois organisée, servirait à faire des reconnaissances ou à appuyer des sorties, en cas d'une attaque de la ville d'Arras par l'ennemi. Les conducteurs et les attelages du génie furent immédiatement désignés, ainsi que les sous-officiers et servants. Tous ces derniers furent choisis parmi les mobiles d'Arras, Boulogne, Calais et Aire, sachant ou conduire les chevaux ou manœuvrer la pièce de campagne.

Pendant quinze jours l'instruction fut poussée aussi activement que possible sous les yeux du commandant Gressin, quand tout à coup le génie réclama ses hommes et ses attelages. C'est alors que désireux de donner à la batterie une organisation stable et définitive, M. Gressin s'entendit avec les autorités civiles et militaires du département qui mirent en réquisition chevaux et harnachements, propres au service des pièces, et la batterie étant ainsi complétée, on s'occupa de la mettre sur pied de guerre.

On organisa d'abord ses cadres d'une façon définitive, M. Dupuich, lieutenant en 1er de la troisième batterie, fut promu au grade de capitaine. M. Delattre, de Calais, lieutenant en 1er, y entra avec le sien. MM. Belvalette et Delalé, lieutenants en 2e, complétèrent le cadre des officiers avec M. Garet, vétérinaire. Dès ce moment, la batterie, entièrement livrée à elle-même, put en toute sécurité et sans crainte d'être de nouveau désorganisée, recommencer ses exercices jusqu'au jour où elle fut appelée à entrer dans l'armée du Nord.

Le 16 décembre 1870, elle partit par train spécial à destination d'Albert, escortée par un détachement du 75e de ligne. La voie n'étant pas libre, elle dut s'arrêter à Miraumont, d'où elle se rendit par la route à Albert et de là à Corbie, où elle rejoignit, le 17, l'armée du Nord. Après quelques changements, elle fit définitivement partie de la 1re division du 23e corps d'armée (Amiral Moulac, division Paulze d'Ivoy).

La batterie montée du Pas-de-Calais assista aux batailles de Pont-Noyelles, Bapaume, Vermand et Saint-Quentin. Nous raconterons la part qu'elle prit à chacun de ces combats.

Pont-Noyelles.

Le 23 décembre 1870, la 1re division du 23e corps recourut au canon et se mit en ligne vers midi et demie, en face de Daours, à la gauche de la ligne de bataille, quand déjà le 22e corps était engagé depuis plus d'une heure.

La batterie mobile du Pas-de-Calais reçut l'ordre en arrivant sur le champ de bataille, d'aller remplacer sur le plateau au-dessus de Daours une batterie de 12 de la marine, presqu'écrasée par plusieurs batteries prussiennes. Les hommes, qui n'avaient jamais entendu un coup de canon, ni fait l'exercice à feu, même à blanc, n'eurent qu'une minute d'hésitation, et malgré un feu très-violent, quoiqu'ayant eu en très-peu de temps trois avant-trains et un caisson brisés et plusieurs chevaux tués, se maintinrent sur la position et tirèrent même à mitraille sur des masses profondes d'infanterie prussienne qui, sortant de Daours, voulaient escalader le plateau. Ce n'est que sur l'ordre du général en chef que la batterie quitta cette dangereuse position pour se retirer un peu en arrière et continuer à défendre ce point du champ de bataille, fort attaqué par les Prussiens. Vers le soir, elle remonta vers Pont-Noyelles pour prendre part à l'attaque de ce village, enlevé à la baïonnette par les marins de la division.

Le lendemain, une section (lieutenant Delalé), fut détachée au village de Fouilloy pour en garder l'entrée ; les autres sections furent placées sur les hauteurs dominant Pont-Noyelles et se mirent en bataille avec le reste des troupes, attendant les Prussiens sur d'excellentes positions. Aucune attaque n'eut lieu. Un mouvement tournant s'étant opéré au-delà du village, la batterie tira à 3,000 mètres et mit en déroute le corps qui l'opérait.

Vers trois heures, les Prussiens n'attaquant pas, toute l'armée commença son mouvement de retraite : la batterie et les marins de la division quittèrent les derniers le champ de bataille, et effectuèrent leur retraite sur Bapaume et Douai, sans avoir un coup de fusil à tirer.

Bapaume.

Pendant quelques jours, en prévision d'une attaque des lignes de la Scarpe, la batterie garda le confluent de la Scarpe et de la Sensée. Le 31 décembre, toute l'armée du Nord se mit en mouvement vers Arras et Bapaume ; elle reçut six pointeurs de la marine qui rendirent à nos artilleurs les plus grand services.

Le 1er janvier, la batterie, cantonnée à Tilloy, reçut l'ordre d'aller à Wancourt pour se porter le lendemain avec tout le 23e corps sur Bapaume.

Le 2, toute la division prit la route de Bapaume, et après avoir traversé sans obstacle les villages de Boyelles et d'Ervillers, rencontra les Prussiens en avant de Béhagnies, vers onze heures du matin. La batterie s'établit

16

en avant et à droite d'Ervillers et tira sur la cavalerie ennemie qui cherchait à tourner l'attaque et la dispersa ; puis elle se porta à droite de ce même village et soutint l'attaque de Béhagnies par son feu rapide. La première division, attaquée par des forces considérables, quoiqu'ayant occupé les premières maisons du village, fut vivement ramenée en arrière, malgré une défense héroïque. C'est alors que les batteries se portèrent en avant pour couvrir la retraite et permettre aux troupes de se reformer dans Ervillers. Celle du Pas-de-Calais soutint jusqu'au soir l'effort de plusieurs batteries prussiennes, et ne quitta sa position que la nuit pour rentrer dans son cantonnement à Boyelles. Le soir de cette journée arriva un renfort d'hommes et de chevaux, ainsi qu'un lieutenant du train d'artillerie, M. Lantheaume, en remplacement de M. Delattre, entré à l'hôpital depuis le 28 décembre.

Le 3, dès huit heures du matin, le combat recommença ; la nuit, les villages de Béhagnies et Sapignies avaient été abandonnés par les Prussiens, mais ils couvraient ces villages de leurs feux de manière à balayer la grande route par où arrivaient nos forces. La batterie traversa la route sous une grêle de projectiles et alla se poster à droite des deux villages, prenant en écharpe les batteries prussiennes qui tiraient sur les villages et sur nos batteries placées à leur gauche ; elle les força bientôt à changer de position, puis dispersa, à une distance de 2,000 mètres, une forte colonne d'infanterie prussienne qui s'avançait pour tourner vers Biefvillers. Vers onze heures, sous un feu violent, elle prit position en avant et en face de Favreuil, que nos troupes allaient enlever à la baïonnette ; elle couvrit le village de ses feux pendant toute l'attaque et poursuivit de ses obus les Prussiens délogés enfin par nos soldats.

Plus tard, la batterie reprit la route de Bapaume, la remonta jusqu'à la hauteur de Favreuil, s'établit entre ce village et la route, et là, appuyée par une batterie de 12 de la marine, ouvrit un feu très-nourri sur plusieurs batteries prussiennes établies près du faubourg de Bapaume ; elle les prit en écharpe, et après plus d'une heure d'une canonnade très-vive, parvint à les faire taire. Elle tint en respect jusqu'au soir, de ce côté, tous les mouvements offensifs de l'ennemi. Nos artilleurs passèrent la nuit à Favreuil au milieu des morts. Le lendemain ils reçurent l'ordre de se replier, ainsi que toute l'armée du Nord, à quelques kilomètres en arrière, pour reformer les effectifs et laisser aux hommes quelques jours de repos.

La batterie cantonna successivement à Saint-Martin, Boiry-Becquerelle et Bihucourt, le 10 janvier, lorsque les Prussiens eurent évacué Bapaume, puis à Moyenneville.

Vermand et Saint-Quentin.

Le 16, toute l'armée du Nord s'ébranla vers Péronne et Saint-Quentin par un dégel affreux. Le 23ᵉ corps suivait péniblement des routes de traverse complètement défoncées par la pluie. C'est alors que la batterie fut coupée en deux par suite de l'effondrement du pont d'Etricourt. Les deux premières sections parvinrent sans encombre jusqu'à Sorel, leur cantonnement ; mais la troisième dut rester en arrière faute de gué pour passer. Le capitaine Dupuich, resté en arrière, pour veiller sur sa troisième section, voulut aller rejoindre, dans la soirée, le reste de sa batterie, et fut entouré, au milieu de la grande route, à 200 mètres de sa brigade, par des hussards prussiens. Après en avoir tué un d'un coup de revolver, il fut fait prisonnier après une lutte énergique, et conduit à Péronne et de là à Amiens, où il entra d'urgence à l'hôpital. Vingt jours plus tard, il parvint à s'échapper et put rejoindre à Lille sa batterie, dont il reprit le commandement, après avoir été nommé capitaine en 1ᵉʳ. Pendant la bataille de Saint-Quentin, la batterie fut commandée par M. Belvalette, nommé successivement lieutenant en 1ᵉʳ et capitaine en 2ᵉ.

Le 18 du même mois, à Vermand, la batterie prit part au combat qui fut livré en avant de ce village, et soutint seule, pen-

----

(1) C'est de cet officier que nous tenons ces détails sur la bataille de Saint-Quentin.

dant deux grandes heures, le feu de l'artillerie ennemie. Grâce à son tir qui fut des plus efficaces et aux nouveaux projectiles employés (obus à balles à fusée percutante), grâce surtout à la bonne contenance des hommes, elle arrêta seule la poursuite des troupes prussiennes.

Les obus à balles à fusée fusante (modèle 1864), tirés à 900 mètres, avec l'évent de 800 débouchés, eurent aussi un plein succès, et il était facile de voir à une aussi faible distance les effets terribles qu'ils produisaient. Le soir, le feu de l'ennemi avait complètement cessé.

Le lendemain, 19 janvier, devant Saint-Quentin, placée à l'aîle droite en avant du village de Fayet, la batterie ouvrit d'abord le feu contre une colonne d'infanterie qui s'avançait, précédée de nombreux tirailleurs, et qu'elle força bientôt à se replier, puis ensuite contre quatre pièces ennemies qui venaient de se démasquer. Une circonstance regrettable vint obliger la batterie à la retraite. Le manque de munitions, en grande partie épuisées la veille, dut lui faire quitter la place après une demi-heure de lutte. Après s'être réapprovisionnée au parc de réserve (chose qu'elle n'avait pas eu le temps de faire avant d'entrer en ligne), elle reprit position à l'aîle droite et inquiéta de là un mouvement tournant de l'ennemi, qui ne s'accentua pas. Vers la fin de la journée, elle reçut l'ordre de s'établir au centre, à la gauche d'une batterie de 12 de marine. Immédiatement, elle partit pour se rendre au poste désigné ; mais elle n'y était pas encore arrivée que la retraite de l'armée française commençait ; la batterie de 12 se retirait faute de soutien d'infanterie, et rentrait à Saint Quentin ; la nôtre dut faire de même.

De Saint-Quentin elle se dirigea avec le reste des troupes sur Cambrai, puis sur Lille où se reformait sa division. Là, elle put se reconstituer, remplacer son matériel détérioré et reformer son effectif.

Le 6 février, les artilleurs partirent de Lille pour Saint-Omer où ils prirent leurs cantonnements pendant l'armistice. Ils s'exercèrent activement dans cette place à l'école de batterie.

Le 5 mars, toute l'artillerie de la division se rendit à Douai : la batterie y versa son matériel. L'ordre du licenciement de la mobile arriva le 19. Les soldats et sous-officiers de l'armée active qui remplaçaient à la batterie (les vides ayant toujours été, pendant la campagne, remplis par des hommes du 15ᵉ d'artillerie), furent versés à ce régiment, ainsi que les chevaux et les harnachements appartenant à l'état. Les mobiles furent renvoyés chez eux ; les chevaux et harnais appartenant au département, furent expédiés à Arras et la batterie fut dissoute.

Le capitaine et le maréchal-des-logis chef restèrent à Douai pour liquider les nombreux comptes de la campagne.

Les pertes éprouvées par la batterie pendant les divers engagements auxquels elle a pris part, sont de 24 blessés, dont 8 de l'armée active, cinq tués, sur lesquels on compte trois mobiles et deux disparus.

Le nombre des coups tirés pendant toute la campagne se monte à 2,615 qui se répartissent de la manière suivante :

Pont-Noyelles	205
Bapaume (1ᵉʳ janvier) . . .	540
Idem (2 janvier). : . .	570
Vermand.	700
Saint-Quentin	600
Total.	2,615 coups.

Avant de terminer ce récit, nous tenons à rendre justice à ceux qui se sont principalement distingués.

Rendons d'abord honneur aux morts et aux blessés; aux maréchaux-des-Logis de la mobile Saison et Bonnier, tués à Vermand, au servant de la mobile Tiquet, tué à Saint-Quentin ; à nos blessés : Lefebvre, Boulanger, Vernold, Chaudron, Boulet Roger, Tillier, Dupuis, Paradis, tous de la mobile.

Citons aussi, parmi ceux qui ont montré l'exemple du courage, les maréchaux-des-logis Lagache, Jacquotte, Dieumegard

et Vernold ; les conducteurs et servants Papin, Gournay, Fil-
lièvre, Ansart, Lefèvre, Marie, Leroy, Mesnard, Bastien, Béreux,
Plouvier et Merlin.

Pour clore cette liste que nous pourrions faire plus longue,
nous accorderons une mention particulière au capitaine Dupuich, à M. Belvalette, aux lieutenants Delattre, Delalé et Lantheaume, du train d'artillerie, qui ont rendu les plus grands
services.

DÉCORATIONS.—*Chevaliers de la Légion d'honneur.* — MM.
Dupuis, capitaine ; — Belvalette, capitaine.

Médailles militaires. — Bourdrel, garde mobile ; — Jacquotte,
maréchal-des-logis, détaché du 15e régiment d'artillerie ; — Tillier, canonnier ; — Lefebvre, canonnier ; — Minot, maréchal-
des-logis chef ; — Decupper, canonnier, décédé des suites de ses
blessures (Ces deux derniers faisaient partie de la 6e batterie,
siège de Paris).

CHAPITRE II.

GARDE NATIONALE MOBILISÉE, SON ORGANISATION,

ROLE QU'ELLE A JOUÉ PENDANT LA GUERRE DE 1870-1871.

Par décret rendu à Tours le 29 septembre 1870, la délégation du Gouvernement de la défense nationale soumit à la mobilisation tous les français de 21 à 40 ans, célibataires et veufs sans enfants qui n'appartenaient pas déjà à la garde nationale mobile où à l'armée.

Ce décret fut publié et affiché le lendemain dans tout le département et les maires furent invités à dresser la liste des hommes auxquels la loi s'appliquait. Du 8 au 12 octobre, on procéda à la révision de ceux qui réclamaient l'exemption pour inaptitude physique.

Le Préfet s'empressa de designer, pour faire partie des Conseils de révision les personnes dont les noms suivent :

Arrondissement d'Arras.

MM. de Châtaux, Conseiller de Préfecture, délégué du Préfet.
Wattebled, Conseiller Général.
Hautecœur, Conseiller d'arrondissement.
Paul Lescardé, decteur en médecine a Arras.

Arrondissement de Béthune.

MM. Dehaut, Sous-Préfet de l'arrondissement.
Dansou, Conseiller Général.

Hanon-Sénéchal, Conseiller d'arrondissement.

Lotte, docteur en médecine à Béthune.

Arrondissement de Boulogne.

MM. Lagache, faisant fonctions de Sous-Préfet par intérim.

Adolphe Delhay, Conseiller Général.

Valdelièvre, Conseiller d'arrondissement.

Brégeaut, docteur en médecine à Calais.

(Pour les cantons de Boulogne (nord), Boulogne (sud),
Samer et Desvres).

Henry, Conseiller Général.

Ansart-Rault, Conseiller d'arrondissement.

Legay, docteur en médecine à Boulogne.

(Pour les cantons de Calais, Marquise et Guînes).

Arrondissement de Montreuil.

MM. Haynaut, Sous-Préfet de l'arrondissement.

Delhomel, Conseiller Général.

Le vicomte de la Fontaine-Solar, conseiller d'arrondissement.

Delplanque, docteur en médecine à Montreuil.

Arrondissement de Saint-Omer.

MM. Corne, Sous-Préfet de l'arrondissement.

Bret, Conseiller Général.

Al. Dambricourt, Conseiller d'arrondisement.

Lardeur, docteur en médecine à Saint-Omer.

Arrondissement de Saint-Pol.

MM. Fenet, Sous-Préfet de l'arrondissement.

Cappe, Conseiller Général.

Bouilliez, conseiller d'arrondissement.

Bornay, docteur en médecine à Saint-Pol.

Le général de la Lande, commandant la 2e subdivision, et le
département du Pas-de-Calais désigna pour assister les conseils
d'arrondissement :

MM. Dupont, sous-intendant militaire pour Arras.

Gressin, chef d'escadron d'artillerie de la garde mobile, pour Béthune.

Matis, sous-intendant militaire à Calais, pour l'arrondisment de Boulogne.

Pessez, chef de bataillon de la garde mobile, pour Montreuil, (faisant fonction de sous-intendant militaire.)

Le colonel Niepce, commandant la place de Saint-Omer, pour l'arrondissement de Saint-Omer.

Benoist de Laumont, commandant le 10e bataillon de la garde mobile du Nord à Arras, pour l'arrondissement de Saint-Pol.

Le 19 octobre 1870, un arrêté préfectoral fixa, en exécution du décret du 11 du même mois, l'uniforme des gardes mobilisés, et le 22, les commissions furent déposées à la Préfecture pour la fourniture du grand et du petit équipement. Malheureusement, l'occupation d'Amiens par l'ennemi empêcha les marchés d'être exécutés dans les délais, notamment ceux relatifs à l'habillement.

Le 30 octobre, il fut procédé à l'élection des officiers de la garde mobilisée. Ces bataillons, au nombre de 20, furent, par arrêté du 4 novembre, répartis ainsi qu'il suit entre quatre légions qui formèrent la brigade du Pas-de-Calais, savoir :

1re légion, centre à Arras, comprenant les cinq bataillons de l'arrondissement ;

2e légion, centre à Béthune, comprenant les quatre bataillons de l'arrondissement ;

3e légion, centre à Boulogne, comprenant les quatre bataillons de l'arrondissement de Boulogne et les deux bataillons de l'arrondissement de Montreuil :

4e légion, centre à Saint-Omer, comprenant les trois bataillons de l'arrondissement de Saint-Omer et les deux bataillons de l'arrondissement de Saint-Pol.

Un décret du gouvernement de la Défense nationale du 7 novembre 1870, appela au commandement de la 1re légion, M. Chocquet, ancien officier en retraite, capitaine de la garde mobile ; de la 2e légion, M. Poupart, chef de bataillon de la garde nationale sédentaire de Béthune ; de la 3e légion, M. Fourmentin, ancien officier en retraite ; de la 4e légion, M. Duplay, ancien officier du génie, chef de bataillon de la garde nationale sédentaire à Frévent.

Le 19 du même mois, M. Pauly, capitaine du génie retraité, officier de la Légion d'honneur, fut nommé, par décret du gouvernement de la Défense nationale, commandant supérieur des gardes nationales mobilisées du département du Pas-de-Calais.

Un décret du 5 novembre avait prescrit au département de fournir une batterie d'artillerie par 100,000 âmes de population. A peine fut-il promulgué, que l'administration préfectorale se mit à l'œuvre; 10 pièces de canon se chargeant par la culasse fut achetées en Angleterre et livrées aux batteries qui se formaient à Arras, après avoir été pourvues d'un approvisionnement considérable de munitions. Ces batteries, au nombre de deux, furent placées sous le commandement de M. Rolland, lieutenant de vaisseau.

La première batterie, composée de marins qui se trouvaient en garnison à Arras, et d'une trentaine d'artilleurs mobilisés, assista à la bataille de Pont-Noyelles. Au milieu du combat, l'une de ces pièces éclata et occasionna la mort de quelques hommes et la perte de plusieurs chevaux et caissons. Après Pont-Noyelles, un grand nombre des artilleurs furent versés dans le 15e régiment d'artillerie, et par suite, la batterie se trouva complètement désorganisée.

La seconde batterie, commandée par M. le capitaine Bourgois, fit partie de la brigade active des mobilisés organisée par ordre du général Faidherbe en date du 18 janvier 1871.

Malgré tous ces efforts, l'administration ne put mettre sur pied les sept batteries que le décret du 5 novembre avait mis à la charge du Pas-de-Calais. Après de nombreuses démarches et de grands sacrifices, elle ne put acquérir que deux pièces de 4, quatre de 6 et quatre de 9.

Telle était l'organisation de la garde nationale mobilisée du

Pas-de-Calais, lorsque le 28 novembre un décret du gouvernement fixa au 2 décembre sa mise en activité. Le général commandant en chef l'armée du Nord ayant fait connaître que l'ennemi était à Albert, le commandant Pauly fit réunir immédiatement les bataillons sur les points centraux de chacune des légions dont il faisait partie. Ceux de la 1re légion se rendirent aux destinations suivantes :

Le 1er bataillon, commandant Garreau, à Arras et les faubourgs ;

Le 2e bataillon, commandant Peugnez, à Beaurains et environs ;

Le 3e bataillon, commandant Caudron, à Beaumetz-les-Loges et environs ;

Le 4e bataillon, commandant Daillet, à Monchy-le-Preux et environs ;

Le 5e bataillon, commandant Rameaux, à Corbehem (1).

La 2e légion se réunit à Béthune.

La 3e légion ne put se concentrer qu'à grand peine à Boulogne et à Montreuil, tant à cause de la présence d'un grand nombre de mobiles et de mobilisés de la Somme qui avaient du se replier devant l'ennemi, que par suite du retard qu'avaient éprouvé l'équipement et l'habillement des hommes qui la composaient. En effet, les deux bataillons de Marquise et de Samer ne purent être réunis et organisés qu'environ 20 jours après l'armistice.

Les mêmes obstacles s'opposèrent à la concentration de la 4e légion : le 2e bataillon ne put être réuni à Calais que le 8 février.

L'armement des mobilisés du Pas-de-Calais était défectueux sous plus d'un rapport. Il se composait en grande partie du fusils à silex transformés et de quelques carabines Enfield. Quant aux chassepots, il n'en existait que 500 pour les 18,000 hommes qui formaient l'effectif : 150 à la 1re légion ; 107 à la 2e, et 243 à la 3e.

(1) Ce bataillon fut logé tout entier dans l'usine de M. Lefebvre,

Toutefois l'instruction militaire faisait des progrès remarquables, malgré les rigueurs d'un hiver exceptionnel qui entravaient les exercices, et causaient aux hommes des souffrances corporelles sans nombre.

Depuis le 2 décembre, la garde nationale mobilisée était passée sous l'administration militaire. Le commandant Pauly prescrivit aussitôt l'organisation des conseils d'administration dans chacune des légions. Ces conseils furent composés de la manière suivante :

Le lieutenant-colonel, commandant la légion, Président.

Un chef de bataillon, le capitaine-major, Rapporteur.

Le capitaine-trésorier, Secrétaire, le capitaine d'habillement, deux capitaines de compagnies.

Le 5 décembre, le 1er bataillon de la 1re légion, commandant Garreau, fut envoyé à Bapaume et à Pas pour surveiller l'extrême frontière du département. Pendant trois semaines, il rayonna sur une ligne très-étendue, de Doullens a Metz-en-Couture. Son entrain et son activité arrêtèrent les excursions des uhlans et des nombreux coureurs qui infestaient le pays.

Le 12 du même mois, le 5e bataillon commandé par M. Rameau, quitta Corbehem pour rejoindre l'armée ; il resta attaché au 23e corps jusqu'au licenciement des mobilisés. Ce bataillon, assista aux batailles de Pont-Noyelles, Bapaume et St-Quentin.

Ici se présente un malheureux épisode de la guerre dans le Pas-de-Calais. Nous aurions voulu passer sous silence ce déplorable événement ; mais notre rôle d'historien nous impose des devoirs auxquels nous ne saurions nous soustraire. . . : . . le lecteur a deviné l'affaire de Souchez !

Toutefois, après avoir reproduit le compte-rendu du *Propagateur*, on nous permettra d'y ajouter quelques réflexions sinon pour excuser le triste rôle que nos concitoyens ont joué, du moins pour atténuer les reproches exagérés dont ils ont été victimes : .

« Le 29 décembre dernier, le 4e bataillon, commandé par M. Daillet, avait deux compagnies à Carency, deux à Ablain-

Saint-Nazaire et quatre à Souchez, défendant ainsi la ligne de fer entre Arras et Béthune contre les incursions des coureurs de l'ennemi. Dans ces divers cantonnements aucun poste ne fut établi, aucune patrouille ne fut organisée pour en surveiller les approches. Vers midi, quinze uhlans, venant d'Aubigny, entrèrent à Carency et jetèrent une telle panique dans les deux compagnies qui s'y trouvaient, que tous les hommes prirent la fuite. Quarante furent pris, alignés la face contre un mur, et laissés à la garde de deux cavaliers prussiens. Les officiers qui n'avaient pas encore terminé leur déjeûner, se sauvèrent en quittant la table, sans chercher à se rendre compte de ce qui avait pu produire une semblable débandade.

» Les treize autres uhlans se rendirent à Ablain-St-Nazaire. Le chef de bataillon, M. Daillet, couché chez M. Lecocq et averti par ce dernier, se leva, sortit de son logement et se dirigea vers le centre du village ; il ne restait plus un homme des deux compagnies, tous avaient fui à travers champs du côté d'Aix-Noulette, après avoir jeté armes et bagages. Le commandant n'a plus reparu, et l'on croit qu'il a pris le chemin de fer de Bully-Grenay.

» A deux heures, on battait le rappel à Souchez pour rassembler les quatre compagnies logées dans cette commune. Une demi-heure après, elles étaient sous les armes, rangées en bataille sur la route d'Arras à Béthune ; les officiers étaient à l'auberge du *Cheval-Blanc*, à quelques pas de leurs compagnies. Le bruit se répandit tout à coup que deux mille Prussiens arrivaient, et aussitôt les treize uhlans débouchèrent en tirant deux ou trois coups de pistolet en l'air. Les hommes se sont mis à fuir par toutes les issues ; une partie traversant la cour et l'auberge du *Cheval-Blanc* a gagné la campagne. Les officiers qui se trouvaient dans cette maison, n'ont fait aucun effort pour les retenir, et ont suivi le même chemin, courant les uns dans la direction de Lens et d'autres du côté de Vimy. MM. le capitaine Lelorme et le lieutenant Gossart faisaient partie de ce détachement.

» Les treize uhlans ramassèrent environ cent prisonniers dans le village. Les sergents Merlin et Nery, et un simple mobilisé, dont le nom est inconnu, ont montré de l'énergie. Ces trois militaires voulaient faire feu avec des revolvers qu'ils portaient sur eux ; ils en ont été empêchés, dit-on, par le capitaine Dujardin, fait prisonnier. Sur 750 hommes composant le bataillon, 15 uhlans en ont emmené environ 140 et fait prendre la fuite aux autres.

» Dans l'espèce, les chefs doivent assumer toute la responsabilité. En effet, personne ne peut méconnaître la cause du mal ; ce qui s'est passé à Souchez est sans précédent dans l'histoire : quatre compagnies étaient sous les armes, sans cartouches, il est vrai, mais si l'on considère qu'il y avait 370 baïonnettes françaises contre 13 lances allemandes, on sera convaincu que si les officiers avaient été à la tête de leurs troupes au lieu d'être au cabaret, on n'aurait pas là à déplorer des faits qui font saigner tous les cœurs français. »

Si l'opinion générale s'est montrée peut-être un peu sévère dans l'appréciation de cet acte, nous croyons pouvoir rappeler et même invoquer à la décharge de nos jeunes mobilisés les circonstances qui ont précédé cet évènement et les faits mêmes qui se sont passés dans la commune de Souchez. Loin de nous la pensée d'attaquer les absents ; l'autorité militaire s'est chargée de condamner le chef de ce bataillon, en attribuant à *son ignorance, son incurie et sa faiblesse*, la malheureuse affaire de Souchez.

Mais, qu'il nous soit permis de déplorer l'ordre fatal qui appelait des hommes mal équipés, mal armés, mal instruits dans une localité où ils ne trouvaient aucun appui contre une attaque de l'ennemi. Le courage ne se donne pas, on l'a dit depuis longtemps ; il est loin de s'affermir dans le cœur de jeunes gens placés dans une position aussi défavorable.

Quatre compagnies ont été dispersées par un petit nombre de uhlans, cela est vrai, nous ne pouvons le nier ; mais, ce que l'on a omis de dire, et ce que nous pouvons affirmer, après nous en être assurés, auprès de témoins oculaires et dignes de foi, c'est qu'à 2 ou 3 kilomètres de l'endroit où se passèrent ces faits regrettables, se trouvaient postés 200 uhlans, hussards ou cuirassiers blancs, détachés de la colonne qui occupait Aubigny, et qui n'attendait que le premier signal pour continuer sa marche envahissante, contre laquelle toute résistance de la part de nos mobilisés devait rester impuissante. . . . . .

Les Prussiens ayant coupé la ligne du chemin de fer vers la limite de la Somme, et commencé des réquisitions dans ces contrées, le 1er bataillon de la 3e légion, commandant Schrœder, quoique mal équipé, partit de Boulogne et arriva à Rue dans la nuit ; mais à son arrivée l'ennemi avait disparu. En même temps, le 5e bataillon de la même légion, commandant Longavesne, quittait Montreuil le 2 janvier à 10 heures du soir, marchant sur Nempont-sur-Authie. Le 3, il atteignait Villers-sur-Somme ; mais la même déception l'attendait à son arrivée à Rue : ces deux bataillons étaient rentrés le 11 janvier dans leurs cantonnements. Deux compagnies du 6e bataillon de la même légion furent envoyés en reconnaissance, l'une à Tortefontaine et l'autre à Humières. Ces deux compagnies restèrent aux avant-postes jusqu'au 14 janvier, époque à laquelle elles rentrèrent à Hesdin leur lieu de cantonnement.

Sur la proposition du général Pauly, le commandant en chef de l'armée du Nord prescrivit, par un ordre du 8 janvier l'organisation d'une brigade active de mobilisés, appelée à se mettre en marche le 14, pour rejoindre le 23e corps.

Cette brigade fut composée de la manière suivante :

M. Pauly, général en chef.

1er régiment de marche, comprenant 3 bataillons de la 2e légion, lieutenant-colonel Poupart.

2e régiment de marche, comprenant 2 bataillons de la 2e légion et le 5e bataillon de la 1re (1), lieutenant-colonel Choquet.

(1) Ce bataillon, placé sous les ordres du commandant Rameau, était déjà à l'armée du Nord et ne rejoignit jamais la brigade.

Un bataillon de chasseurs, celui d'Arras, commandant Garreau.

Une batterie d'artillerie, capitaine-comandant Bourgois.

Un peloton d'éclaireurs à cheval, composé de 56 cavaliers et commandé par M. Léon de Beaulaincourt.

Le 14 janvier, les 5 bataillons de la 1re légion, ainsi que le peloton d'éclaireurs à cheval quittèrent Béthune et vinrent coucher dans les villages du canton sud d'Arras. Le lendemain toute la brigade, sauf le 5e bataillon déjà à l'armée, et la batterie d'artillerie retenue à Arras pour y faire le service de la place, vint passer la nuit à Authuille, Thiepval et Mesnil. Le 16, elle revint à Achiet-le-Petit, Albert et Miraumont. Le 17, Bertincourt, Ruyaulcourt et Itres lui servaient de gîtes d'étaple.

Le soir du 18, elle arrivait à Ronsoy et Lampire, et pendant la nuit, le général Pauly recevait l'ordre suivant :

« Le général Pauly se portera demain, de très-bonne heure,
» à Bellicourt, sur la route de Saint-Quentin à Cambrai, s'y
» installera, et tiendra ses troupes prêtes à marcher au premier
» signal.

» Saint-Quentin, le 18 janvier 1871.

» P. O. *Le major-général,*

» Signé : FARRE. »

Après s'être conformé ponctuellement à cet ordre, au bruit de la canonnade annonçant le 19, à onze heures du matin, que le combat était engagé, le général Pauly fit avancer sa brigade en toute hâte vers le champ de bataille, en suivant la route de Cambrai à Saint-Quentin. Arrivé à la hauteur de Bellenglise, il apprit que ce village était occupé par les Prussiens ; il donna immédiatement l'ordre de le fouiller, mais l'ennemi s'était retiré à l'approche de la colonne. Dépourvu malheureusement d'artillerie et de chassepots, la brigade dut continuer sa route, et ce ne fut qu'au moment où la tête de la colonne arrivait à la hauteur du village de Fayet que l'on put attaquer l'ennemi : il était alors deux heures et demie. Immédiatement, le général Pauly ordonna au commandant Garreau de déployer ses deux premières compagnies en tirailleurs et de se porter en avant en appuyant à droite. Le lieutenant-colonel Poupart déploya en tirailleurs les deux premières compagnies du 1er bataillon de son régiment, qui se porta en avant pendant que les deux autres se formaient en colonne, par peloton, à distance entière : Ordre était donné en même temps au lieutenant-colonel Choquet, dont le régiment (le 2e), tenait la gauche de la colonne, de faire face à droite, et de lancer ses deux premières compagnies en tirailleurs, de manière à se relier aux chasseurs et {compléter ainsi la ligne s'étendant depuis la route jusqu'auprès du village de Fayet. Il devait, en outre, observer continuellement les forces ennemies qui menaçaient sa droite.

C'est dans cette formation que les mobilisés du Pas-de-Calais vinrent prendre part à la bataille de Saint-Quentin.

A peine avaient-ils quitté la route pour commencer l'attaque, qu'ils furent accueillis par le feu meurtrier d'une artillerie formidable, embrassant environ un kilomètre de front. Le second obus lancé tua un sergent-major et quelques hommes ; il se produisit alors quelque désordre dans les rangs du bataillon auquel ils appartenaient, mais il fut de peu de durée, grâce à l'entrain et aux efforts des officiers.

Le bataillon Garreau et le 1er bataillon du 1er régiment se portent en avant. Les tirailleurs ouvrent un feu accentué et soutenu ; malheureusement une balle traverse la cuisse du commandant Garreau et le met hors de combat (1). Son bataillon, privé du

---

(1) Le commandant Garreau a succombé à ses blessures. Ses obsèques ont été célébrées à Arras avec tous les honneurs dûs au courage dont il avait fait preuve.

Le clergé de Saint-Géry, officiait, et Mgr l'Evêque d'Arras, jaloux d'honorer la mémoire de tous les braves enfants du Pas de-Calais tombés devant l'ennemi, s'était empressé d'assister à la cérémonie religieuse, célébrée sur le corps du chef, glorieusement frappé avec eux.

chef, dans lequel il avait mis toute sa confiance, et exposé d'ailleurs à un feu d'artillerie et de mousqueterie des plus meurtriers, fut démoralisé. Le désordre se mit dans ses rangs ; néanmoins des faits individuels de bravoure se produisirent parmi les officiers et les soldats dont plusieurs payèrent de leur vie leur généreux dévouement. Honneur donc à tous ces vaillants concitoyens que notre cité confond dans un même deuil et dans une même admiration !

Le 1er bataillon du 1er régiment, commandant Capelle, et dirigé par le lieutenant-colonel Poupart en personne, continuant sa marche en avant, rencontra un chemin creux parallèle au front de l'ennemi, et situé à 250 mètres au plus des batteries. Il s'y établit et engagea avec l'ennemi une vive fusillade.

Pendant ce temps le général Pauly formait en bataille le 2e bataillon du 1er régiment, commandant Breton, le portait en avant à 50 mètres de ce chemin creux, et lui donnait l'ordre d'ouvrir le feu en se tenant prêt à fondre sur les batteries ennemies, à la suite du 1er bataillon qui devait le précéder dans cette opération. Le 2e bataillon devait soutenir les deux autres ; mais malheureusement il ne se tint pas à leur hauteur.

Les coins du poêle étaient tenus par deux chefs de bataillon des mobilisés, par le commandant de la garde nationale sédentaire, et par un chef de bataillon de la ligne.

On remarquait dans l'assistance, le général de Chargère, commandant la subdivision, le colonel de Linage, commandant la place, et M. l'intendant militaire, ainsi qu'un grand nombre de gardes nationaux et de mobilisés. L'ancien Préfet du département, M. Lenglet, et M. Deusy, Président de la Commission exécutive suivaient aussi le cortège

Un discours a été prononcé au cimetière par M. Lenglet.

Quelques instants auparavant avait eu lieu, à l'église Saint Nicolas, le service funèbre du maréchal-des-logis Bonnier, mort aussi des suites de ses glorieuses blessures.

La veille, le brave sergent Santerne, qui avait été blessé en ramassant le commandant Garreau sur le champ de bataille, était aussi conduit à sa dernière demeure.

Dans cette situation, les mobilisés firent éprouver à l'ennemi des pertes telles qu'il jugea prudent de porter son artillerie à 900 mètres en arrière ; ce qui permit aux mobilisés de gagner un peu de terrain en avant. Malheureusement les Prussiens faisaient des progrès rapides sur la gauche et lorsque la retraite fut ordonnée, les mobilisés eurent à soutenir une lutte corps à corps dans le village de Fayet et notamment dans le cimetière.

Nous ne saurions mieux rendre hommage au courage de ces jeunes gens, qu'en relatant une lettre qui fut publiée alors.

« Les mobilisés de Béthune se sont conduits comme des héros. Le 1er bataillon (Houdain et Béthune) a tenu seul l'ennemi en échec pendant trois heures, et cela abandonné de tous : 10 bataillons entrés en ligne avec nous avaient battu en retraite et ces braves garçons chargeaient encore l'ennemi à la baïonnette. La retraite avait sonné pour nous, et 200 restés avec moi dans le village de Fayet, près de Saint-Quentin, sauvaient l'armée d'une déroute, en gardant le village jusqu'à la nuit.

« Les Prussiens en nombre, y entraient en même temps que nous en sortions. Là, le brave capitaine Fauquette et le garde Guyot répondent par deux coups de feu a un petit détachement qui les somme de se rendre et veut les faire prisonniers. Nous battons en retraite.

» Voici les noms de ceux qui se sont le mieux battus et ont déployé le plus grand courage : Capelle, intrépide ; Billion, Fauquette, Dégez, Roden ; Guyot, garde ; Petitprez et Morieux, capitaines ; Dupuis, sous-lieutenant ; Cyrille Manessier, garde, et Edouard Callart, caporal, et 200 autres dont je vous enverrai les noms.

» Nos pertes sont encore imparfaitement connues, mais nous avons moins de morts que ceux qui ont lâché pied. Nous étions trop près pour que leur artillerie nous fît grand mal et leur infanterie ne me paraît pas redoutable. »

Pendant que les deux bataillons du 1er régiment combattaient d'une façon si glorieuse, le lieutenant-colonel Choquet tenait en échec l'extrême gauche de l'ennemi. Le général Von Gœben, qui avait reçu l'ordre formel de s'emparer de la route de Saint-Quentin à Cambrai pour couper la retraite à l'armée du Nord, se trouva dans l'impossibilité de remplir sa mission.

Les pertes de la brigade des mobilisés du Pas de-Calais à la bataille de Saint-Quentin, ont été de 149 hommes mis hors de combat ; 42 tués, dont 2 officiers, et 107 blessés dont 3 officiers.

Après la bataille, les mobilisés du Pas-de-Calais revinrent coucher à Bellicourt. Le lendemain, ils arrivaient de bonne heure à Cambrai ; l'entrée de cette ville leur ayant été interdite, ils durent se cantonner dans les villages voisins. Dans l'après-midi du 20 janvier, la brigade reçut l'ordre de se rendre à Valenciennes. A son arrivée, les villages d'Anzin, Saint-Saulve et Marly, lui furent assignés pour cantonnements : elle y séjourna jusqu'au 5 mars, jour de son licenciement.

Le général Pauly avait donné sa démission de commandant de la brigade active pour conserver le commandement des mobilisés du département, auquel le général Faidherbe ajouta celui de la place d'Aire.

La garde nationale mobilisée du Pas-de-Calais a subi, dans la malheureuse campagne de 1870-1872, des pertes importantes, une partie de ces pertes nous frappent directement : ce sont les enfants de la ville, du département, qui ont été conduits au feu dans des conditions d'organisation, d'équipement et de direction qui leur ont été fatales. Il ne faut pas croire que le courage leur ait fait défaut ; mais au courage, quelqu'ardent qu'il puisse être, il faut la conscience de la force et l'ordre, sans lequel tout est vain sur un champ de bataille.

En face de troupes régulières et dont les mouvements s'exécutent avec la précision mathématique des manœuvres d'instruction, il aurait fallu à nos jeunes mobilisés des chefs éprouvés, habiles, maîtres d'eux-mêmes et de leurs subordonnés : c'est malheureusement ce qui ne s'est pas rencontré.

Les circonstances sont trop douloureuses pour que nous nous laissions aller à des reproches. Nous ne pouvons que partager les regrets des familles de notre ville, qui ont été si cruellement frappées dans la personne de leurs enfants.

Composition de la garde nationale mobilisée du Pas-de-Calais.

Le tableau suivant présente tous les détails de la composition des quatre légions du Pas-de-Calais, leur effectif approximatif par bataillons et par compagnies, les cadres des divers états-majors tels qu'ils étaient lors de la bataille de Saint-Quentin.

M. Pauly, O ❀, général de brigade, commandant supérieur.

MM. De Manciaux, capitaine d'état-major, aide-de-camp ; — Lewalle, capitaine d'état-major ; Penguiez (Frédéric), lieutenant, officier d'ordonnance.

1re LÉGION (3,794 hommes).

M. Chocquet, lieutenant-colonel, commandant.

MM. Daire, capitaine-major ; — Bollet, capitaine-trésorier ; — Prévost, capitaine d'habillement ; — Debomy, porte-drapeau ; — Stopin, médecin-major.

1er BATAILLON.

(Cantons d'Arras Nord et Sud).

MM. Garreau, chef de bataillon ; — Menuissant, capitaine adjudant-major ; — Vahé, aide-major.

1re compagnie :	Arras (Nord) ville.	86 h.
2e —	—	82
3e —	Athies, Ecurie, Roclincourt, Sainte-Catherine, Saint-Laurent-Blangy, Saint-Nicolas	109
4e —	Anzin, Dainville, Duisans, Etrun et Marœuil	62
5e —	Arras (sud), ville	110
6e —	—	75
7e —	Achicourt, Agny, Beaurains et Wailly	100
8e —	Fampoux, Feuchy, Neuville-Vitasse et Tilloy-lez-Mofflaines	67
Batterie d'artillerie		136
	Total.	827

2e BATAILLON.

(Cantons de Bapaume et de Bertincourt).

MM. Peugniez, chef de bataillon ; — Desfontaine, capitaine adjudant-major ; — Willerval, aide-major.

1re compagnie :	Avesnes, Bapaume, Bancourt, Frémicourt, Riencourt.	97 h.
2e —	Achiet le-Grand, Achiet-le-Petit, Béhagnies, Beugnâtre, Biefvillers, Bihucourt, Favreuil, Grévillers, Sapignies.	91

3e	—	Beaulencourt, Lesars, Le Transloy, Ligny-Tilloy, Martinpuich, Morval	90
4e	—	Barastre, Beaumetz-lez-Cambrai, Bertincourt, Beugny, Haplincourt, Lebucquière, Morchies et Vélu. .	122
5e	—	Havrincourt, Hermies	97
6e	—	Bus, Léchelle, Metz-en-Couture, Neuville-Bourjonval, Rocquigny, Ruyaulcourt, Trescault. . . .	92
		Total. . . .	589 h.

3e BATAILLON.

(Cantons de Pas et de Beaumetz lez-Loges).

MM. Caudron, chef de bataillon ; — Carré, capitaine-adjudant-major ; Serpin, aide-major.

1re compagnie :	Amplier, Couin, Famechon, Gaudiempré, Halloy, Hénu, Orville, Pas, Sarton, Thièvres, Warlincourt.	96 h.
2e	—	Biefvillers, Foncquevillers, Hanescamps, Pommier, Saint-Amand, Souastre	92
3e	—	Gommecourt, Hébuterne, Puisieux et Sailly-au-Bois	90
4e	—	Basseux, Bailleulmont, Bailleulval, Beaumetz-lez-Loges , Berles-au-Bois, Ficheux, La Cauchie, La Herlière, Monchiet, Rivière . .	104
5e	—	Adinfer, Blairville, Boiry-Sainte-Rictrude, Boiry-Saint-Martin, Hendecourt, Mercatel, Monchy-au-Bois, Ransart.	101

6ᵉ	—	Agnez, Berneville, Fosseux, Gouves, Gouy-en-Artois, Habarcq, Haute-Avesnes, Montenescourt, Simencourt, Wanquetin, Warlus. . .	104

Total. . . . 587 h.

4ᵉ BATAILLON.

(Cantons de Croisilles et de Marquion)

MM. Picquet, chef de bataillon ; — Comble, capitaine-adjudant-major ; — Pécourt, aide-major.

1ʳᵉ compagnie : Chérisy, Croisilles, Fontaine, Guémappe, Héninel, Hénin, St-Martin, Wancourt. 125 h.

2ᵉ — Ablainzevelle , Ayette , Bucquoy, Douchy-lez-Ayette. 95

3ᵉ — Boiry-Becquerelle, Boisleux-au-Mont Boisleux-Saint-Marc , Boyelles, Courcelles-le-Comte, Ervillers, Gomiecourt, Hamelincourt, Moyenneville, Saint-Leger 144

4ᵉ — Bullecourt, Ecoust-Saint-Mein, Mory, Norœuil, Vaulx-Vraucourt. . . 60

5ᵉ — Baralle, Marquion, Rumaucourt, Sauchy-Cauchy, Sauchy-Lestrée . . 91

6ᵉ — Bourlon, Graincourt-lez-Havrincourt, Inchy, Sains-lez-Marquion. . . 110

7ᵉ — Ecoust-Saint-Quentin, Epinoy, Oisy, Palluel 73

8ᵉ — Buissy, Lagnicourt, Quéant, Pronville 123

Total. . . . 821 h.

5e BATAILLON.

(Cantons de Vimy et de Vitry).

MM. Rameaux, chef de bataillon ; — Viseur, capitaine-adjudant-major ; — N..., aide-major.

1re compagnie : Farbus, Thélus, Vimy, Willerval, Avion, Eleu, Méricourt. . . . . 78 h.

2e — Acheville, Arleux-en-Gohelle, Beaumont, Bois-Bernard, Drocourt, Fresnoy,Quiéry-la-Motte, Rouvroy 98

3e — Acq , Mont-St-Eloy , Neuville-St-Vaast 95

4e — Bailleul-sire-Berthould , Gavrelle , Izel-lez-Equerchin , Neuvireul , Oppy 99

5e — Ablain-Saint-Nazaire, Carency, Givenchy-en-Gohelle, Souchez, Villers-au-Bois. 105

6e — Brebières, Vitry 107

7e — Biache-Saint-Vaast, Fresnes, Hamblain-lez-Près, Pelves, Plouvain, Rœux 86

8e — Cagnicourt , Hendecourt-lez Cagnicourt, Récourt, Riencourt, Saudemont, Villers. 121

9e — Bellonne, Corbehem, Etaing, Gouy-sous-Bellonne , Noyelle , Sailly-en-Ostrevent, Tortequesne . . . 93

10e — Boiry-Notre-Dame,Dury,Eterpigny, Haucourt, Monchy-le-Preux, Remy, Vis 88

Total. . . . 970 h.

2ᵉ LÉGION (2,306 hommes).

M. Poupart, lieutenant-colonel, commandant.

MM. Samier, capitaine-major ; — Hulleu, capitaine-tréso-rier ; — N..., capitaine d'habillement ; — Bruhon, porte-dra-peau ; — N...., médecin-major.

1ᵉʳ BATAILLON.

Cantons de Béthune et Carvin

MM. Capelle, chef de bataillon ; — Dégez, capitaine-adju-dant-major ; — Pottier, aide-major.

1ʳᵉ compagnie : Béthune . . . .
2ᵉ   —   . . . .
3ᵉ   —   Lacouture, Vieille-Chapelle . . .
4ᵉ   —   Hinges, Essars, Locon . . . . .
5ᵉ   —   . . . .
6ᵉ   —   Verquin , Fouquereuil, Annezin, Verquigneul . . . .
7ᵉ   —   Nœux, Sains, Vaudricourt, Drouvin, Houchain, Barlin . . . . . .
8ᵉ   —   . . . .
9ᵉ   —   Houdain, Rebreuve, Ranchicourt, Ruits , Raillicourt , Maisnil-les-Hermin, Ourton, Beugin . . .
10ᵉ   —   Bruay, Marles, Calonne-Ricouart, La Buissière, Camblain-Chatelain, Hesdigneul . . . .

2ᵉ BATAILLON.

(Cantons de Cambrin et Laventie.)

MM. David, chef de bataillon ; — Sens, capitaine-adjudant-major ; Pollet, aide-major.

1re compagnie : . . . .

2e — Richebourg-l'Avoué , Richebourg-
Saint-Vaast . . . .

3e — Billy-Berclau, Douvrin, Harnes . . .

4e — Cambrin, Cuinchy-lez-Labassée, Au-
chy-lez-Labassée, Givenchy-lez-
Labassée, Festubert . . . . .

5e — Sailly-la-Bourse, La-Bourse, Ver-
melles, Noyelles . . . . . .

6e — Laventie . . . .

7e — . . . .

8e — . . . .

9e — Sailly-sur-la-Lys . . . .

. 3e BATAILLON.

(Cantons de Carvin et Lens.)

MM. Breton, chef de bataillon ; — Defernez, capitaine-adjudant-major ; — Guerlin, aide-major.

1re compagnie : Carvin . . . .

2e — Courrières, Oignies . . . . . .

3e — Noyelles-Godault , Hénin-Liétard ,
Montigny-en-Gohelle. . . . .

4e — Courcelles, Dourges, Evin, Leforest.

5e — Lens . . . .

6e — Aix-Noulette, Bully, Grenay, Ma-
zingarbe, Angres-Liévin . . .

7e — - Meurchin, Annay, Billy-Montigny,
Loison, Noyelles, Fouquières Sal-
lau, Estevelles. . . . . . .

8e — . . . .

4ᵉ BATAILLON.

(Cantons de Lillers et Norrent Fontes)

MM. Devaux, chef de bataillon ; — Derode, capitaine-adjudant-major ; — N..., aide-major.

1ʳᵉ compagnie :		
2ᵉ	—	
3ᵉ	—	Robecq, Gonnehem
4ᵉ	—	Montbernanchon
5ᵉ	—	Berguette, Bourecq, Isbergues, Molinghem, Norrent-Fontes, Saint-Hilaire-Cottes, Ham
6ᵉ	—	Auchel, Conchy-à-la-Tour, Burbure, Ferfay, Lozinghem
7ᵉ	—	
8ᵉ	—	Ames, Amette, Auchy-au-Bois, Ecquedecques, Lespesses, Lambres, Ligny-lez-Aire, Rely, Westrehem.
9ᵉ	—	

3ᵉ LÉGION (3,905 hommes).

M. Fourmentin, lieutenant-colonel, commandant.

MM. Watbled, capitaine-major ; — Carpentier, capitaine trésorier ; — Bonnet, capitaine d'habillement ; — Gontier, porte-drapeau ; — Hamy, chirurgien-major.

1ᵉʳ BATAILLON.

(Cantons de Boulogne Nord et Sud).

MM. Schrœder, chef de bataillon ; — Guillot, capitaine adjudant-major ; — Coustillier, aide-major.

1re compagnie : ville de Boulogne. . . . . 606 h.
2^e   —   —   . . . .
3^e   —   —   . . . .
4^e   —   —   . . . .
5^e   —   Baincthun, Conteville, Echinghen, Pernes, Pittefaux, Saint-Martin-lez-Boulogne, Wimille 134

Total. . . . 740

2^e BATAILLON.

(Canton de Calais).

MM. Lamirault, chef de bataillon ; — N......, capitaine adjudant-major ; — Sauvage, aide-major.

1re compagnie : Calais, Marck . . . . 125 h.
2e   —   —   101
3e   —   Saint-Pierre. . . . . } 250
4e   —   —   . . . . }
5e   —   Les Attaques, Bonningues, Coquelles, Coulogne, Escalles, Fréthun, Nielles, Peuplingue, Saint-Tricat, Sangatte 102

Total. . . . 578

3e BATAILLON.

(Cantons de Desvres et de Samer).

MM. de Fourmessant, chef de bataillon; — Guendré, capitaine adjudant-major ; — Cadet, aide-major.

1re compagnie : Desvres, Courset, Lottinghem, Longfossé, Men neville, Saint-Martin, Choquel, Senlecques, Vieil-Moutier . . . . 101 h.

2ᵉ — Alincthun, Bainghen, Bellebrune, Belle-et-Houllefort, Bournonville, Brunembert, Colembert, Créma-rest, Wirwignes, Henneveux, Longueville, Nabringhem, Quesques, Selles, Le Waast 119

3ᵉ — Carly, Doudeauville, Lacres, Questrecques, Samer, Tingry, Wierre-au-Bois 107

4ᵉ — Isques, Outreau, Portel, Saint-Léonard, Saint-Etienne 90

5ᵉ — Condettes, Dannes, Halinghen, Hesdin-l'Abbé, Hesdigneul, Nesles, Neufchatel, Verlincthun . . . 65

Total. . . . 482

4ᵉ BATAILLON.

(Cantons de Marquise et de Guines).

.MM. Capelle, chef de bataillon ; — Daviez, capitaine adjudant-major ; — N....., aide-major.

1ʳᵉ compagnie : Ambleteuse, Audresselles, Bazinghem, Beuvrequen, Maninghen, Marquise, Wacquinghen . . . . 101 h.

2ᵉ — Ferques, Offrethun, Réty, Rinxent, Wierre-Effroy 101

3ᵉ — Audembert, Audinghem, Bazinghem, Hervelinghem, Landrethun, Leubringhen, Leulinghen, Saint-Inglevert, Tardinghen, Wissant 86

4ᵉ	—	Guines, Hames-Boucres.	96
5ᵉ	—	Andres, Campagne, Caffiers, Bou-quehaut, Pihen, Fiennes, Hoc-quinghen.	52
6ᵉ	—	Hermelinghen, Hardinghen, Alem-bon, Herbinghem, Boursin, San-ghen, Licques	96

Total. . . . 532

5ᵉ BATAILLON.

(Cantons de Montreuil, Campagne, Etaples.)

MM. Longavesne, chef de bataillon ; — Remy, capitaine ad-judant-major ; — Delabre, aide-major.

1ʳᵉ compagnie :	Montreuil, Neuville, Beaumerie, Ecuires, La Madeleine, Campigneulles-lez-Grandes, Campigneulles-les-Petites, La Caloterie, Saint-Josse, Sorrus et Cucq .	135
2ᵉ	—	Saint-Aubin , Merlimont , Airon-Notre Dame , Airon-Saint-Vaast, Rang-du-Flier, Conchil , Berck, Collines, Tigny, Wailly, Waben, Verton, Nempont, Lépine, Grof-fliers	139
3ᵉ	—	Toutes les communes du canton d'E-taples	164
4ᵉ	—	Campagne, Buire, Maintenay, Saint-Rémy, Saulchoy, Douriez, Gouy, Roussent, Boisjean , Maresquel, Ecquemicourt, Lépinoy. . . .	126
5ᵉ	—	Beaurainville, Loison, Hesmond, Offin, Marenla, Brimeux, Bou-	

bers, Saint-Denœux, Sempy, Aix-
en–Issart, Marent, Marles . . . 124
5ᵉ — Bourthes, Bécourt, Zoteux, Preures,
Hucqueliers , Enquin , Parenty,
Beussent, Clenleu, Alettes . . . 151

Total. . . . 839

6ᵉ BATAILLON.

(Cantons de Fruges, Hesdin, Hucqueliers.)

MM. Mormentyn, chef de bataillon ; — Choppin, eapitaine-
adjudant major ; — Bouquillon, aide-major.

1ʳᵉ compagnie : Maninghem, Bimont, Avesnes, Quilen, Saint-
Michel, Humbert, Herly, Verchocq, Rumil-
ly, Wicquinghem, Ergny, Campagne, Aix-
en-Ergny. 141
2ᵉ — Fruges, Senlis, Radinghem, Mencas,
Vincly, Matringhem, Hézecques,
Lugy . , ... 133
3ᵉ — Canlers, Ambricourt, Crépy, Ruis-
seauville, Capelle-Neuve, Avon-
dances, Planques, Fressin, Sains-
lez-Fressin', Verchin. 108
4ᵉ — Créquy, Torcy, Royon,.Lebiez, Rim-
boval, Embry, Coupelle-Vielle. . 118
5ᵉ — Mouriez, Capelle, Chériennes, Re-
gnauville, Caumont, Labroye, Bré-
villers, Tortefontaine, Sainte-Aus-
treberthe , Aubin - Saint - Vaast ,
Bouin, Plumoison, Marconnelle et
Guigny 109

6e	—	Hesdin, Huby-Saint-Leu, Marconne, Wambercourt, Contes, Cavron, Laloge et Guizy.	125

Total. . . . 734

4e LÉGION (4,105 hommes).

M. Duplay, lieutenant-colonel, commandant.

MM. Plus, capitaine-major ; — Pénet, capitaine-trésorier ; — Guille, capitaine d'habilement ; — Derain, porte-drapeau ; — Plouviez, chirurgien-major.

1er BATAILLON.

(Cantons de Saint-Omer, nord et sud).

MM. Lambert-Brunet, chef de bataillon ; — Gars, capitaine-adjudant-major ; — Courmont, aide-major.

1re compagnie :	Saint-Omer (nord), Clairmarais et Saint-Martin-au-Laërt	181
2e —	Saint-Omer (sud), Longuenesse et Tatinghem	166
3e —	Houlle, Moringhem, Moulle, Salperwick, Setques et Tilques . . .	121
4e —	Arques, Blandecques, Campagne, Wardrecques, Helfaut, et Wirwignes	179

Total . . . 647

18

2ᵉ BATAILLON.

(Cantons d'Aire, Fauquembergues, Lumbres).

MM. Schondt, chef de bataillon ; — Mahieu, capitaine-adjudant-major ; — Mouton, aide-major.

1ʳᵉ compagnie :	Aire	154 h.
2ᵉ —	Clarques, Ecques, Herbelles, Inghem, Mametz, Rebecq, Thérouanne	148
3ᵉ —	Heuringhem, Quiestède, Racquinghem, Rocquetoire, Wardrecques, Wittes.	79
4ᵉ —	Audincthun, Avroult, Dennebrœucq, Fauquembergues, Mercq-Saint-Liévin, Rechinghem, Renty, Saint-Martin-d'Hardinghem, Thiembronne	102
5ᵉ —	Beaumetz-lez-Aire Bomy, Coyecques, Enguinegatte, Enquin, Erny-Saint-Julien, Febvin-Palfart, Fléchin, Laires	95
6ᵉ —	Acquin, Affringues, Bayenghem, Seninghem, Boisdinghem, Elmes, Esquerdes, Hallines, Leulinghem, Lumbres, Quelmes, Quercamps, Setques, Westbécourt, Wisques, Zudausques	128
7ᵉ —	Cléty, Delettes, Dohem, Ouve-Wirquin, Pihem, Remilly, Wavrans, Wismes	106
8ᵉ —	Alquines, Bléquin, Bouvelinghem, Coulomby, Escœuilles, Haut-Loquin, Ledinghem, Nielles-lez-Bléquin, Seninghem, Surques, Vau-	

dringhem-lez-Seninghem, Affrin-
gues, Bayenghem 116

Total 928

3ᵉ BATAILLON.

(Cantons d'Ardres et d'Audruick).

MM. de Saint-Just, chef de bataillon ; Hanotte, capitaine-
adjudant-major ; Carré, aide-major.

1ʳᵉ compagnie : Ardres, Audrehem, Autingues, Balinghem,
Brêmes, Clerques, Journy, Landrethun,
Louches, Nielles-lez-Ardres, Rebergues, Ro-
delinghem . . . . 136 h.
2ᵉ — Bayenghem, Bonningues, Eperlec-
ques, Guémy, Mentque, Muncq-
Nieurlet, Nordausque, Nort-Leu-
linghem 155
3ᵉ — Audruick, Nortkerque, Polincove,
Ruminghem, Sainte Marie-Ker-
que, Zutkerque 201
4ᵉ — Guemps, Nouvelle-Eglise, Offekerque,
Oye, Saint-Folquin, Saint-Omer-
Capelle, Vieille-Eglise 159

Total. . . . 651

4ᵉ BATAILLON.

(Cantons d'Aubigny, Avesnes-le-Comte, Heuchin).

MM. Danvin, chef de bataillon ; — Outrebon, capitaine-adjudant-major ; Briois, aide-major.

1ʳᵉ compagnie : Agnières, Béthonsart, Berles, Camblain-l'Abbé, Cambligneul, Capelle-Fermont, Frévillers, Frévin-Capelle, Hermaville, Izel-les-Hameaux, Mingoval, Savy-Berlette, Tilloy-les-Hermaville, Villers-Brûlin, Villers-Châtel. . . . . . 123 h.

2ᵉ — Ambrines, Averdoingt, Bailleul-aux-Cornailles, Bajus, Chelers, Gouy-en-Ternois, La Comté, La Thieuloye, Magnicourt-en-Comté, Maizières, Monchy-Breton, Penin, Villers sir-Simon 154

3ᵉ — Beaudricourt, Berlencourt, Canettemont, Denier, Houvin-Houvigneul, Ivergny, Le Souich, Magnicourt-sur-Canche, Rebreuve-sur-Canche, Rebreuviette, Sars-le-Bois, Sus-Saint-Leger. 121

4ᵉ — Anvin, Berguencuse, Boyaval, Conteville, Eps, Equirre, Erin, Fiefs, Fleury, Fontaine-les-Boulans, Hestrus, Lisbourg, Monchy-Cayeux, Prédefin, Teneur, Tilly-Capelle. 185

5ᵉ — Aumerval, Bailleul-lez-Pernes, Bours, Diéval, Floringhem, Fontaine-les-Hermans, Huclier, Marest, Nédon, Nédonchel, Pressy, Sachin, Sains-lez-Pernes, Tangry, Valhuon 190

6ᵉ — Barly, Bavincourt, Beaufort-Blavincourt, Coullemont, Couturelle, Givenchy-le-Noble, Grand-Rullecourt, Hauteville, Lattre-Saint-Quentin, Liencourt. Lignereuil. Manin, Mondicourt, Noyellette,

Noyelle-Vion, Pommera, Saulty,
Sombrin, Warluzel 153

Total. . . . 926

5ᵉ BATAILLON.

(Cantons de Saint-Pol, Auxi-le-Château,
Le Parcq).

MM. Beaussart, chef de bataillon ; — Martel, capitaine-adjudant-major; — Lambert, aide-major.

1ʳᵉ compagnie : Bryas, Buneville, Croix, Foufflin-Ricametz, Gauchin-Verloingt, Herlin-le-Sec, Hernicourt, Ligny-Saint-Flochel, Maisnil, Marquay, Moncheaux, Mont, Neuville-au-Cornet, Ostreville, Ramecourt, Roëllecourt, Saint-Michel, Ternas, Troisvaux, Wavans 228

2ᵉ — Beauvois, Bermicourt, Blangerval, Ecoivres, Flers, Framecourt, Guinecourt, Hautecloque, Hautecôte, Héricourt, Herlincourt, Humerœuille, Humières, Linzeux, Nuncq, Œuf, Pierremont, Séricourt, Sibiville, Siracourt, Blangermont 174

3ᵉ — Boffles, Buire-au-Bois, Erquières, Fontaine-l'Etalon, Gennes-Ivergny, Haravesnes, Haut-Maisnil, Le Ponchel, Nœux, Quœux, Rougefay, Tollent, Vaulx, Villers-l'Hôpital, Wavans, Willancourt. 166

4^e	—	Aubrometz, Bonnières, Boubers-sur-Canche, Bouret-sur-Canche, Canteleux, Conchy-sur-Canche, Fortel, Ligny-sur-Canche, Monchel, Vacquerie le Boucq	142
5^e	—	Fillièvres , Fresnoy, Galametz, Le Quesnoy, Neulette, Noyelles-les-Humières, Saint-Georges, Vacqueriette, Vieil-Hesdin, Wail, Willeman	127
6^e	—	Azincourt, Béalencourt, Blangy-sur-Ternoise, Blingel, Eclimeux, Grigny, Incourt, Maisoncelle, Rollencourt, Tramecourt, Wamin. .	116

Total. . . . 953

RÉCAPITULATION.

1re Légion	3,794
2e —	2,306
3e —	3,905
4e —	4,105

Total. 14,110

M Durangel, Directeur de l'Administration départementale et communale, vient d'adresser à M. le Ministre de l'Intérieur un rapport sur l'organisation et la liquidation des services des batteries d'artillerie de la garde nationale mobilisée.

Nous empruntons à ce document intéressant les renseignements qui regardent le Pas-de-Calais :

PAS-DE-CALAIS.

(749,777 habitants, — 7 batteries).

Sur 7 batteries d'artillerie assignées au Pas-de-Calais, le Préfet n'en organisa que trois, et encore la troisième est-elle restée incomplète.

Des marchés de gré à gré furent passés avec des industriels du pays pour la construction du matériel roulant de batteries de 4. L'arsenal de Douai céda les canons.

Un négociant de Lille, délégué par le Préfet, a acheté en Angleterre une batterie de canons Armstrong se chargeant par la culasse et montés sur leur affut, et 4 pièces de 9 se chargeant également par la culasse ; les unes et les autres étaient approvisionnées de projectiles garnis.

Le mandataire du Préfet acquitta de ses deniers le prix de l'achat des canons, et des marchés furent rédigés sur le prix de factures.

Le complément du matériel roulant, les projectiles de la batterie de 4, et le harnachement ont été confectionnés dans le département en vertu de soumissions directes. Les dépenses se sont élevées à la somme de 207,618 fr. 21 c.

Le département n'a eu à subir qu'une perte de 9,940 fr. sur la revente de chevaux ; ce qui a limité ce sacrifice à 217,558 fr. 76.

L'arsenal d'Arras a reçu le matériel roulant et projetant, la place de Saint-Omer a pris en charge les harnais.

COLLECTION

DES DÉPÊCHES OFFICIELLES ALLEMANDES

Concernant la guerre contre l'armée du Nord.

Avant de terminer l'histoire de l'invasion allemande dans le département du Pas-de Calais, nous avons cru intéressant de reproduire les dépêches prussiennes concernant les opérations militaires ennemies contre l'armée du Nord.

Pendant toute la guerre entre la France et l'Allemagne, les documents officiels français n'ont guère apporté la lumière à notre pays ; trop souvent, ils ont caché ou altéré la vérité et en-trenu sur les opérations militaires, la situation de nos places fortes et les progrès constants de l'invasion, des illusions que nos revers successifs ne parvenaient pas à entamer.

La presse française, de son côté, n'accueillait qu'avec une grande réserve, soit sur l'invitation du Gouvernement, soit par patriotisme, les nouvelles désastreuses que lui fournissait la presse étrangère, et qui, d'ailleurs, par les difficultés croissantes des communications, devenaient de plus en plus rares à mesure que l'ennemi gagnait du terrain.

Nous n'avons donc jamais connu la vérité en France sur la guerre. Il est aujourd'hui bien tard pour l'apprendre ; mais si pénible qu'elle soit, elle nous a paru devoir être cherchée et pouvoir encore être utile.

Si les dépêches officielles allemandes eussent été, au fur et à mesure de leur publication, portées à notre connaissance, bien des malheurs eussent été certainement épargnés à notre nation. On eut compris après Sedan, que la paix s'imposait comme une douloureuse nécessité.

Mais, maintenant encore, la collection de ces documents réunis à la fin de ce volume, sera instructive pour nous ; il est avéré que certains faits ou chiffres ont été dénaturés ou exagérés, et il est nécessaire d'en faire justice. Il sera bon également de pouvoir réfuter certains rapports, tels que ceux sur l'affaire de Bapaume des 2 et 3 janvier 1871.

Tel est le but de ce petit recueil. L'étude en sera douloureuse pour des cœurs français ; mais il offrira des éléments précieux pour l'histoire de cette guerre 1870-1871, si légèrement engagée, et si héroïquement, mais malheureusement poursuivie.

N° 1.

Moreuil, 28 novembre.

Hier, la 1re armée a livré bataille jusqu'à la nuit à l'armée française du Nord, qui prenait l'offensive, et l'a battue. L'ennemi, supérieur en nombre et bien armé, a été rejeté sur la Somme et ses ouvrages fortifiés devant Amiens, avec pertes de plusieurs milliers d'hommes. Un bataillon ennemi de marine a été anéanti par le 9e régiment de hussards. Nos pertes sont sérieuses.

Comte DE WARTENSLEBEN.

Berlin, 28 novembre 1871.

Présidence royale de police
DE WURMB.

N° 2.

Versailles, 29 novembre.

A LA REINE AUGUSTA, A BERLIN.

L'ennemi, battu près d'Amiens, fuit dans le plus grand désortre vers le Nord ; nos troupes le poursuivent. Nous avons encore trouvé quatre canons dans ses retranchements. A la suite de l'avantage remporté le 28 par le 10e corps d'armée, les troupes ennemies qui se trouvaient devant lui ont prononcé leur mouvement de retraite.

Dans la nuit du 28 au 29 et dans la matinée de ce dernier jour, violente canonnade des forts de Paris suivie d'une grande sortie appuyée sur la Seine par les canonnières contre l'Hay et le 6e corps d'armée ; des sorties moins considérables, notamment contre le 5e corps, avaient lieu en même temps, ainsi que des démonstrations sur divers points. L'ennemi a été repoussé partout ; nous lui avons fait plusieurs centaines de prisonniers. Notre perte est de sept officiers et environ cent hommes.

De PODBIELSKI.

N° 3.

Versailles, 30 novembre 1870.

A LA REINE AUGUSTA, A BERLIN.

Après que, hier, le 6e corps de notre armée eut repoussé plusieurs attaques du 1er corps de la 2e armée française de Paris, les forts entretinrent pendant toute la nuit un feu d'une violence inaccoutumée. Ce matin, l'ennemi a multiplié les démonstrations, déployé des forces considérables sur divers points de l'enceinte de Paris, entre la Seine et la Marne, et attaqué avec elles à onze heures nos positions sur cette ligne Il s'engagea un très-vif combat soutenu, de notre côté, principalement par la division Wurtembergeoise et la plus grande partie du 12e corps saxon, ainsi que par des fractions des 2e et 6e corps d'armée. La lutte a duré jusqu'à six heures du soir ; à ce moment, nos troupes victorieuses ont repoussé l'ennemi sur toute la ligne. Nous n'avons pas encore d'autres détails.

Nos pertes dans la bataille d'Amiens s'élèvent à soixante-quatorze officiers et mille trois cents soldats morts ou blessés. L'armée française du Nord se trouve en déroute complète. La citadelle d'Amiens a capitulé aujourd'hui après un court engagement, dans lequel son commandant a été tué. Nous y avons fait quatre cents prisonniers, dont onze officiers, et pris trente canons.

Général Werder annonce que la retraite de Garibaldi s'est changée en fuite.

Berlin, 1ᵉʳ décembre 1870.

DE PODBIELSKI.

N° 4.

Nouvelles militaires officielles.

Versailles, 24 décembre.

La 1ʳᵉ armée, sous 'es ordres du général Manteuffel a attaqué, le 23, l'ennemi dans ses positions au nord-est d'Amiens. Bien que les Français nous fussent du double supérieur en nombre et fussent munis d'une artillerie formidable, nous avons enlevé et conservé contre d'énergiques retours offensifs Beaucourt, Montigny, Fréchencourt, Querrieux, Pont-Noyelles, Bussy, Becquemont et Daours, jusqu'à ce que la nuit ait mis fin au combat.

Nous avons jusqu'ici plus de 400 prisonniers sans blessures.

DE PODBIELSKI.

N° 5.

Amiens, 24 décembre.

Hier, la 1ʳᵉ armée a livré bataille à un mille et demi au nord-est d'Amiens, sur l'Hallue, à l'armée française du Nord, forte de 60,000 hommes (1), lui a enlevé d'assaut plusieurs villages et l'a rejetée au-delà de l'Hallue avec des pertes très-fortes. Nous avons déjà en notre pouvoir mille prisonniers non-blessés.

DE SPERLING.

Berlin, 25 décembre 1870.

Présidence royale de police,

DE WURMB.

N° 6.

Nouvelles militaires officielles.

Versailles, 25 décembre, 10 h. du m.

A LA REINE AUGUSTA, A BERLIN.

Manteuffel a battu avant-hier l'ennemi près d'Amiens ; les détails manquent. Ici, rien de grave n'est survenu ; mais l'ennemi bivouaque toujours en masse devant son front Est.

Aujourd'hui, neuf degrés de froid, mais un temps serein sans neige ni vent.

GUILLAUME.

N° 7.

Versailles, 25 décembre, 4 h. après-midi.

A LA REINE AUGUSTA, A BERLIN.

Manteuffel a fait plus de mille prisonniers et pris plusieurs canons. La poursuite n'a commencé qu'aujourd'hui vers Arras.

GUILLAUME.

(1) Le général Faidherbe n'a jamais eu plus de 30,000 hommes à opposer à l'ennemi.

N° 8.

Versailles, 25 décembre.

Le 24, l'ennemi, pour couvrir sa retraite, a tenté quelques retours offensifs contre le général Manteuffel ; mais il a été repoussé. Nous avons entre nos mains plus de mille prisonniers non-blessés.

A la date du 25 au matin, le général Manteuffel annonce qu'il poursuit dans la direction du nord-est l'armée battue par lui.

DE PODBIELSKI.

N° 9.

Nouvelles militaires officielles.

Versailles, 2 janvier 1871.

Le bombardement des positions ennemies devant le front Nord-Est de Paris s'est poursuivi avec succès le 31 décembre et le 1er janvier. L'ennemi a évacué précipitamment ses avancées sur ce front. Les forts de Nogent, Rosny et Noisy sont demeurés silencieux le 1er janvier.

La 20e division a été attaquée le 31 décembre près de Vendôme par des forces supérieures, et a néanmoins repoussé cette attaque ; le général Läderitz a pris quatre canons.

Le colonel Wittich avec une colonne volante a pris, le 30 décembre, près de Souchez, entre Arras et Béthune, cinq officiers et soixante et dix soldats.

DE PODBIELSKI.

N° 10.

Amiens, 4 janvier.

Le 2, combats sanglants mais victorieux livrés par la 1re armée près de Bapaume.

Le 2, la 30ᵉ brigade a repoussé toutes les attaques de masses ennemies supérieures en nombre et a fait déux cent-soixante prisonniers.

Le 3, la 15ᵉ division réunie et un détachement sous les ordres du prince Albert le fils, se sont maintenus pendant neuf heures dans leurs positions contre deux corps d'armée ennemis et ont fait, en enlevant deux villages à la baïonnette, quelques centaines de prisonniers. L'ennemi, après de fortes pertes, s'est mis en retraite vers Arras et Douai.

Comte WARTENSLEBEN.

Nᵒ 11.

Versailles, 5 janvier.

L'ennemi a pris l'offensive le 2 ; près de Sapignies, la brigade Strubberg a repoussé toutes les attaques de l'ennemi en lui infligeant de fortes pertes et en lui faisant deux cent cinquante prisonniers Le 3, près de Bapaume le général Gœben avec la 15ᵉ division et le détachement du prince Albert le fils maintint glorieusement ses positions contre l'armée ennemie du Nord et lui fit deux cent soixante prisonniers. L'ennemi a subi de grandes pertes et s'est replié, poursuivi par la cavalerie.

Devant Paris nos batteries ont continué le 4, en dépit d'un épais brouillard, le bombardement contre le front Est.

De PODBIELSKI.

Nᵒ 12.

Roupy, 18 janvier.

L'armée du Nord a été battue en avant de Saint-Quentin, dans un combat de sept heures. Nous avons déjà entre nos mains plus de quatre mille prisonniers sans blessures et deux canons.

De GŒBEN.

N° 13.

Nouvelles militaires officielles.

Versailles, 20 janvier.

A L'IMPÉRATRICE-REINE, A BERLIN.

Le général de Gœben a battu de nouveau l'ennemi hier devant Saint-Quentin, l'a rejeté dans la ville, et doit le poursuivre aujourd'hui. Les trois armées destinées à débloquer Paris sont ainsi battues. La sortie d hier a été exécutée avec des forces considérables, mais sans succès ; l'ennemi se tient cependant encore hors de Paris dans la plaine du Mont-Valérien, et attaquera certainement aujourd'hui.

GUILLAUME.

Berlin, 20 janvier 1871.
Présidence royale de police,
De WURMB.

N° 14.

Nouvelles militaires officielles.

Versailles, 20 janvier.

A L'IMPÉRATRICE-REINE, A BERLIN.

Le général de Gœben a fait occuper Saint-Quentin par la division du prince Albert le fils, et une brigade du 8e corps dès hier soir, après la prise d'assaut de la gare par le 19e régiment,

et poursuit aujourd'hui l'ennemi débandé vers le Nord et l'Est.
— Ici, tout est tranquille jusqu'à présent, deux heures ; les
troupes sont cependant en position des deux côtés.

GUILLAUME.

N° 18.

Ordre du corps.

Combles, 2 janvier 1871, 9 h. du soir.

L'ennemi a pris aujourd'hui l'offensive vers Bapaume et Bucquoy. La division Kummer a refusé l'attaque contre elle et se
trouve près de Bapaume. La division de cavalerie est à Miraumont. Pour demain j'ordonne ce qui suit :

1° Le lieutenant général Von Kummer gardera les abords de
Bapaume

2° La 3ᵉ division de cavalerie prendra l'offensive et marchera
contre le flanc et les derrières de l'ennemi.

3° Le prince Albert se trouvera à neuf heures, avéc trois bataillons, deux batteries, le 9ᵉ hussards, le 2ᵉ uhlans de la garde
et une batterie montée, près de Bertincourt.

Un escadron de hussards de la garde restera à Lechelle.

4° Un bataillon de chasseurs et deux batteries montées se
trouveront à neuf heures au Transloy.

5° Le lieutenant général Von Barnekow mettra en marche
les quatre batteries de la 2ᵉ division avec trois bataillons, de manière que ces troupes se trouvent à neuf heures près de Sailly-
Saillisel (entre Bapaume et Péronne), sous le commandement
d'un officier d'état-major capable, mis à ma disposition.

. . . .

Il faut envoyer pendant la nuit des patrouilles de chaque division et de chaque détachement dans la direction de l'ennemi.

VON GŒBEN.

N° 16.

Amiens, 14 janvier 1871.

Le colonel Von Wittich, a repoussé ce soir l'ennemi sur Bapaume, canonné cette ville qu'il a incendiée, et ne s'est retiré que faiblement poursuivi. (1).

Ordre pour la 16ª division.

14 janvier 1871.

Le détachement du colonel Von Wittich, en s'avançant hier jusqu'à Bapaume, a trouvé cette ville, ainsi que les localités sur la route d'Albert, fortement occupées par l'ennemi. Après avoir mis celui-ci en alerte et canonné Bapaume, il s'est replié, faiblement poursuivi, sans avoir éprouvé aucune perte.

VON BARNEKOW.

N° 17.

Ordre du jour.

» Quartier-général à Amiens, le 15 janvier 1871.

» Pour établir le transport des correspondances sur la ligne de relais Amiens, Villers-Bretonneux, Proyart, Estrée, Péronne, il sera donné, par l'intermédiaire des commandants, des feuilles de course. Ces feuilles, délivrées par le commandant en

(1) Cette nouvelle, complètement fausse, est rectifiée du reste par la suivante qui est encore exagérée. Le grand quartier-général de l'armée française était ce jour-là même à Bapaume et personne ne s'est aperçu que la ville eut été canonnée par le colonel de hussards Von Wittich. Un détachement a fait une apparition de quelques minutes à deux ou trois kilomètres de Bapaume, et il s'est retiré plus vite qu'il n'était venu, après avoir tiré quelques coups de canon qui ne sont pas arrivés jusqu'à la ville.

chef, seront rapportées à son état-major, à la première occasion, pour qu'il en fasse le contrôle.

» Les commandants des détachements qui font le relais devront prendre leurs mesures pour que ce service se fasse avec plus de rapidité que par le passé. Ils doivent avoir, à cet effet, des chevaux toujours sellés, faire l'expédition sans aucun retard, et exiger des cavaliers qu'ils fassent, même par ce temps de neige et de glace, deux milles à l'heure (1) Si l'on tient compte de ces observations, il n'arrivera plus qu'une lettre mette dix heures, par exemple, d'Amiens à Péronne.

» La 3ᵉ division de réserve (moins la brigade de cavalerie Strantz) recevra aujourd'hui les exemplaires au $\frac{1}{80000}$ des sections d'Amiens et d'Arras, 26 de l'une, 13 de l'autre; en envoyer un reçu.

» Von Goeben »

Nᵒ 18.

Ordre pour l'Armée.

• Quartier-général de Caudri, 21 janvier.

» 1. Le général Von Kummer, avec la 15ᵉ division et la portion qui est sous les ordres de l'artillerie du corps, se portera demain dans la contrée d'Achiet, Bapaume, Beugny, Beaumetz, et s'y établira avec des détachements d'observations vers Cambrai et Arras.

» 1. Le général Von Kummer, dans son rayon, aura le commandement sur les troupes de toutes armes. Au cas peu probable où *il serait pressé par l'ennemi*, il se retirerait sur Amiens.

• 2. Le général comte Gœben restera devant Cambrai, dans la contrée de Marcoing, Maisnières, Crèvecœur, se tiendra en

(1) Près de quatre de nos lieues kilométriques.

communication avec les généraux Von Kummer et Von Barnekow, et observera l'ennemi.

» *Si celui ci le pressait*, retraite sur Péronne.

. . . .

» VON GŒBEN. »

Nº 19.

Ordre d'armée.

Amiens, 30 janvier 1871.

D'après les conditions de l'armistice, les départements du
Pas-de-Calais et du Nord sont exclus de l'occupation allemande,
et en général il est convenu que les avant-postes resteront au
moins à dix kilomètres de la ligne de démarcation. En conséquence, la marche en étant commandée pour demain sera arrêtée en partie, et même un certain nombre d'endroits occupés
par nous devront être abandonnés. Il n'y a pourtant pas lieu
d'avoir égard à cette limitation jusqu'à ce que le général Faidherbe ait fait évacuer Abbeville et tout le département de la
Somme. En tout cas, à partir de demain, 31, à midi, il faut éviter les rencontres avec l'ennemi, et éventuellement prévenir les
détachements ennemis par des parlementaires et leur faire
savoir qu'on négocie avec Faidherbe.

VON GŒBEN.

Nº 20.

Des documents rapportés d'Allemagne nous ont fait connaître
les pertes de certains corps de la 1ʳᵉ armée allemande. Nous en

extrayons les chiffres suivants, qu'on peut regarder comme à peu près exacts :

Le 7e régiment d'infanterie de la Prusse orientale a perdu 400 hommes à la bataille d'Amiens.

Le 8e grenadiers de la Prusse orientale a perdu près de 400 hommes à Amiens et à Pont-Noyelles, et 300 à Saint-Quentin.

Le 5e régiment d'infanterie du Rhin a perdu 425 hommes à Pont-Noyelles et à Saint-Quentin.

Le régiment de fusiliers de la Prusse orientale no 33 a perdu 700 hommes, dont 200 à Pont-Noyelles, 300 à Bapaume et 150 à Saint-Quentin.

Le 2e régiment d'infanterie du Rhin a perdu 450 hommes, dont 300 à Bapaume.

Le 6e régiment d'infanterie du Rhin a perdu 400 hommes, dont 150 à Amiens et 125 à Bapaume.

Le 2e régiment d'infanterie de Posnanie a perdu 325 hommes à Saint-Quentin.

Le 8e régiment d'infanterie du Rhin a perdu 400 hommes, dont près de 300 à Saint-Quentin.

Le régiment des cuirassiers blancs du Rhin a perdu 50 hommes à Bapaume.

Le 3e régiment d'infanterie du Rhin a perdu 425 hommes, dont près de 300 à Saint-Quentin.

Le 5e régiment d'infanterie de la Prusse orientale a perdu 250 hommes à Saint-Quentin.

Le 7e régiment d'infanterie du Rhin a perdu 225 hommes, dont 175 à Saint-Quentin.

Le régiment de fusiliers Hohenzollern a perdu 325 hommes, dont près de 200 à Saint-Quentin.

La 3e section de chemin de campagne a perdu 150 hommes.

Le régiment d'artillerie de campagne du Rhin a perdu plus de 300 hommes, dont 100 à Saint-Quentin.

, Le régiment d'artillerie de campagne de la Prusec orientale a perdu une centaine d'hommes à Amiens et 60 à Saint-Quentin.

Le 2ᵉ régiment de uhlans du Hanovre a perdu 300 hommes, dont 250 à la bataille de Saint-Quentin.

Etc., etc.

———

TABLE DES MATIÈRES.

DEUXIÈME PARTIE.

TROISIÈME PARTIE.

Gardes-mobile et mobilisée du dépar-
tement du Pas-de-Calais.

ERRATA.

Page 39, ligne 4, *la travail,* lisez : *le travail.*

Page 39, ligne 9, *la plus plus grande,* lisez : *la plus grande.*

Page 44, ligne 17, *aux aux habitudes,* lisez : *aux habitudes.*

Page 59, ligne 33, *qu'impose,* lisez : *qu'imposent.*

Page 61, ligne 3, *Pont-de-Noyelle,* lisez : *Pont-Noyelles.*

Page 62, ligne 15, *suivant le chemin,* lisez : *longeant le chemin*

Page 67, ligne 8, *elle est venu,* lisez : *elle est venue.*

Page 75, ligne 19, *a dû fortement,* lisez : *ont dû fortement.*

Page 81, ligne 22, *bancs,* lisez : *blancs.*

Page 85, ligne 9, *ligne de cantonnement,* lisez : *ligne de can-tonnements.*

Page 86, note, ligne 8, *prisoniers,* lisez : *prisonniers.*

Page 139, ligne 9, *eurent surtou,* lisez : *eurent surtout.*

Page 140, ligne 19, *igne,* lisez : *ligne.*

Page 148, lignes 7 et 8, *par les communes,* lisez : *par la com-mune.*

Page 160, ligne 10, *dans nos rues,* lisez : *dans les rues.*

Page 176, ligne 29, *le 25 et 27,* lisez : *les 25 et 27.*

Page 180, ligne 26, *emmenant à leur suite,* lisez : *emmenant à sa suite.*

Page 183, ligne 16, *du 7ᵉ et 11ᵉ,* lisez : *des 7ᵉ et 11ᵉ.*

Page 183, note, ligne 6, lisez : *allemand.*

Page 198, ligne, 11, *estimations,* lisez : *estimation.*

Page 210, ligne 34, *casmates*, lisez : *casemates*.

Page 211, ligne 25, *que d'après*, lisez : *et que d'après*.

Page 212, ligne 17, *commandés*, lisez : *commandées*.

Page 212, ligne 29, *stationnaient*, lisez : *stationnèrent*.

Page 232, lignes 13 et 14, *reconnaissance*, lisez : *reconnais sances*.

Page 236, ligne 7, *la falaisse*, lisez : *la falaise*.

Page 236, ligne 14, *le 1ᵉʳ et 8ᵉ bataillon*, lisez : *les 1ᵉʳ et 8ᵉ ba taillons*.

Page 237, ligne 7, *il reçoit*, lisez : *elles reçurent*.

Page 251, ligne 29, *du fusils*, lisez : *de fusils*.

B.N'S

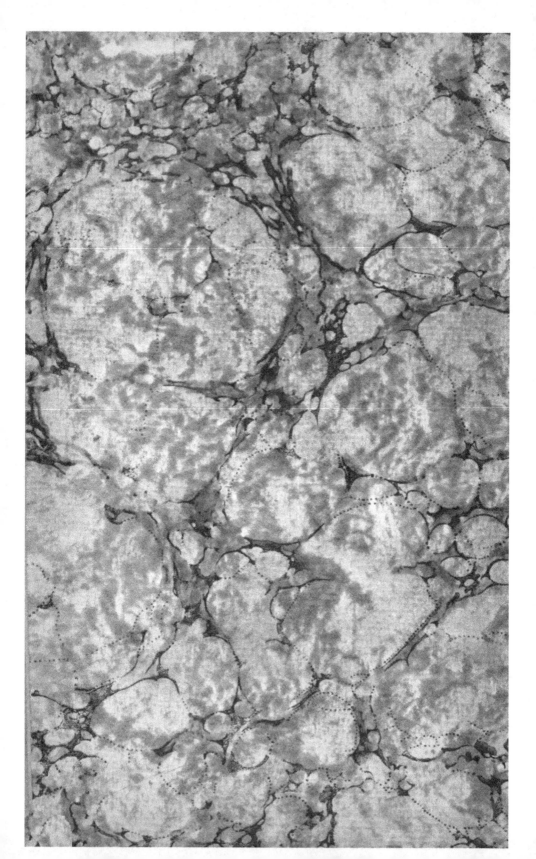

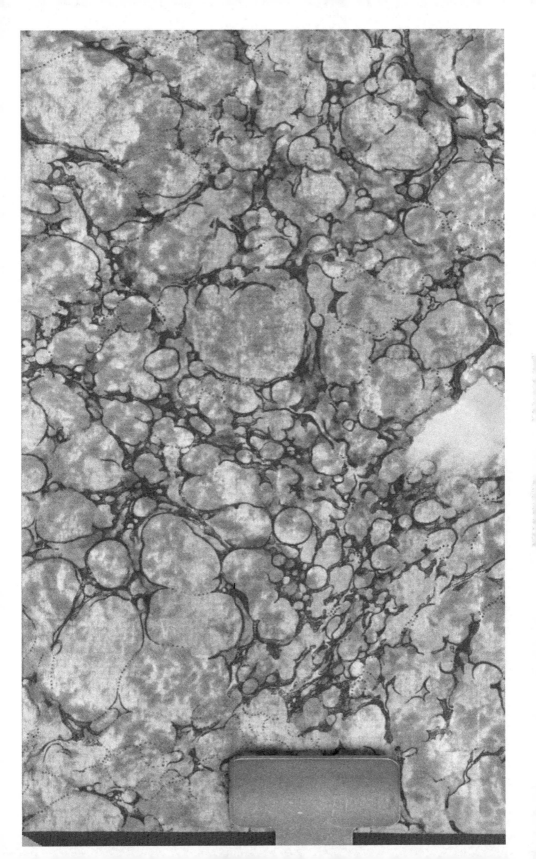

Check Out More Titles From HardPress Classics Series In this collection we are offering thousands of classic and hard to find books. This series spans a vast array of subjects – so you are bound to find something of interest to enjoy reading and learning about.

Subjects:
Architecture
Art
Biography & Autobiography
Body, Mind &Spirit
Children & Young Adult
Dramas
Education
Fiction
History
Language Arts & Disciplines
Law
Literary Collections
Music
Poetry
Psychology
Science
…and many more.

Visit us at www.hardpress.net

Im The Story

personalised classic books

"Beautiful gift... lovely finish. My Niece loves it, so precious!"

Helen R Brumfieldon

★★★★★

UNIQUE GIFT

FOR KIDS, PARTNERS AND FRIENDS

Timeless books such as:

Kids

Alice in Wonderland · The Jungle Book · The Wonderful Wizard of Oz
Peter and Wendy · Robin Hood · The Prince and The Pauper
The Railway Children · Treasure Island · A Christmas Carol

Adults

Romeo and Juliet · Dracula

Highly Customizable

Change Books Title

Replace Character Themes with yours

Upload Photo for inside page

Add Inscriptions

Visit
Im The Story .com
and order yours today!

CPSIA information can be obtained
at www.ICGtesting.com
Printed in the USA
BVHW081823120819
555665BV00016B/1747/P